SMART
THE THEORY AND PRACTICE OF SMART MUSEUM

智慧博物馆理论与实务

段勇 ◎ 主编

上海大学出版社

图书在版编目(CIP)数据

智慧博物馆理论与实务/段勇主编. —上海：上海大学出版社，2021.10
ISBN 978-7-5671-4368-5

Ⅰ. ①智… Ⅱ. ①段… Ⅲ. ①智能技术—应用—博物馆—工作—研究 Ⅳ. ①G26-39

中国版本图书馆CIP数据核字（2021）第214078号

责任编辑　徐雁华
封面设计　缪炎栩
技术编辑　金　鑫　钱宇坤

智慧博物馆理论与实务
段　勇　主编
上海大学出版社出版发行
（上海市上大路99号　邮政编码200444）
（http://www.shupress.cn　发行热线021-66135112）
出版人　戴骏豪

*

南京展望文化发展有限公司排版
江阴市机关印刷服务有限公司印刷　各地新华书店经销
开本710mm×1000mm　1/16　印张20　字数261千
2021年11月第1版　2021年11月第1次印刷
ISBN 978-7-5671-4368-5/G·3392　定价　52.00元

版权所有　侵权必究
如发现本书有印装质量问题请与印刷厂质量科联系
联系电话：0510-86688678

引言
博物馆需要更智慧

博物馆是人类智慧的保存之地。全球博物馆的共同宗旨和终极使命，就是保护和传承人类社会的多元文化及多彩环境，从而帮助回答"我们从哪里来？我们是谁？我们将到哪里去？"

博物馆形态本身也是人类智慧的结晶，它堪称人类创造的最伟大和最成功的社会机构之一，全球200个国家和地区都已有博物馆或类似博物馆的机构。

博物馆的产生和发展，与人类科学技术的进步以及由此带来的社会思想变革密切关联。18世纪60年代开始的机械技术革命与启蒙运动一起，推动了近代博物馆理念的诞生和博物馆的兴起；19世纪70年代开始的电力技术革命与全球化一起，推动了传统博物馆类型的普及和完善；20世纪40年代开始的信息技术革命与新型全球化一起，正在推动博物馆由信息化到数字化再到智慧化。

信息时代，对博物馆既是新挑战，也是新机遇。以虚拟现实、人工智能等为代表的革命性或颠覆性的信息技术，正在颠覆和重塑传统博物馆的形态及关联关系；同时，这些信息技术，也正在打破传统博物馆在时间、空间上的"天然"局限，极大地拓展博物馆的可及性，并赋予博物馆变相永恒的生命。

智慧博物馆就是博物馆人面对信息时代的机遇与挑战做出的抉择。应该说，美国博物馆在智慧博物馆技术研发和应用领域长期处于"领跑"地位，中国博物馆在这一进程中则逐步由"跟跑"到"并跑"再到局部"领跑"。1985年上海博物馆信息化建设的启动，1998年河南博物院在国际互联网上建立网站，2000年南京博物院产生第一件数字文物，2003年故宫博物院虚拟紫禁城的面世，2014年七家博物馆启动智慧博物馆建设试点，等等，这些都在当代国际博物馆发展中具有重要意义。

智慧博物馆作为博物馆发展的最新阶段，是在新的技术革命背景下，为了适应信息时代的社会需求，并更好地践行博物馆的宗旨和使命应运而生的。在信息时代，数字藏品资源将与实物藏品资源一样成为博物馆的立身之本。在信息时代，熟练运用智慧化的管理手段，将是博物馆人的基本功。在信息时代，博物馆将能够更好地服务当代公众和后代子孙。

智慧博物馆不仅是当代信息技术对传统博物馆的"加持"，而且也是传统博物馆形态和功能的升级与重构。在提升博物馆业务水平、完善博物馆功能、优化博物馆结构和布局、推进社会文化平权、促进社会经济协调发展等方面，智慧博物馆都具有比传统博物馆更全面、更强大、更便利的优势。

从某种意义上说，智慧博物馆可能为传统博物馆面临的一些问题提供"终极"解决路径。它是博物馆与时俱进的必然选择，也是我国从博物馆大国迈向博物馆强国的必由之路。

但是，我们同样必须清楚，智慧博物馆既不可能一劳永逸地解决博物馆的所有问题，还肯定会不断产生新的问题。面对眼花缭乱的技术更新和前景不明的社会变迁，博物馆人应该积极了解、主动参与智慧博物馆建设，同时始终牢记和立足自己的宗旨与使命，以内在的不变应对外在的万变。

目录

导　论　智慧博物馆：从信息化到智慧化 —— 001
　第一节　智慧博物馆的发展历程 —— 001
　第二节　相关概念辨析 —— 025
　第三节　智慧博物馆研究述评 —— 034

第一章　智慧博物馆的概念和基本架构 —— 047
　第一节　智慧博物馆的概念 —— 047
　第二节　智慧博物馆的基本架构 —— 053

第二章　智慧博物馆的技术伦理规范 —— 062
　第一节　智慧博物馆发展中的伦理问题与道德风险 —— 062
　第二节　智慧博物馆技术伦理的基本准则 —— 069

第三章　智慧博物馆与公共领域 —— 079
　第一节　公共领域与博物馆的内涵外延 —— 079
　第二节　公共领域的扩大化 —— 083

第四章　智慧博物馆与文化遗产 —— 089
- 第一节　文化遗产与博物馆的内涵外延 —— 089
- 第二节　文化遗产的多样化 —— 092

第五章　智慧博物馆与知识诠释 —— 136
- 第一节　知识诠释与博物馆的内涵外延 —— 136
- 第二节　知识诠释的个性化 —— 140

第六章　智慧保护 —— 155
- 第一节　藏品的本体监测 —— 156
- 第二节　藏品/展品的外环境调控 —— 159
- 第三节　遗址环境监测 —— 162

第七章　智慧管理 —— 165
- 第一节　藏品管理 —— 165
- 第二节　资产管理 —— 171
- 第三节　人员管理 —— 173
- 第四节　行政管理 —— 176

第八章　智慧服务 —— 178
- 第一节　展示与体验 —— 178
- 第二节　教育与研究 —— 181
- 第三节　分享与传播 —— 186
- 第四节　宣传与推广 —— 187

第九章　智慧博物馆与文化平权 —— 191
- 第一节　智慧博物馆文化平权的理念观点 —— 191
- 第二节　智慧博物馆文化平权的具体措施 —— 199

第十章　智慧博物馆与空间建构 —— 229
- 第一节　智慧博物馆与实体空间 —— 230
- 第二节　智慧博物馆与虚拟空间 —— 240
- 第三节　智慧博物馆与公共空间 —— 248

第十一章　智慧博物馆与文旅融合 —— 260
- 第一节　智慧博物馆与文旅融合的价值原则与实践 —— 260
- 第二节　智慧博物馆与文创产业发展 —— 281

后　记 —— 308

导论
智慧博物馆：从信息化到智慧化

第一节 智慧博物馆的发展历程

一、中国智慧博物馆的发展历程

（一）20世纪80年代：博物馆的电脑化探索

1946年，全世界第一台电子数字计算机在美国宾夕法尼亚州立大学诞生。20世纪80年代初，乘改革开放之风，中国掀起第一次计算机普及高潮，1981年，中央电视台、中国电子学会计算机普及委员会和中央电大联合举办计算机知识普及讲座[1]。博物馆领域也于20世纪80年代开始探索将计算机引入业务工作领域。1984年11月11日至15日，中国博物馆学会博物馆科学管理学术讨论会在无锡举行，会议认为应该"引进一些现代化设备，在一两个博物馆内实行，取得典型经验"[2]。电脑的发展和普及，必然进入博物馆。世界上许多大博物馆都使用了电子计算机进行管理，特别是藏品管理。在中国，率先规划、试验这一模式的是上海博物馆[3]。1985年成立的上海博物馆电脑室（新馆建成

---

[1] 赵晓霞：《计算机基础教学的现状和发展趋势研究》，冶金工业出版社2019年，第62页。
[2] 安来顺整理：《中国博物馆学会博物馆科学管理学术讨论会概述》，《中国博物馆》1985年第2期。
[3] 胡骏：《博物馆纵横》，中国青年出版社1989年，第139—140页。

后改名为"信息中心")是我国文物博物馆领域第一个专门从事文化遗产数字化的科研部门,也是国际博物馆界最早引进信息技术管理藏品档案的两家博物馆之一(另一家是日本大阪市的国立民族学博物馆)[1]。1985年,上海博物馆把"藏品编目图象管理系统"列为第一个电脑化项目,该项目获得了1988年文化部科技进步一等奖[2]。1985年4月24—26日,文化部文物局在上海召开博物馆电脑管理座谈会[3]。1988年6月,国家文物局在上海召开博物馆藏品电脑化管理现场会,进一步推动博物馆利用计算机管理藏品工作。80年代后期,南京博物院开始了藏品管理信息系统的建设,是用dBase Ⅲ数据库建立的[4]。1990年,国家文物局文物处委托湖南省文物考古研究所对全国文物系统在文物考古及博物馆业务方面的计算机应用现状进行调查。调查显示,早在1984年,上海博物馆就购置了8088系列计算机,而陕西历史博物馆、南京博物院、浙江省博物馆、辽宁省博物馆、沈阳故宫博物院、中国历史博物馆(现为中国国家博物馆)、四川大学博物馆、广东省博物馆在20世纪80年代末也都有了计算机。从未来发展意向上,有20个单位表明将用于藏品管理方面[5]。

(二)20世纪90年代:博物馆建筑的智能化建设

20世纪90年代,全国经济飞速发展,为博物馆发展奠定了物质基础。博物馆进入大规模新馆舍建设的快速发展期。以上海博物馆人民广场新馆、河南

---

[1] 祝敬国:《上博信息化的若干回忆》,见上海博物馆编:《六十风华:上海博物馆建馆六十周年纪念文集》,上海书画出版社2012年,第124—130页。
[2] 祝敬国:《藏品管理的电脑检索系统》,《中国博物馆》1985年第2期;祝敬国:《一个图文并茂的管理信息系统》,见马承源主编:《上海博物馆文物保护科学论文集》,上海科学技术文献出版社1996年,第493—497页。
[3] 文物编辑委员会:《文物考古工作十年 1979—1989》,文物出版社1991年,第383页。
[4] 张小朋:《数字博物馆的视角:使用博物馆》,见北京市科学技术协会信息中心编:《数字博物馆研究与实践2009》,中国传媒大学出版社2009年,第32—37页。
[5] 李科威、于冰、童波:《全国文博系统计算机应用状况调查》,《东南文化》1991年第Z1期。

博物院新馆、南京博物院艺术馆为代表的博物馆建设如火如荼。建筑智能化弱电系统也在这个时期进入了博物馆建设的视野之中。楼宇自控、安防系统、通信与网络系统、结构化综合布线系统开始应用到博物馆[1]。1991年，故宫博物院完成设计"并行码检测及传输系统""光纤火灾探测器""16—8视频切换系统"。其中"光纤火灾探测器"获国家专利，"并行码检测及传输系统"经国家电子产品质量检测中心检测合格[2]。1994年，上海提出"城市信息化"的命题，并随即首次提出"信息港"的概念[3]。因此，1994年上海博物馆新馆筹建时，就明确"要把上海博物馆建成一个现代化的博物馆，不仅要有现代化的建筑，还要有现代化的设施和现代化的管理"，新馆智能化建设开始实施。1997年，经国家建设部主持的技术鉴定，"上海博物馆智能建筑系统"被专家组评定为"国内领先、国际先进"的世界第一座智能化博物馆[4]。河南博物院的信息化建设是从1994年8月开始的，是新馆建设的重要业务项目之一，1997年在院内建设局域网[5]。1999年兴建的南京博物院艺术馆，系全面实现结构化综合布线系统、楼宇设备自动化控制系统、安全防范监控系统、网络系统和通信系统的4A、5A建筑。

与此同时，一些大型博物馆也在探索运用计算机技术进行藏品管理。故宫博物院信息化建设的历史，最早可以追溯到1992年。在中科院软件研究所的帮助下，基于386计算机的单机版文物影像目录管理系统应运而生。1998年经改造后，其扩展为可以支持全院文物管理工作的"文物管理信息系统"，并

---

[1] 张小朋：《数字博物馆的视角：使用博物馆》，见北京市科学技术协会信息中心编：《数字博物馆研究与实践2009》，中国传媒大学出版社2009年，第32—37页。
[2] 国家文物局：《中华人民共和国文物博物馆事业纪事1949—1999》，文物出版社2002年，第684页。
[3] 伍江等：《上海改革开放40年大事研究 卷七·城市建设》，格致出版社、上海人民出版社2018年，第180页。
[4] 祝敬国：《上博信息化的若干回忆》，见上海博物编：《六十风华：上海博物馆建馆六十周年纪念文集》，上海书画出版社2012年，第124—130页。
[5] 河南博物院编著：《河南博物院80年（1927—2007）》，大象出版社2007年，第129—130页。

制定了符合故宫自身文物管理工作实际的文物计件规则、文物现用名称规则方法、文物分类规则等一系列数据描述规范[1]。1996年，中国文物研究所在中国文物基金会的资助下，装备了计算机系统。根据国家文物局要求，开始对全国重点文物保护单位、历史文化名城、文物一级品档案资料进行搜集、整理，为建立中国文物档案信息管理系统奠定基础[2]。1996年，秦始皇兵马俑博物馆、西安理工大学信迪高新技术开发中心、西安交通大学完成的"秦始皇兵马俑博物馆计算机多媒体文物管理系统"科研项目，获1996年度国家文物局文物科技进步三等奖。云南省博物馆、云南华能高科技发展公司完成的"博物馆藏品图文管理系统"科研项目，获1996年度国家文物局文物科技进步四等奖[3]。1997年11月2日，通过验收的河南博物院业务信息网络计算机管理系统，是一个以文物藏品、图书资料信息管理为主的、辐射全院主要业务部室的大型综合信息网络系统。此系统的开通使用，基本实现了保管、图书资料等主要业务部室的办公自动化。1998年8月17日，中国文物研究所在北京召开中国文物档案信息管理系统有关标准座谈会，与会者围绕不可移动文物和馆藏文物档案分类标准与档案内容的规范化等议题进行讨论[4]。1998年，我国台湾地区启动了"数位博物馆专案计划"，致力于将文化资产资源发展成为数位典藏，旨在将包括博物馆、图书馆、档案馆在内的文化机构的珍贵典藏进行数字化，以呈现出文化的多样性，从而促成数位内容与技术在研究、教育、文化与产业发展等多个领域内的发展。1999年5月，国家博物馆馆藏文物信息标准研讨会在

---

[1] 石秀敏：《数据是基础 技术是手段 应用是核心——故宫藏品管理信息系统建设的历程与经验》，见刘英、张浩达主编：《数字博物馆的生命力：2007年北京数字博物馆研究》，中国传媒大学出版社2007年，第33—39页。

[2] 国家文物局：《中华人民共和国文物博物馆事业纪事1949—1999》，文物出版社2002年，第818页。

[3] 国家文物局：《中华人民共和国文物博物馆事业纪事1949—1999》，文物出版社2002年，第820—821页。

[4] 国家文物局：《中华人民共和国文物博物馆事业纪事1949—1999》，文物出版社2002年，第857页。

河南博物院召开，国家文物局领导在会上指出：河南博物院经过长期的努力，现已形成了一个比较符合博物馆性质和保管部实际需要而开发的比较理想的、初具规模的应用系统[1]。会上讨论了《博物馆藏品信息标准》和《馆藏文物数据采集表》。

同时，中国博物馆界开始通过建设网站等途径介绍博物馆及文物。1998年8月11日，河南博物院国际网信息中文站点正式开通，这是中国内地第一个独立建站点的博物馆网站，在国内博物馆界引起了巨大反响，为内地博物馆更好地宣传和展示自己开辟了一条新路[2]。1999年1月，第一个利用国际互联网全面介绍我国文物、博物馆事业的综合站点——"中国文物"开通[3]。1999年10月，国家文物局参与发起了全国性的"政府上网工程"，全国文物系统也掀起了信息化建设的热潮，先后约有100家文物博物馆单位建立了各类网站和网页[4]。河南博物院、故宫博物院、南京博物院、首都博物馆、中国历史博物馆（现为中国国家博物馆）、上海博物馆都建设了门户网站，以深化数字化建设。2000年1月，中国历史博物馆网站开通。2001年4月，上海博物馆网站开通。同年7月，故宫博物院网站开通。这些都是博物馆门户网站建设的先行者及优秀代表。

（三）21世纪初：数字博物馆建设

进入21世纪，博物馆迎来又一波发展高潮期。2000年，南京博物院通过手工建模的方式创建了馆藏珍品汉代铜牛灯的数字模型，以旋转、缩放、拆

---

[1] 河南博物院编著：《河南博物院80年（1927—2007）》，大象出版社2007年，第129—130页。
[2] 石晓霆：《河南博物院数字化建设的实际与思考》，见中国博物馆学会博物馆数字化专业委员会：《中国博物馆学会博物馆数字化专业委员会成立大会暨首届学术研讨会论文集》，北京燕山出版社2006年，第81—82页。
[3] 国家文物局：《中华人民共和国文物博物馆事业纪事1949—1999》，文物出版社2002年，第870页。
[4] 杨晋英：《中国文物事业信息化建设的回顾与思考》，《中国文物报》2006年2月8日。

分、模拟使用的方式对文物进行全方位展示，首次实现了文物藏品在互联网上的展示。该作品被专家认定为中国第一件数字文物，在我国博物馆数字资源建设史上留下了浓墨重彩的一笔[1]。

在辅助藏品管理基础上，计算机的应用渗透到博物馆业务工作的各个方面。博物馆信息中心既要组织与管理建筑智能弱电工程，又要面向博物馆进行信息化管理（包括局域网建设、办公综合管理系统、藏品管理信息系统、影像与图书资料信息管理系统等）；还要面向博物馆展览服务，开展多媒体展示技术、网站系统、导览系统、虚拟现实系统的应用；此外，也要面向科研业务，如利用遥感技术、GIS 技术（地理信息系统）等开展在考古文物研究方面的应用[2]。

2001 年，国家文物局政府网站开通，并于 2002 年全面改版、开通"中国文博"网站（www.sach.gov.cn），设置了文博新闻、文博法规、文博大观、文博机构、文博导航、文博信箱、专项工作等，还预留了"九州文博"（文博地理信息系统）、"中国数字博物馆"（虚拟博物馆）和"文博网校"（远程教育）等栏目[3]。

教育部于 2001 年 11 月启动了大学数字博物馆建设工程，力图将各高校已有的博物馆资源、计算机技术和专业优势整合起来，建立一个覆盖中国绝大部分地区的综合性的数字博物馆体系，这是当时中国最大规模的数字博物馆群建设[4]。大学数字博物馆是教育部《面向 21 世纪教育振兴行动计划》"现代远程教育工程"专门设立的"现代远程教育网上公共资源建设"子项目，旨在通过收集、保护、展示大学博物馆中各种重要文物、标本，建设数字典藏系统，开

---

[1] 张晓婉：《物联网技术在博物馆藏品管理中的应用——以南京博物院为例》，《江苏科技信息》2018 年第 12 期。
[2] 张小朋：《数字博物馆的视角：使用博物馆》，见北京市科学技术协会信息中心编：《数字博物馆研究与实践 2009》，中国传媒大学出版社 2009 年，第 32—37 页。
[3] 杨晋英：《中国文物事业信息化建设的回顾与思考》，《中国文物报》2006 年 2 月 8 日。
[4] 徐士进、陈红京编著：《中国大学数字博物馆志》，上海科学技术出版社 2007 年，第 200 页。

展现代化教学、科研及科普教育，推动我国高等院校网上公共资源建设。大学数字博物馆在一、二期建设的基础上，进行基于下一代互联网的技术升级、系统改造，完成资源整合与服务功能扩充；整合国内高校及社会博物馆单位的海量素材资源和先进的虚拟展陈设备，开展基于CNGI（中国下一代互联网）的实时高清展陈等数字博物馆创新应用服务；建设一个基于IPv6（互联网协议第6版）的中国大学数字博物馆总门户网站，面向全国展开基于CNGI网络教学、科研和科普资源服务，拓宽大学数字博物馆的服务内容形式与服务对象人群。推动数字博物馆在CNGI环境下的推广应用，达到保护与利用国家珍贵标本、文物资源，开展现代化教学、科研及科普教育等目的。截至2012年5月31日项目完成时，已经在大学数字博物馆IPv6门户上的展品资源共99 401件，其中包括地球科学类展品8 365件、人文艺术类展品20 623件、生命科学类展品59 918件、工程技术类展品10 495件；建设展项资源3 279项，其中包括地球科学类展项513项、人文艺术类展项1 287项、生命科学类展项991项、工程技术类展项488项[1]。

2001年，财政部、国家文物局启动"文物调查及数据库管理系统"建设工作，并于2001—2002年在山西省试点，2003年在辽宁、河南、甘肃省试点[2]。其目的是以数字化手段调查、完善我国文物博物馆领域的国情资料，建立并运行动态的文物数据库管理系统，为各级政府及有关部门及时、准确地掌握文物保护与管理状况，制订相关工作计划，充分发挥文物资源的价值和作用，提供科学依据和可靠保证[3]。至"十五"末期，共完成山西、辽宁、河南、

---

[1]《大学数字博物馆（DMCU）建设情况》，中国教育网，2012年9月4日。
[2] 财政部教科文司：《"文物调查及数据库管理系统"建设试点工作情况》，见财政部教科文司编：《2004年全国教科文财务工作会议材料汇编》，经济科学出版社2004年，第399—404页。
[3] 单霁翔：《在文物调查及数据库管理系统建设项目试点工作总结会上的讲话》，见单霁翔：《文化遗产保护资源普查》，天津大学出版社2017年，第19—30页。

甘肃四省1 546 854件（其中珍贵文物380 233件）馆藏文物基础信息数据采集，记录数据457 822条，拍摄图片728 019张，建立了信息量达3.5 TB的数据库[1]。2009年12月，国家文物局印发《关于加快推进文物调查及数据库管理系统建设项目工作的通知》（文物博函〔2009〕1562号），要求各地文物行政部门增强紧迫感，合理安排并切实加快项目实施进度，加强数据质量监管，保障数据质量。后来项目不断推广，覆盖全国31个省、自治区、直辖市，于2011年结束。共完成1 660 275件/套馆藏珍贵文物数据采集，并采集一般文物数据137万余条，拍摄照片3 869 025张，录入文本信息3.05亿字，国家文物局数据中心接收数据总量15.16 TB[2]。依据全国馆藏珍贵文物调查项目数据成果，全国各地多家博物馆继续推进博物馆藏品信息化管理。吉林省博物院、江西省博物馆、江西省九江市博物馆、西藏文化博物馆、广东民间工艺博物馆、浙江省舟山博物馆、浙江省丽水市博物馆、浙江省金华市博物馆、山东省青岛市平度市博物馆、广西柳州白莲洞洞穴科学博物馆等文博单位利用"博物馆藏品综合管理系统"，实现了藏品征集、编目、建档、入库、库房管理等一整套流程的信息化。四川省成都市文物信息咨询中心于2012年启动成都数字文化文物信息平台建设。该项目采用三维激光扫描仪精细测绘、智能无人机航摄等先进的三维空间信息采集技术以及云平台、WebGIS（网络地理信息系统）、VR（虚拟现实）等高新技术，完成对武侯祠、杜甫草堂、金沙遗址三个博物馆的航拍影像和三维文物数据采集，完成文化文物12类数据采集入库[3]。

---

[1] 金瑞国：《试论我国博物馆资源的数字化开发与共享——部分以"文物调查及数据库管理系统建设项目"为例》，见刘英、张浩达主编：《数字博物馆的生命力：2007年北京数字博物馆研究》，中国传媒大学出版社2007年，第156—161页。
[2] 单霁翔：《在"文物调查及数据库管理系统建设项目"总结会议上的报告》，见单霁翔：《文化遗产保护资源普查》，天津大学出版社2017年，第203—213页。
[3]《2012—2013年文物博物馆信息化发展概况》，见国家信息中心、中国信息协会编：《中国信息年鉴2013》，中国信息年鉴期刊社2013年，第148—150页。

2003年10月，故宫博物院和日本凸版印刷株式会社共同创立故宫文化资产数字化应用研究所，目的在于引进先进的数字化技术，建立故宫文物的三维数据库，更好地推进故宫文化资产的保存和展示。研究所利用三维测量、数码摄影等数字化手段，采集和积累古建筑物和其他文物的数据。研究所制作的第一部以故宫太和殿为主题的大型虚拟现实节目《紫禁城·天子的宫殿》受到广泛好评，取得了良好的社会反响[1]。2008年10月10日，故宫博物院迎来建院83周年院庆，其与IBM合作的"超越时空的紫禁城"项目历时三年也正式发布。此项目以网络3D虚拟技术搭建起紫禁城，并设计了专题游览路线、历史场景再现和游艺活动。这是第一个依据重要的历史文化景点创建的完全虚拟世界，它使以社区和社会网络为特征的丰富内容与生动的历史场景和讲述融为一体，使远在万里之外的各地人们也能登录虚拟的紫禁城进行游览，并且可以与其他虚拟游客进行交流[2]。这座"数字故宫"，可以让没有来过故宫的人们知道故宫，让来到故宫的人们认识故宫，让站在每件精美展品和每座宏伟建筑前的人们，更深刻地了解它背后的历史和文化。

随着文物调查等项目的开展，至2004年底，由中国文物信息咨询中心牵头，初步搭建以馆藏文物信息管理系统为主的文物单位、省到中央的三级馆藏文物信息动态管理系统框架。中国文物研究所负责的国家科技专项中国珍贵文物数据库系统于2004年初通过鉴定验收。由中国文物信息咨询中心负责组织开发的文物出入境鉴定信息管理系统、考古发掘审批系统、馆藏文物信息管理系统软件均已完成。其中，馆藏文物信息管理系统软件经试点省试用后已通过专家验收，开始在全国推广。故宫博物院与有关单位合作于2004年底完成的"数字故宫"工程，1999—2004年上海博物馆开展的三期信息化建设工程，均

---

[1] 故宫博物院编：《故宫博物院年鉴2004》，紫禁城出版社2005年，第119页。
[2] 《故宫博物院与IBM合作"超越时空的紫禁城"项目正式发布》，故宫博物院网站，2008年10月10日。

取得显著成效[1]。

2003年11月28—30日，曾任国家文物局局长的张文彬在中国博物馆学会数字化专业委员会成立大会暨首届博物馆数字化建设学术交流及成果展示会议上说："为了满足人民群众物质精神需求，建议建立数字化博物馆和数字博物馆网络，实现资源共享。……有人说，上网后就没有人来博物馆参观，这是肤浅的认识，要开拓创新，守旧是没有出路的。"[2] 2008年，单霁翔提出的"关于启动国家数字博物馆工程的提案"，以先进的信息技术和网络技术为支撑，以中国文物信息咨询中心为平台，集数字化展示、研究与交流、教育与培训、数字产品开发等功能于一体，重点开展文化遗产数据库（群）及文化遗产档案库、文化遗产数字展示、文化遗产研究与交流、文化遗产教育与培训、文化遗产数字产品开发和博物馆网络联盟等建设工作[3]。2012年8月28日，陕西数字博物馆开馆仪式在陕西历史博物馆举行。该数字博物馆运用先进的网络技术，在全面整合全省丰厚文物资源的基础上，采用动态模拟、三维演示等先进的文物数字化展示手段，将全省的实体博物馆及其丰富的馆藏呈现在观众面前。该数字博物馆共开设虚拟现实馆、数字专题展、临展与交流展、精品文物鉴赏、讲坛与讲解五个重点栏目。2013年7月，西藏拉萨"数字化文物保护工程"全面启动。该项目旨在利用10年时间，建立起完善的文物调查、信息采集以及信息化管理系统，实现拉萨数字化文物保护全覆盖。工程主要包括文物数据资源规划和数据库建设、馆藏文物信息管理系统建设等，一期主要涉及拉萨16处国家级和40处自治区级文物保护单位。2012年5月18日，"内蒙古博物院流动数字博物馆"正式启用。"内蒙古博物院流动数字博物馆"是全国第

---

[1] 杨晋英：《中国文物事业信息化建设的回顾与思考》，《中国文物报》2006年2月8日。
[2] 苏冰：《博物馆藏品信息管理系统建设初探》，见中国博物馆学会博物馆数字化专业委员会编：《中国博物馆学会数字化专业委员会成立大会暨首届学术研讨会论文集》，北京燕山出版社2006年，第135—137页。
[3] 单霁翔：《用提案呵护文化遗产》，天津大学出版社2013年，第197—198页。

一个全数字化、高集成度的流动数字展车。展车上使用三维数字文物技术、触摸互动技术、增强现实（AR）技术以及大数据量的远程传输与控制技术等大量先进技术，可以不携带实体文物，一次性将上千件数字文物纤毫毕现地呈现在广大观众面前，并且能在短时间内变更展览内容。2012年5月18日，百度百科数字博物馆正式上线。百度百科与中国国家博物馆、中国古动物馆、中国地质博物馆、北京天文馆、湖南省博物馆、陕西历史博物馆、刘少奇同志纪念馆、上海博物馆等多家知名博物馆达成深度合作，通过音频讲解、实境模拟、立体展现等多种形式，让用户通过互联网即可身临其境般地观赏展品，更平等便捷地了解历史文化。此外，其还利用了虚拟现实技术为圆明园兽首等珍稀展品制作了逼真的模拟效果，并实现了电脑端和手机端的同步展现，让用户随时随地都能感受到历史的沉淀[1]。

标准化对行业的健康有序发展至关重要，博物馆对信息化的标准化工作也非常重视。为了适应全国文物、博物馆事业信息化建设的需要，规范博物馆藏品信息处理和交换工作，根据《全国文物、博物馆事业信息化"十五"规划》，国家文物局于2001年12月22日发布《博物馆藏品信息指标体系规范（试行）》和《博物馆藏品二维影像技术规范（试行）》（文物博发〔2001〕81号）。中国文物信息咨询中心于2003—2005年文物调查项目实施期间，在国家颁行法规和四省工作基础上，组织开展了《项目试点管理规定》《项目试点经费使用管理规定》《博物馆藏品信息指标著录规范》《馆藏文物数据采集与更新工作规范》等标准规范的研究。中国文物研究所、天津历史博物馆等单位研究、起草的《文物保护单位信息指标体系规范》研究于2004年完

---

[1]《2012—2013年文物博物馆信息化发展概况》，见国家信息中心、中国信息协会编：《中国信息年鉴2013》，中国信息年鉴期刊社2013年，第148—150页。

成并结项[1]。

2011年,国家文物局印发的《国家文物博物馆事业发展"十二五"规划》指出"加强现代信息技术特别是物联网技术在文物博物馆行业中的推广应用,提高文物博物馆各领域信息化水平","建设文物保护、考古发掘、陈列展示、监测预警、安全防范、公共服务、动态管理与辅助决策的信息技术支持系统","推动文物博物馆重要信息系统的互联互通、资源共享和业务协同。推进数字博物馆工程"。《规划》指出,"十二五"期间文物博物馆领域将基本建成文化遗产保护、管理、利用和服务的公共信息平台,实现文化遗产信息资源共享。统筹规划国家文化遗产信息基础数据库发展框架。以信息资源共享为目标,以信息资源整合为手段,基本建成国家文化遗产信息基础数据库;推进博物馆数字化工作,开展数字博物馆建设,建立电子政务综合管理平台;初步建成文化遗产预警监测和安全防范网络体系,提高文化遗产的信息监测、动态管理与辅助决策的支持能力;构建文博公共文化服务平台,提升文化遗产行业信息传播能力;加强信息化关键技术研究应用,建立3—5个文化遗产行业信息技术研究应用基地,建设一批省级信息技术应用推广的示范基地。

网站建设上,2002年初,故宫博物院局域网建成。上海博物馆、南京博物院、河南博物院也分别于2002—2004年完成了本馆的局域网建设。从2003年开始,甘肃、山西等地的省级文物行政主管部门和故宫博物院、南京博物院等文博单位纷纷建立自己的信息发布网站,向社会提供文物信息。2009年6月25日,南京博物院召开"二期改扩建项目智能化系统"专家评议会,希望为公众建设一座技术先进、服务一流的博物馆[2]。

---

[1] 杨晋英:《中国文物事业信息化建设的回顾与思考》,《中国文物报》2006年2月8日。
[2] 龚良主编:《南京博物院2009》,南京博物院,第178页。

为适应文化遗产信息有效传播的迫切需求，2009年国家文物局完成了"基于泛在网络理念的文化遗产信息化建设可行性研究"课题，提出了名为"文化遗产泛在计划"的文化遗产信息化建设实施计划。该计划将覆盖文化遗产的"五大尺度"（包括文物、博物馆、大遗址古建筑群、城市和无限），以为社会大众提供文化遗产信息的普遍服务为目标，以提升国民人文素质为诉求，以无线宽带技术为基础，从国家、城市和博物馆三个层面展开，建立全天候、多渠道的信息交互环境，创造可观的社会效益和经济效益。"文化遗产泛在计划"包含"文博互通计划"（国家层面）、"文博星城计划"（城市层面）和"智能文博计划"（博物馆层面）三个子计划[1]。

这一时期，诸多博物馆也开始应用新技术开展实践：

三维及虚拟现实服务。2011年，三维激光精细扫描、照片拍摄、航空摄影等三维数据采集建模技术与虚拟现实展示技术在文物博物馆行业持续得到广泛应用。故宫博物院、首都博物馆、上海博物馆、南京博物院、内蒙古博物院等单位，采用相关技术开展三维数据采集、建模，并构建基于局域网或互联网的三维互动虚拟现实应用服务。

二维码、电子标签应用上，中国国家博物馆、湖北省博物馆等单位将二维码技术逐步应用于展览实践中。采用二维码技术，使用手机拍摄后，近千字的展品详细信息就会全部出现，观众不仅可以当场读到展品说明，也可以将其保存在手机里回家细看，如果结合信息服务系统，还可以非常便利地通过移动终端访问音视频等更加丰富的信息。另外，基于电子标签技术的应用也逐步展开，并成功应用到藏品库房管理、外展、考古发掘等工作中。

随着移动互联网及智能手机的普及，参观导览服务也正在逐步进入数字化

---

[1]《2009—2010年文物博物馆信息化发展概况》，见国家信息中心、中国信息协会编：《中国信息年鉴2010》，中国信息年鉴期刊社2010年，第142—145页。

时代，中国国家博物馆、湖北省博物馆、吉林省博物院、苏州博物馆、中山舰博物馆等博物馆纷纷开展手机 App 应用服务，基于智能手机定位技术，观众可以直接在手机上实时查询博物馆导览服务、展品信息等具体信息，掌上博物馆的雏形浮出水面；微博等新兴的社交平台被认为"推倒了博物馆的高墙"，进一步实现了观众与博物馆之间的信息传播和交流[1]。

（四）2012 年至今：智慧博物馆建设

文物博物馆信息化建设历经 10 余年，已经基本完成了信息化基本建设，并向服务型建设转变。2012 年，i-museum 概念提出。2013—2014 年上半年，文物博物馆行业信息化建设发展迅速，电子政务平台不断完善，各类行政审批事项效率逐步提升；第一次全国可移动文物普查数据采集、登录工作平稳推进，文物信息资源大幅增长；各地博物馆信息化建设各具特色，社会服务能力不断加强。多个省市文物部门进行基础环境与网站平台的建设和改造升级。2013 年，上海市结合打造"智慧城市"的目标，逐步启动"公共文化服务云"的试点，启动为博物馆覆盖"i-Shanghai"无线网络的工程，当年共为 19 家博物馆、纪念馆在公共服务区域覆盖了"i-Shanghai"无线网络。甘肃省文物局门户网站"甘肃文物网"完成改版，正式上线。贵州文化遗产网建设进一步完善，新增了面向网上用户登录操作的窗口以及政务工作、网上动态展厅等新项目。全国多家博物馆加强信息化建设，提高博物馆展示展览与文物保护能力。2013 年，安徽博物院进行网络升级，将主链路接入带宽从 50 兆光纤提升到 100 兆光纤，重新整合老馆网络资源，更换老馆网络硬件，调整增加信息点。甘肃省博物馆开通展厅二维码语音导览系统，实现网上虚拟展

---

[1]《2011—2012 年文物博物馆信息化发展概况》，见国家信息中心、中国信息协会编：《中国信息年鉴 2012》，中国信息年鉴期刊社 2012 年，第 136—139 页。

览开放。旅顺博物馆在展览中启用二维码技术,制作二维码展品说明牌。成都金沙遗址博物馆引入最新的无线传感网络技术,集成了微传感器技术、嵌入式计算技术、分布式信息处理技术等,建立完善实时动态环境监测系统,部署环境监测网络,监测馆藏文物环境的改变。成都市文物信息咨询中心"成都数字文化文物信息平台"建设(一期)项目完成并上线。2014年上半年,武汉博物馆"智慧武博·数字武汉博物馆"正式上线,观众可通过手机或者电脑实现虚拟场馆360度参观,近距离浏览和藏品有关的图像、文献、视频、三维模型等信息,而且可借助个人平台发布自己的藏品照片,与其他爱好者交流。吉林省博物院、东北抗日联军纪念馆完成了"黑土军魂——东北抗日联军军史陈列"虚拟展厅制作,拍摄展厅照片300余张,通过3D技术建模、贴图完成了"黑土军魂"展览虚拟场馆制作,并已链接网站。宁夏博物馆建设中央大厅大屏幕演示系统和大门入口处的虚拟引导系统,形成了人机交互的多媒体虚拟引导系统,极大地增加了特定区域的信息量,实现由被动接受展示内容转换为主动获取所需内容[1]。

2014年3月,成都金沙遗址博物馆、甘肃省博物馆、苏州博物馆、内蒙古自治区博物院、四川省博物院和广东省博物馆六家博物馆,被国家文物局确定为首批国家智慧博物馆试点单位,随后山西博物院也成为试点单位。除此以外,个别省级博物馆在地方"智慧城市"建设的框架下,受地方财政支持也开始进行智慧博物馆建设。

2015年,国务院印发《关于积极推进"互联网+"行动的指导意见》(国发〔2015〕40号),明确到2025年,网络化、智能化、服务化、协同化的"互联网+"产业生态体系基本完善,"互联网+"新经济形态初步形成,"互

---

[1]《2013—2014年文物博物馆信息化发展概况》,见国家信息中心、中国信息协会编:《中国信息年鉴2014》,中国信息年鉴期刊社2014年,第149—151页。

联网+"成为经济社会创新发展的重要驱动力量,提出"发展基于互联网的文化、媒体和旅游等服务,培育形式多样的新型业态"。

2016年,国务院印发《关于进一步加强文物工作的指导意见》(国发〔2016〕17号),提出为保障人民群众基本文化权益服务,要"实施智慧博物馆项目,推广生态博物馆、流动博物馆,有条件的地方可以建立社区博物馆"。

2016年,国家文物局、国家发展和改革委员会、科学技术部、工业和信息化部、财政部联合印发《"互联网+中华文明"三年行动计划》(文物博函〔2016〕1944号),提出的主要任务是推进文物信息资源开放共享、调动文物博物馆单位用活文物资源的积极性、激发企业创新主体活力、完善业态发展支撑体系。其中明确"鼓励有条件的文物博物馆开展智慧博物馆工作。鼓励大型互联网企业综合运用物联网、云计算、大数据和移动互联网等新技术手段,提供文物信息资源深度开发利用服务",强调"鼓励国内大型互联网企业与文物博物馆单位合作,提供基于地图服务的文物博物馆旅游线路规划、虚拟展示、智慧导览、参观预约及个性化服务,满足旅游参观前、中、后三阶段的不同体验要求",同时"重点支持文物价值挖掘、文物数字化、现代展陈、网络传播、智慧博物馆等方面的科技攻关,突破一批共性、关键、核心技术,在此基础上重点研发(含升级改造或二次开发)一批新技术、新工具和新装备,提高装备的适用性、安全性、可靠性和智能化水平"。"互联网+"使博物馆领域产生了深刻变革。

2016年,科技部、文化部、国家文物局联合制定《国家"十三五"文化遗产保护与公共文化服务科技创新规划》(国科发社〔2016〕374号),其中提出"针对日益增长的全民文物享用需求,迫切建立现代智慧博物馆技术体系,突破文物展示利用关键技术、提升文化遗产公共服务能力,实现我国文化遗产传承利用能力的跨越式发展",要建立并完善智慧博物馆理论与技术支撑体系，推动国家和国际智慧博物馆标准规范的制定，并对智慧博物馆的关键技术研发提出要求，"研究智慧博物馆架构和智能化评价规范；研发文物材质视觉特征采集技术、安全高效的文物三维几何采集技术，突破具有视觉、听觉、触觉、味觉、嗅觉体验的新一代博物馆虚拟（增强）现实展示技术和人机交互体验技术；建立文物数据字典和语义化描述，探索文物知识图谱构建模式与方法，研发跨博物馆、跨地域的分布式知识库及综合应用平台；研究基于多源大数据的博物馆观众行为和意愿分析技术，构建跨平台的室内外个性化智能导览系统和面向观众的个性化定制服务模式；研究基于众包模式的游客大数据整合与增量式文物本体状态感知技术和装备；研发文物保存环境监测、评估和调控的智能系统，及适用于馆藏文物数字化签名提取和鉴别技术及出入库、流转监控等智能化闭环管理技术；研发面向中小博物馆群的文化遗产价值传播共性关键技术，建设涵盖文物展示、导览等全链条业务的一体化综合云服务平台"。这些研发要求也成为近几年智慧博物馆发展的重要方向。

文博行业电子政务建设取得新成效。中国世界文化遗产监测预警总平台全面提升了监测云系统，研制了手机版本监测云 App 并投入海上丝绸之路史迹的监测中。2016 年 5 月，内蒙古文化遗产综合管理与信息服务平台二期工程——文物保护数据资源管理与利用系统建设启动，形成了面向内蒙古自治区文物保护单位数据信息咨询、管理体系的一套完整的文物保护技术方案审批管理信息化业务流程。江苏省试点建设"文物安全综合管理实验区"，完成文物安全行政执法监控平台建设，将文物行政执法工作的宏观调控、实地调查、实时填报上传、分析与展示融为一体，尝试采用互联网手段解决文物安全工作困境。

第一次全国可移动文物普查工作总体完成。截至 2016 年底，全国 31 个省、自治区、直辖市全部通过普查验收。此次普查采集了27项收藏单位信息和15项文物基础信息，共登录文物照片5 000万张，数据总量超过140 TB，建成国家文物资源数据库，改变过去各单位文物信息零散孤立、互不相通的信息孤岛局面，实现全国国有可移动文物信息的统一集中存储。同时，普查建成全国可移动文物登录网，作为展示普查成果的平台，当年即向社会开放普查文物信息40.8万件。各地向社会公开的文物资源信息超过228万条。各省也积极响应国家信息资源开放共享的要求，建设文物数据管理服务平台，推动文物信息资源的共享和利用。2016年12月，"吉林省数字博物馆在线服务平台"上线，集中展示全省117家博物馆文化资源，公开第一批次可移动文物25 854件，并将线上展示与博物馆现场信息化服务相结合，从根本上提高吉林和东北地区文化遗产的保护管理能力和展示传播水平，在全国起到了示范带动作用。2017年5月18日，"山东省可移动文物数据库综合管理服务平台"正式上线，平台整合山东400余家博物馆信息，公开第一批次可移动文物24 552件。部分省份和重点博物馆通过微信、网站等方式，面向社会提供普查数据成果基本目录检索服务。

2016年，广东、四川、甘肃省级博物馆的智慧博物馆一期项目建设完成。苏州博物馆、广东省博物馆等单位从文物元数据、主题词表、数字资源入手，利用大数据技术分析处理文物数据，挖掘和发现其背后隐含的知识，丰富和提升文物数据处理与利用的方式。

2017年初，国家文物局发布《国家文物事业发展"十三五"规划》，其中设专栏谈智慧博物馆建设工程，即运用物联网、大数据、云计算、移动互联等现代信息技术，研发智慧博物馆技术支撑体系、知识组织和"五觉"虚拟体验技术，建设智慧博物馆云数据中心、公共服务支撑平台和业务管理支撑平台，形成智慧博物馆标准、安全和技术支撑体系。同时，建议加快急需标准制定，如加强文物术语与编码等基础标准的制修订，加强文物数字资源采集、加工、存储、传输、交换、服务等通用标准的制修订，加强文物价值评估、风险管理、保护技术等技术标准和管理标准的制修订，完善标准复审制度，完成50项以上行业技术标准的制修订工作。这些标准为推进智慧博物馆建设起到保驾护航的作用。

2018年，中共中央办公厅、国务院办公厅印发《关于加强文物保护利用改革的若干意见》（中办发〔2018〕54号），其中明确主要任务之一是要加强科技支撑。将"文化遗产保护利用关键技术研究与示范"纳入国家重点研发计划，建设文物领域国家技术创新中心和国家重点实验室。充分运用互联网、大数据、云计算、人工智能等信息技术，推动文物展示利用方式融合创新，推进"互联网+中华文明"行动计划。

2019年12月，国家文物局发布新版《博物馆定级评估办法和标准》，其中对于"信息化建设"有明确要求，如一级博物馆要求"信息化基础设施（包括网络接入、网络安全、终端和配套设备等）建设完备，适应智慧博物馆建设的基本要求；有一整套适用于智慧保护、智慧管理、智慧服务的业务系统，能够通过信息化手段支撑博物馆业务流程"。该评估办法遵循创新、协调、绿色、开放、共享的新发展理念，围绕博物馆收藏、保护、研究、展示、教育、传播等核心职能，着力提升博物馆评估定级工作的科学性、针对性、适用性，突出博物馆运营管理专业化、标准化、公益化要求，新增馆舍建筑节能降耗、智慧博物馆建设、学术影响力、新媒体传播、馆际交流协作、公共文化服务均等化便捷化等一批代表行业发展方向的考察指标，提升标准的整体"含金量"[1]。可以看出，智慧博物馆建设是博物馆高质量发展的重要抓手。

---

[1]《推动博物馆高质量发展　更好满足人民美好生活需要——国家文物局博物馆与社会文物司（科技司）有关负责人解读新版〈博物馆定级评估办法〉等文件》，国家文物局，2020年1月20日。

2021年5月,中宣部等九部委印发《关于推进博物馆改革发展的指导意见》(文物博发〔2021〕16号),明确"大力发展智慧博物馆,以业务需求为核心、以现代科学技术为支撑,逐步实现智慧服务、智慧保护、智慧管理"。

这一时期,很多博物馆都实施了很多有意义的项目:

2016年5月1日,"数字敦煌"资源库平台向全球发布。首次发布的有敦煌石窟30个经典洞窟的高清数字化内容及全景漫游。"数字敦煌"是利用现代数字技术拍摄、扫描、获取、存储敦煌石窟文物信息,并通过建立多元化、集成化的数字敦煌数据库、数字资产管理系统、数字资源永久保存系统,在实现永久保存敦煌文化艺术资源的同时,为学术研究和多元利用提供无限可能[1]。

2018年11月,湖北省博物馆与湖北移动合作打造"5G智慧博物馆"。目前,该馆已实现5G网络全覆盖,并推出了乐·兵VR体验、5G智慧博物馆App、360度全景直播等一系列5G应用的阶段性成果。围绕两件镇馆之宝曾侯乙编钟和越王勾践剑所设计的乐·兵主题5G体验,将通过高科技形式一展楚文化风采。在湖北省博物馆综合馆大厅体验区,观众手持钟锤凌空敲击,显示在LED屏中的编钟通过专门的感应装置跟随敲击而摆动,并发出对应乐音。在App展示区,观众可以操作5G手机体验三种观览方式,现场游客只需用手机轻松一拍,即可自动识别文物并呈现相关信息;而不在现场的游客,亦可通过360度全景画面,身临其境游览博物馆。在VR互动体验区,游客通过佩戴VR眼镜、手持VR终端,近距离和文物互动。博物馆还给游客准备了口袋博物馆文物卡片,正反面印有精致的文物高清图片,游客可使用App的AR导览

---

[1]《2015—2016年文物博物馆信息化发展概况》,见国家信息中心、中国信息协会编:《中国信息年鉴2016》,中国信息年鉴期刊社2016年,第162—165页。

功能，了解文物背后的故事。5G 智慧博物馆利用 5G 技术挖掘博物馆信息化成果，丰富游客观览方式，提升观览体验，实现自主化、智慧化观览，用最先进的技术成果，展现荆楚文化，体现湖北魅力。

总结下来，目前国内博物馆智慧化的应用实践主要集中在以下三方面：第一，数字资源采集开发，通过藏品基本信息数字化、数字影像采集、三维建模等方式，获取藏品本体结构信息、功能性信息、环境联系信息以及时间记录信息等，构建以海量数据存储、非结构化影像数据处理、多维影像数据表现方式等为基本特征的数字博物馆信息资源平台。第二，数字资源展示利用，综合利用 Web 页面、三维展示、虚拟现实（VR）与增强现实（AR）、大屏与环幕显示、触摸交互多媒体等技术以及个人电脑、手机和平板电脑等终端设备，建立线上虚拟博物馆和线下数字展厅，提供数字化、网络化、虚拟化的藏品信息展示和体验服务。第三，博物馆管理信息化，针对博物馆业务活动（藏品收藏、保管、研究和教育活动）和事务活动（机构、人员、经费、设施管理活动）实际需要，建立各类博物馆信息管理和服务系统，为博物馆工作人员和社会公众提供服务。

二、西方智慧博物馆的发展历程

西方的博物馆信息化基本兴起于 20 世纪 80 年代。美国国会图书馆开展的美国记忆项目（American Memory Project, 1989—1995）始于 1989 年，这个项目的主要目标是将美国主要的历史档案资料（包括图书、小册子、手稿、单面印刷品、音乐、声音记录、照片、艺术图片和活动的画面等），经过尽量少的编辑，将其转换为数字化格式，提供给研究者、学者或一般读者[1]。1990 年由

---

[1] 殷占录等编著：《数字信息资源研究》，天津科学技术出版社 2015 年，第 178 页。

博物馆电脑网络组织（The Museum Computer Network, MCN）、研究图书馆组织（The Research libraries Graup, RLG）、加拿大文化遗产信息网（The Canadian Heritage Information Network, CHIN）及盖蒂信息协会（The Getty Information Institute, GII）等单位发起，并结合其他图书馆、博物馆及信息单位等团体组成了美国博物馆信息交换联盟（Consortium for the Computer Interchange of Museum Information, CIMI），负责创建并向国际博物馆界介绍采用元数据行业标准的概念。其宗旨是将博物馆信息普及至社会大众，并推展开放式的系统标准，以管理及传递博物馆信息，目的是建立一套标准，使博物馆藏品能以电子形式长期保存，并解决博物馆藏品信息交换的问题，将博物馆信息传播给广大使用者[1]。1993年，美国总统克林顿提出"国家信息基础设施（National Information Infrastructure, NII）"，又名"信息高速公路计划"，把数字博物馆和图书馆列为重要的组成部分，大力进行研究和发展。1995年2月，西方七国集团在比利时主持召开了"七国信息技术部长级会议"，讨论全国信息社会议题，提出了信息社会的"全球信息目录计划""电子图书馆""电子博物馆和艺术画廊"等11项示范计划，其中"电子博物馆和艺术画廊"也就是我们今天所说的数字博物馆。同年，美国国家科学基金会（NSF）与国防部高等研究计划局（DARPA）、美国国家航空和宇宙航行局（NASA）合资赞助了"数字图书馆先导研究计划（1995—1999）"，主要研究如何将信息科技运用于数字图书馆的开发，这个计划在很大程度上促进了数字博物馆的发展。1995年3月，国际图书馆电脑中心（Online Computer Library Center, OCLC）在美国俄亥俄州都柏林提出了一套元数据的元素集，用来描述网上的信息，实际上这等于可以描述一切信息。这套元数据被称为"都柏林核心"（Dublin Core）。它的产生是

---

[1] Robbie A. Marshall, Hyuk-Jin Lee. Legacy and Impacts of the Computer Interchange of Museum Information (CIMI). *Journal of the Korean Society for Information Management*, 2009, 26(2).

由制定者从图书馆读者通过卡片目录查询、借阅所需图书的传统办法中得到启示的：在网络上检索电子资源，也可以借助于反映这些电子资源的目录信息。于是"都柏林核心"的拟定者们参照图书馆卡片目录的模式，制定了 15 项广义的元数据。随后，其在图书馆、博物馆以及不少政府机构、商业组织中被使用，成为影响广泛的国际性标准。1996 年，美国加州大学伯克利建筑学院和 VSMM 国际学术机构联合建立了虚拟遗产网络（Virtual Heritage Network, VHN），其在文化遗产数字化领域的贡献得到联合国教科文组织的认可，并承担了该组织多个重大项目[1]。早在 1994 年，大英博物馆就已经着手建立多媒体馆藏数据库，到 1997 年，推出了一个多媒体藏品查阅系统，从 2000 年 6 月开始，观众可通过访问大英博物馆网站，获取 5 000 件重要藏品的相关信息。1995 年，卢浮宫博物馆已经创建官方网站。在最初的几年里，网页上只有一些对博物馆和参观信息的简要介绍，但即便如此，截至 2001 年，该网站的浏览量已经超过 600 万次。需要提到的是，这一年卢浮宫博物馆的实地参观量达到了 550 万人次，我们可以感受到网站的潜在作用[2]。

谷歌艺术计划（Google Art Project）始于 2011 年谷歌与世界各地博物馆合作，利用谷歌街景技术拍摄博物馆内部实景，并且以超高解析像拍摄馆内历史名画，供全球网民欣赏的一项服务。2012 年，艺术计划来到中国，台北故宫博物院加入其中。2013 年 3 月，湖南省博物馆的馆藏精品正式在谷歌艺术计划上线，成为中国大陆地区第一家登陆该国际艺术平台的国有博物馆。2014 年 4 月，三星堆博物馆与谷歌艺术计划中心达成合作协议，计划年内加入谷歌艺术计划，向全球用户提供信息化资讯服务。参与这个计划的艺术机构还有澳

---

[1] 陈晓云：《数字博物馆》，见《数据库百科全书》编委会编：《数据库百科全书》，上海交通大学出版社 2009 年，第 629—632 页。

[2] 刘鹏：《缪斯之约：欧美艺术博物馆智识体验》，同济大学出版社 2016 年，第 72 页。

大利亚、日本、印度、菲律宾、以色列、卡塔尔等40多个国家；这个虚拟博物馆的"展品"数量，从初期的1 000多件，增加到了如今的32 000多件；艺术门类也由单一的绘画作品拓展至纺织品、玻璃制品和陶瓷制品等多种门类。用户可以按照艺术家姓名、艺术作品、艺术类型、博物馆、国家、城市和收藏等类别浏览网站内容。如观众可以看到高分辨率图片，也能够仔细地观看作品的笔触与铜绿细节。增强版的"我的艺术馆"功能，让用户从艺术作品中任意进行选择，并可选择他们最中意的细节，创建自己的个性艺术馆。用户可以对每幅作品添加评论，然后将整个收藏与朋友和家人共享。新升级的"艺术计划"网站还包括其他两种全新的工具，分别是探索（explore）和发现（discover）工具。用户可以按照不同的时期、艺术家、艺术类型等分类标准查找艺术作品，网站会相应地为用户展示来自世界各地不同博物馆的相关作品。

美国现代艺术博物馆（The Museum of Modern Art, MoMA）2016年上线了数字展览档案库[1]。观众在官方网站What's on板块可以找到exhibition history，观看1929年至今的展览，如1929年MoMA的第一个展览——塞尚、高更、梵高、修拉艺术展，1932年的现代建筑展，1936年的立体主义和抽象主义展等。可以说，这个数据库给观众呈现的是近一个世纪的艺术史。

早在2003年，韩国政府就推出"U-Korea"（即U韩国）的发展战略，希望把韩国建设成资源数字化、网络化、可视化、智能化的智能社会。"U"是英文单词"Ubiquitous"（无处不在）的简写。经过多年的实践，韩国一些城市已进入U-City时代。2006年，韩国首尔启动了"U-City"计划，意为"无处不在的城市"。利用这套智能系统，市民可以通过智能终端发送请求，即可在城市的各个角落方便地操控家中的电子电器设备洗衣、做饭，家长还可以实时

---

[1] https://www.moma.org/calendar/exhibitions/history/?=undefined&page=&direction=.

追踪未成年子女的动向[1]。济州岛是韩国著名的旅游观光胜地，韩国在将其发展成另一个 U-City 的新都市规划中，重点发展智能交通服务系统，提供包括 Telematics、U-Ticket、U-Museum、U-Fishfarm 等一系列物联网应用，以更多的 U 化服务与应用来提升其旅游观光的知名度[2]。

第二节　相关概念辨析

一、信息化、数字化、智慧化相关概念辨析

日本学者梅棹忠夫是提出"信息化"概念的鼻祖。1963 年，他发表了《论信息产业》(*Information Industry Theory: Dawn of the Coming Era of the Ectodermal Industry*)，奠定了对"信息化"概念的基本认识。1967 年，日本科学技术和经济研究团队正式提出了"信息化"(Informationalization) 这个概念。按梅棹忠夫的说法，信息化是通信现代化、计算机化和行为合理化的总称。其中通信现代化是指社会活动中的信息交流基于现代通信技术基础上进行的过程；计算机化是社会组织和组织间信息的产生、存储、处理（或控制）、传递等广泛采用先进计算机技术和设备管理的过程，而现代通信技术是在计算机控制与管理下实现的；行为合理化是指人类行为按公认的合理准则与规范进行。简单地说，信息化是指将现实物理存在的事物，通过数据化手段，借助二进制编码，通过电子终端呈现，便于信息的传播与沟通。这个过程的数据产生主要是通过人工手段进行数据录入、信息传递，实现现代化通信。

---

[1] 胡建国主编：《天云地网织新城　智能城市的建设、管理和运行》，广东科技出版社 2015 年，第 39 页。
[2] 田景熙主编：《物联网概论》，东南大学出版社 2017 年，第 247 页。

1997年4月18—21日,首次全国信息化工作会议在深圳召开,这是国务院召开的第一次全国信息化工作会议,会议总结信息化建设的经验和成就,明确指导方针和奋斗目标,全面部署主要任务,标志着我国信息化建设进入了新的发展阶段。会议指出信息化是指培育、发展以计算机为主的、以智能化工具为代表的新的生产力并使之造福于社会的历史过程。同年12月4—16日,全国省市信息化工作座谈会在上海召开,认为推进信息化,要从战略的高度,着眼于长远的社会历史进程和全局发展;要注意数字化与网络化的强劲发展势头;要重视通信网、广电网、计算机网在技术上的融合趋势;从全局上推动企业信息化,提高国家对经济的宏观调控能力。2006年,中共中央办公厅、国务院办公厅印发《2006—2020年国家信息化发展战略》,提出信息化是当今世界发展的大趋势,是推动经济社会变革的重要力量。大力推进信息化,是覆盖我国现代化建设全局的战略举措,是贯彻落实科学发展观、全面建设小康社会、构建社会主义和谐社会和建设创新型国家的迫切需要和必然选择。

信息化是充分利用信息技术,开发利用信息资源,促进信息交流和知识共享,提高经济增长质量,推动经济社会发展转型的历史进程。信息化的本质是通过数据和计算,更高效地连接供需双方,实现更精准匹配,使有限存量资源发挥更大效率。

数字化的概念分为狭义的数字化和广义的数字化。狭义的数字化是指利用信息系统、各类传感器、机器视觉等信息通信技术,将物理世界中复杂多变的数据、信息、知识,转变为一系列二进制代码,引入计算机内部,形成可识别、可存储、可计算的数字、数据,再以这些数字、数据建立起相关的数据模型,进行统一处理、分析、应用,这就是数字化的基本过程;广义上的数字化则是利用信息技术对企业、政府等各类主体的战略、架构、运营、管理、生产、营销等各个层面,进行系统性的、全面的变革,强调的是数字技术对整个组织的重塑，数字技术能力不再只是单纯地解决降本增效问题，而成为赋能模式创新和业务突破的核心力量。数字化的本质就是通过对信息的数字化，将许多复杂多变的信息转变为可以度量的数字、数据，再以这些数字、数据建立起适当的数字化模型，把它们转变为一系列二进制代码，引入计算机内部，进行统一处理，这个数字化的基本过程反映了数字化的本质。

智能化是指由现代通信与信息技术、计算机网络技术、行业技术、智能控制技术汇集而成的针对某一个方面的应用。智能化的基本逻辑是采集事物运行数据，对其历史规律进行数学建模，通过计算预测和监测对比，反向指导或控制事物运行。智能化的本质是系统具有感知、分析、决策和执行的能力。智能化与我们今天的生活息息相关，如智能交通是当下最典型的城市智能应用。其基本逻辑之一是通过摄像头、卡口、雷达、浮动车等采集路口的交通量及路段的行车速度，然后通过数学模型，计算更合理的信号灯配时，代替传统的固定程序或手动控制，增加路口乃至全路网的通行效率。再如家庭中所使用的智能电器、智能家居模式等。

数智化虽然与数字化、智能化仅一字之差，但意义却大不相同。该词最早见于2015年北京大学"知本财团"课题组提出的思索引擎课题报告，是对"数字智商"（Digital Intelligence Quotient）的阐释，最初的定义是：数字智慧化与智慧数字化的合成。这个定义有三层含义：一是"数字智慧化"，相当于云计算的"算法"，即在大数据中加入人的智慧，使数据增值增进，提高大数据的效用；二是"智慧数字化"，即运用数字技术，把人的智慧管理起来，相当于从"人工"到"智能"的提升，把人从繁杂的劳动中解脱出来；三是把这两个过程结合起来，构成人机的深度对话，使机器继承人的某些逻辑，实现深度学习，甚至能启智于人，即以智慧为纽带，人在机器中，机器在人中，形成人机一体的新生态。随着数字技术的发展，应用程度的快速提高，"数智化"

的概念也在不断地丰富与扩展。从数码相机、数字电视开始，数字技术与产品结合，使产品更聪明，这是最初的"数智化"形态（当时还没有这个概念）。将数字技术用于企业管理，提升企业的决策效率与质量，使企业更聪明，这是"数智化"的第二阶段。数据上云之后，不同来源的数据形成聚合，人机协同的领域日益扩展，人与环境的响应关系越来越密切，使城市更聪明，这是"数智化"的第三阶段。

大数据是指无法在一定时间范围内用常规软件工具进行捕捉、管理和处理的数据集合，是需要新处理模式才能具有更强的决策力、洞察发现力和流程优化能力的海量、高增长率和多样化的信息资产。IBM 提出大数据的 5V 特点：Volume（大量）、Velocity（高速）、Variety（多样）、Value（低价值密度）、Veracity（真实性）。Volume：数据量大，包括采集、存储和计算的量都非常大。大数据的起始计量单位至少是 P（1 000 个 T）、E（100 万个 T）或 Z（10 亿个 T）。Velocity：数据增长速度快，处理速度也快，时效性要求高。比如搜索引擎要求几分钟前的新闻能够被用户查询到，个性化推荐算法尽可能要求实时完成推荐。这是大数据区别于传统数据挖掘的显著特征。Variety：种类和来源多样化，包括结构化、半结构化和非结构化数据，具体表现为网络日志、音频、视频、图片、地理位置信息等，多类型的数据对数据的处理能力提出了更高的要求。Value：数据价值密度相对较低，或者说是浪里淘沙却又弥足珍贵。随着互联网以及物联网的广泛应用，信息感知无处不在，信息海量，但价值密度较低，如何结合业务逻辑并通过强大的机器算法来挖掘数据价值，是大数据时代最需要解决的问题。Veracity：数据的准确性和可信赖度，即数据的质量。大数据技术的意义不在于掌握庞大的数据信息，其本质在于对这些含有意义的数据进行专业化处理。

要知道"智慧化"的含义，首先要知道什么是智慧。"智慧"一词来源于佛教，佛经《大乘义章》中讲：照见名智，解了称慧。佛学认为智与慧都是认知意识，但不是一个层次。大体而言，知解事相（现象、表象）叫作智；了解事理（真实因果及本原）叫作慧；既能了解现象也能洞悉因果关系，叫作智慧。也就是说智慧系统不仅具备了"智"的能力，还要知道这种能力是如何产生的，进而可以学习提升，不断进化，迭代升级。

总结而言，从信息化到数字化再到智慧化，是信息不断丰富、健全和深入应用的过程，这个过程是连续的、重叠的、迭代精进的、没有明确界限的、不可分割的。

二、博物馆信息化、数字博物馆、智慧博物馆等概念辨析

经过几十年的发展，我们可以看到博物馆信息化、数字博物馆、数字化博物馆、博物馆数字化、虚拟博物馆、网上博物馆、智慧博物馆等相关概念，而这些概念"剪不断，理还乱"，清晰地辨析这些概念，不仅有助于我们认识智慧博物馆的形成历程，而且也有助于我们分析智慧博物馆的核心特质。

博物馆信息化是博物馆以信息管理为主体的计算机系统。根据信息的类型、特性和涉及的相关方面，可以大致划分为以下部分：一是以行政办公为核心的办公自动化系统。它是一个互动式网络政务窗口，实现由"传统政务"到"电子政务"的转变。办公自动化系统包括了以建筑环境和设备管理为核心的物业管理系统。它与建筑物的环境控制网络和设备运行状态信息有直接关系。二是以文物藏品数据库和通用网络平台为基础的文物藏品数据系统的建设、应用与管理。这是博物馆数字化最具个性的基本组成部分，也是数字化博物馆的重要基础。三是以文物研究、修复等专业工作为核心的专用数据库和工具系统。

数字博物馆是以数字化技术和形式向公众展示传播自然／文化遗产物证材料及其相关知识的信息服务系统。数字博物馆是物质博物馆在数字网络空间的再现和反映，具有网络化、智能化、虚拟化的特点。数字博物馆早期发展主要受到数字图书馆的影响，强调以藏品资源数字化为主要内容。藏品资源数字化是数字博物馆建设的基础性工作，但对海量资源的数字化是一项极其艰辛而漫长的工作。

博物馆数字化则是指博物馆各项工作全面地采用数字技术、信息技术为常用工具，使电脑成为日常的工作平台，更高效率地为文物的保存和利用服务。博物馆数字化是为适应当代信息化社会而对博物馆功能、组织、工作的再定位。博物馆数字化涵盖了文博工作的收藏、保管、研究、陈列、教育、市场等所有的工作内容。

显而易见，博物馆信息化的实施伴随着博物馆工作体系、管理机制、方法规章的改革而逐步提高。数字化博物馆是在上述博物馆信息化基础上的质的提高和升华[1]。

"虚拟"是指用计算机来虚构和模拟现实世界中的客观事物与环境，这个词被用于多种场合，很容易引起混淆。一是从信息表达形式看，所谓虚与实是相对而言的，如果用实物藏品叙事被看作是实的，那么脱离实物而转用数字化藏品信息叙事就是虚的。二是从展品的生成依据看，有些自然科技类的数字博物馆展品并非来源于实物藏品的数字化，而是带有一定主观想象或推理成分地运用数字多媒体虚拟现实技术，制作出再现某种自然现象或演示某种科技原理的展品，恰似实体科技馆大量使用的模型类展品，这属于先有信息而后据以制作出科普所需的展品，既不属于自然遗产或文化遗产，也不属于人类及其环境

---

[1] 祝敬国：《博物馆数字化的概念思考》，见中国博物馆学会博物馆数字化专业委员会：《中国博物馆学会博物馆数字化专业委员会成立大会暨首届学术研讨会论文集》，北京燕山出版社2006年，第100—103页。

的见证物。可见其展品的生成依据就是虚的，据此被称为虚拟博物馆，其实还是称作数字科技馆更妥当。三是从展品来源看，网络上有些虚拟博物馆没有对应的实体机构，其建构者并不拥有实物藏品资源，当然也不以藏品信息数字化工作为基础，展品来源是虚的[1]。

网上博物馆、网络博物馆、网路博物馆的概念是一样的，只是词语表述不同。简单地理解就是博物馆网站，或博物馆将其内容搬到网络上来，因此，虽然这个概念是成立的，但与数字博物馆、虚拟博物馆还是有较大的差别，不宜混淆。其中，"网路博物馆"通常是台湾地区的说法。

智慧博物馆狭义地说，是基于博物馆核心业务需求的智能化系统；广义地讲，是基于一个或多个实体博物馆（博物馆群），甚至是在文物尺度、建筑尺度、遗址尺度、城市尺度和无限尺度等不同尺度范围内，搭建的一个完整的博物馆智能生态系统[2]。智慧博物馆淡化了实体博物馆相互之间以及实体博物馆与数字博物馆之间的界限，形成了以博物馆业务需求为核心、以不断创新的技术手段为支撑、线上线下相结合的新型博物馆发展模式。真正意义上的智慧博物馆，需要通过信息技术，发挥人的智慧来实现：一是要以观众需求为本；二是要真正解决观众的问题；三是要让观众参与；四是不仅要以已有的观众为本，也要为潜在的观众着想。只有这样，才能将智慧博物馆建设变成博物馆创新平台，发挥多元主体的创造力，通过数据驱动，再造博物馆保护、运营服务与管理的整个流程，最终推动博物馆高质量发展。

与传统数字博物馆相比较，智慧博物馆主要有以下几个特点：

一是利用传感技术、智能技术，实现对博物馆藏品、库房、展厅等对象及

---

[1] 陈红京主编：《博物馆学概论》，高等教育出版社2019年，第195页。
[2] 宋新潮：《关于智慧博物馆体系建设的思考》，《中国博物馆》2015年第2期。

其运行状态的自动、实时、全面透彻的感知。

二是将相对封闭的博物馆信息化架构升级为开放、整合、协同的博物馆信息化架构，发挥数字化技术的整体效能。

三是通过泛在网络、移动技术实现无所不在的网络互联服务和随时随地随身的数据智能融合服务。

四是强调人的主体地位，重视、关注用户视角的服务设计，提供强调开放服务主题的塑造及其间的观众参与、用户体验等。

五是强调通过政府、市场、社会各方力量的参与和协同，实现博物馆文化传承服务能力的提升和制造独特价值[1]。

智慧博物馆的特点，与其概念密不可分，主要表现为便利性、互联性、高效性。

第一，智慧博物馆具有便利性。智慧博物馆通过网络的互联互通，给工作人员运营管理博物馆、观众参观博物馆以及博物馆与观众的直接关系都带来了巨大变化。智慧博物馆的核心就在于以人为本，以观众为中心，一切从"为了观众"的角度出发提供公共文化服务。观众在智慧博物馆的物理空间中参观展览、参与教育活动都因为互联网的介入而更为便利，同时观众在手机等移动终端上可以无障碍、便捷地使用博物馆资源。智慧博物馆的个性化服务也为观众提供便利。博物馆的理念一直在发生变化，在我国，从以管理为中心转变为以服务为中心，从单向灌输式服务到观众参与的双向服务，从馆藏藏品、硬件设施建设到服务与建设并重，从提供统一固定的服务到个性化的专业服务。可以看出，智慧博物馆的整体服务理念有了质的飞跃，强调观众的参与互动，提供的是便利的、交互的、体验的个性化服务。

---

[1] 陈刚：《智慧博物馆——数字博物馆发展新趋势》，《中国博物馆》2013年第4期。

第二，智慧博物馆具有互联性。在智慧博物馆，通过各种传感器，随时可以监测博物馆内需要感知的环境，获得相关的数据。如可以感知库房、展厅的温湿度，可以获得藏品的使用流动信息。智慧博物馆的互联是立体的。立体互联也就是物与人之间的全面互联。博物馆物理空间的互联，如库房与展厅之间、展厅与展厅之间、展厅与公共空间之间、文物与文物之间等的相联；博物馆各类人的互联，如博物馆各部门工作人员之间、工作人员与观众之间、观众之间的相联；博物馆物与人的互联，如各种空间与观众之间、文物与观众之间的相联。这样的立体式互联使博物馆成为一个有机融合的整体，能更深入、高效地为观众服务。

第三，智慧博物馆具有高效性。首先是管理高效。智慧博物馆使博物馆内部管理、外部协调更加科学化、规范化，博物馆各部门之间高效运转，工作效率提高。博物馆的 OA 系统（办公自动化系统）最典型地体现了高效管理。其次是服务高效。观众对博物馆服务的要求越来越高，需求越来越明确，同时带有个性化特征。智慧博物馆根据观众的需求，通过现代化技术和手段，为观众高效地提供服务，也是专业的深层次服务。

简而言之，智慧系统不再以数字资源建设与展示利用为核心内容，而是强调物与物的信息交互，人与物的信息交互，以及如何通过云计算和大数据分析技术，实现智慧化的信息处理与分析。智慧博物馆依各类知识消费者的需求，各领域知识专家在共通平台上经由共通生产流程及标准做出由基本到复杂的知识组件，这些知识组件被有效地建构管理于后端共通整体知识库下。这些大量且持续不断成长的知识内容被充分地再利用以发展各种研究、展示、教育及娱乐应用，并通过无所不在的、主动的及个性化的服务环境传播给观众。

关于上述概念，国内学者尚未形成统一的定义，大家都从各自研究角度出发，分别进行了不同的定义。智慧博物馆的发展并非一蹴而就，而是在数字博物馆、博物馆信息化等充分实践及铺垫的基础上发展起来的。智慧博物馆发展方兴未艾，对其的探讨和研究还在不断深入的过程中。

第三节　智慧博物馆研究述评

一、中国智慧博物馆研究述评

截至2021年9月，在"中国知网"上检索篇名中有"智慧博物馆"的文章，"精确"匹配的共有200余篇文献。

第一篇有关"智慧博物馆"的文章出现在2012年，当年共有2篇相关文章。2013—2021年分别为4篇、10篇、17篇、15篇、24篇、38篇、34篇、28篇、37篇，说明行业对于智慧博物馆的研究正在持续升温，越来越多的学者从实践分析到理论探讨，分析智慧博物馆的发展，尤其是2018年的研究文献达到38篇，很多学者开始总结智慧博物馆的实践经验，这也与国家政策导向有关。

所有文章中，81.43%的论文发表在专业期刊上，说明博物馆行业是智慧博物馆研究的中坚力量，而计算机、电信技术、自动化技术等领域也对智慧博物馆有一定的关注。从文章作者来看，排名前三的为中国国家博物馆李华飙、南京博物院张小朋、中国国家博物馆王春法；从发文机构来看，排名第一的为中国国家博物馆，有17篇。这与中国国家博物馆、南京博物院智慧博物馆建设成果显著有直接关系。

文章被引频次和下载量最高的都是陈刚于2013年发表的《智慧博物

馆——数字博物馆发展新趋势》，被引次数排名第二的是宋新潮的《关于智慧博物馆体系建设的思考》，被引次数排名第三的是张遇、王超的《智慧博物馆，我的博物馆——基于移动应用的博物馆观众体验系统》。这三篇文章皆发表于《中国博物馆》，可见博物馆行业内部对智慧博物馆的研究如火如荼，也受到业界广泛关注。

近十年来的研究主要从智慧博物馆的概念、特征、架构、技术平台、未来发展趋势等几方面进行讨论。

（一）智慧博物馆的概念、特征与架构

2012年，张遇、王超结合移动终端、网络服务、定位服务、移动社交等随新技术、新媒体发展而产生的概念，参照国外博物馆在移动应用上的实践，结合国内博物馆现状，从理论与应用层面上勾勒出"智慧博物馆，我的博物馆"系统，认为智慧博物馆是一个依托于现代科技的、以用户"我"（I）的需求为中心的、服务于博物馆的智能应用系统[1]。2012年11月22—23日的文物保护领域物联网应用与发展研讨会上，专家学者从多方面探讨了智慧博物馆的概念，如认为智慧博物馆是基于物联网、移动互联网络，运用多种传感技术，经过智慧博物云计算平台的整合分析，形成的基于传感数据和智能过滤处理的新的博物馆资产管理、观众服务模式。它是全面透彻的感知、宽带泛在的互联、智能融合的应用，能使博物馆的"物"拥有日益丰富的感知能力，不断提升"智商"，并能与管理者、受众互动；如认为智慧博物馆是信息化、数字化、智能化博物馆的高级发展阶段，利用物联网等多种信息技术以及新能源、高节能等各种低碳技术，将文物保护、文化传承的需求相融合，

---

[1] 张遇、王超：《智慧博物馆，我的博物馆——基于移动应用的博物馆观众体验系统》，《中国博物馆》2012年第1期。

开拓全新的博物馆运营方式，实现将先进的信息技术与传统文化完美结合，以安全健康为基础，通过便捷、高效、文明的智慧系统达到更好的教育、研究、欣赏遗产的目的[1]。

随后学界对于智慧博物馆的认识逐渐深入，很多学者都对其进行了定义，如陈刚认为智慧博物馆是以数字博物馆为基础，充分利用物联网、云计算等新技术，构建的以全面透彻的感知、宽带泛在的互联、智能融合的应用为特征的新型博物馆形态，可以用"智慧博物馆＝数字博物馆＋物联网＋云计算"表示[2]。邵小龙认为数字博物馆＝实体博物馆＋数字化技术，即数字博物馆是把原有实体博物馆的业务、管理和观众进行数字化的结果而形成的。智能博物馆＝数字博物馆＋物联网＋云计算。我们往往把智能博物馆和智慧博物馆混为一谈。智慧博物馆＝实体博物馆＋数字博物馆＋智能博物馆＋互联网思维[3]。这两个定义都采用数学公式的方式，在阐明智慧博物馆定义的同时，也说明了智慧博物馆与数字博物馆、实体博物馆之间的关系。《智慧博物馆案例（第一辑）》，根据技术、理念和最新的实践研究，将智慧博物馆的定义表述为"通过充分运用物联网、云计算、大数据、人工智能等新一代信息技术，感知、计算、分析博物馆运行相关的人、物、活动等信息，实现博物馆征集、保护、展示、传播、研究和管理活动智能化，显著提升博物馆服务、保护、管理能力的博物馆发展新模式和新形态"[4]。智慧博物馆与传统博物馆、数字博物馆比较而言，其是基于"人""物""馆"三者的"智慧博物馆模式下的生态链"[5]。智慧

---

[1] 《文物保护领域物联网与智慧博物馆》，《中国文物报》2012年12月14日。
[2] 陈刚：《智慧博物馆——数字博物馆发展新趋势》，《中国博物馆》2013年第4期。
[3] 邵小龙：《以互联网思维推进智慧博物馆建设》，《中国博物馆》2015年第3期。
[4] 文物保护领域物联网建设技术创新联盟：《智慧博物馆案例（第一辑）》，文物出版社2017年。
[5] 潘志鹏：《智慧博物馆初探》，见北京数字科普协会、首都博物馆联盟、中国博物馆协会博物馆数字化专业委员会、中国文物学会文物摄影专业委员会：《融合·创新·发展：数字博物馆推动文化强国建设——2013年北京数字博物馆研讨会论文集》，北京数字科普协会2013年，第305—309页。

博物馆打通了数字博物馆"物""数字""人"三者之间的双向信息交互通道，实现了对"人—人""物—物"之间协同关系的有效管理[1]。总体而言，学者对智慧博物馆的普遍认识都是在数字博物馆的基础上，通过物联网、云计算、大数据等现代技术，实现更广泛互联和更透彻感知的新型博物馆发展形态，是博物馆在新时代背景下的升级。《关于举办2016智慧博物馆论坛的通知》中明确指出："智慧博物馆是以数字博物馆为基础，充分利用物联网、云计算等新技术构建的以全面透彻的感知、宽带泛在的互联、智能融合的应用为特征的新型博物馆形态。"

基于以上的概念，学者们总结了智慧博物馆的特征，考虑到智慧博物馆"以人为本"的"物、人、数据"动态双向多元信息传递模式，可以有角色（role）、对象（object）、活动（activity）、数据（data）四个维度。角色为参与智慧博物馆活动的个人或组织机构，是智慧博物馆活动的参与者，包括博物馆、公众、公共管理部门。对象是智慧博物馆赖以存在的主要资源，包括藏品、展品、库房、展厅，以及信息化设施等。活动是博物馆的核心功能，包括征集、保护、研究和展示传播等。数据则包括藏品的本体数据、环境数据、游客数据、档案资料和网络数据等[2]。智慧博物馆应当包括四个构成要件：一是实体博物馆，这是智慧博物馆的基础；二是新技术运用，这是智慧博物馆的支撑；三是"物、人、数据"之间的信息传递，这是智慧博物馆的核心；四是服务社会公众，这是智慧博物馆的终极目标。

宋新潮提出智慧博物馆应包括"智慧服务、智慧保护、智慧管理"三大发展基本模式[3]，这成为后续智慧博物馆架构的范本。还有诸如智慧博物馆整体

---

[1] 陈刚：《智慧博物馆——数字博物馆发展新趋势》，《中国博物馆》2013年第4期。
[2] 宋新潮：《关于智慧博物馆体系建设的思考》，《中国博物馆》2015年第2期。
[3] 宋新潮：《关于智慧博物馆体系建设的思考》，《中国博物馆》2015年第2期。

架构可分为智慧感知层、网络层、公共信息服务平台、智慧应用层和用户层五部分[1]；智慧博物馆核心系统应包括建筑/设备系统、业务系统、观众系统、数据通信系统、决策支持系统五个部分[2]，学者从不同的关注视角阐述智慧博物馆的架构。

（二）智慧博物馆的技术平台

陈刚认为物联网、云计算、移动互联、大数据技术是实现博物馆智慧化的四大关键技术。智慧博物馆概念的提出与物联网技术的兴起密切相关，因此，物联网技术是智慧博物馆必不可少的平台支撑。物联网是指通过射频识别（RFID）、红外感应技术、全球定位系统、激光扫描器等信息传感设备，按约定的协议，把任何物品与互联网连接起来，进行信息交换和通信，以实现智能化识别、定位、跟踪、监控和管理的一种网络。物联网技术应用于博物馆中，可实现博物馆"人—藏品—教育"三者相融合的新博物馆管理运行模式[3]。

云计算是近年来的一个研究热点。云计算是分布式计算、并行计算、效用技术、网络储存、虚拟化、负载均衡、热备份冗余等传统计算机和网络技术相互碰撞与相互融合而成，为运行在互联网的超级计算方法与模式的集合体。有了云计算的超级计算和处理数据的能力，博物馆可以将文物本体信息资源、数字资源、观众参观访问信息、馆藏信息等各种同质或异构数据进行无缝整合，全盘掌握博物馆的各种资源；还可以对整合后的信息进行挖掘分析，先预判观众的各种需求，再依据观众的需求为其提供主动、智慧的

---

[1] 王如梅：《物联网在智慧博物馆中的应用》，《北京文博文丛》2014年第1期。
[2] 张小朋：《智慧博物馆核心系统刍议》，《东南文化》2016年第S1期。
[3] 刘绍南：《智慧博物馆支撑技术应用探讨》，《首都博物馆论丛》2017年。

服务。博物馆可以通过专业的云计算服务方,实现计算资源的集约化和规模化,而不需要自己建设云计算中心,从而达到低成本、高可靠性、可扩展性的目标[1]。

数据是智慧博物馆的核心和关键,建设智慧博物馆必须要紧紧围绕数据展开,包括数据的生成、加工、运用甚至数据共享等环节,智慧博物馆的架构要基于数据[2]。构建智慧博物馆既要加强自身数据资源的深度开发,也要加强外部数据资源的有效采集和利用,从而形成跨业融合、内外互补的智慧博物馆[3]。

除此之外,学者对人工智能、5G等新兴技术与智慧博物馆的研究也有所涉及。人工智能是智慧博物馆发展的第五种支撑技术,人工智能在博物馆的发展主要集中在智能导览、人脸识别、图像识别等方面[4]。随着人工智能时代的到来,智慧博物馆也将由初级阶段向更高级形式即人工智能博物馆方向发展[5]。

(三)智慧博物馆的未来发展趋势

智慧博物馆建设应当避免载体离心化、技术泛滥化、内容(过度)娱乐化、数据固态化和建设盲目化五个方面的误区[6]。今后还需各国政府部门、学术机构、博物馆工作者和社会力量共同牵头研究智慧博物馆建设标准,加强人才培养,加强交流合作,推动智慧博物馆建设的繁荣发展[7]。

---

[1] 陈刚:《智慧博物馆——数字博物馆发展新趋势》,《中国博物馆》2013年第4期。
[2] 骆晓红:《智慧博物馆的发展路径探析》,《东南文化》2016年第6期。
[3] 林新宇:《大数据背景下智慧博物馆数据源探析》,《首都博物馆论丛》2017年。
[4] 刘绍南:《智慧博物馆支撑技术应用探讨》,《首都博物馆论丛》2017年。
[5] 李姣:《智慧博物馆与AI博物馆——人工智能时代博物馆发展新机遇》,《博物院》2019年第4期。
[6] 骆晓红:《智慧博物馆的发展路径探析》,《东南文化》2016年第6期。
[7] 王春法:《智慧博物馆建设中的机遇和挑战》,《中国国家博物馆馆刊》2019年第1期。

二、国外智慧博物馆研究述评

智慧博物馆在英文中对应的说法有很多，相关的有 digital museum，smart museum，intelligent museum 等。

国外学者也对智慧博物馆的定义进行了界定。2001 年，Eiji Mizushima 曾在 *What is An 'Intelligent Museum'? A Japanese View* 一文中，对智慧博物馆进行了如下的描述：智慧博物馆能够自动控制博物馆的运行、管理和展览；控制博物馆的环境（展览环境和保存环境）；具有信息和通信的能力；能够控制计算机和新媒体设施[1]。Eduardo Viruete 等在"e-Museum"项目中指出智慧博物馆能够解决观众的需求，观众在虚拟人物的引导下参观展厅并可获得相应的信息咨询服务[2]。TuUkka Ruotsalol 等研究人员在"Smart Museum"项目中认为智慧博物馆通过自适应的观众分析，来增强观众现场访问数字文化遗产的个性化体验，主要利用现场知识库、全球数字图书馆和观众体验知识，借助数字文化遗产资源，提供增强观众与文化遗产对象交互的多语种服务[3]。

随着博物馆界对信息科学技术的利用，国外出现了一些有关博物馆信息学的专著，特别是配合一些博物馆学专业硕士学位课程内容，出版了相关的硕士课程教材。比如英国莱斯特大学于 2010 年编写的《信息时代的博物馆》（*Museums in a Digital Age*）、美国 2012 年出版的《博物馆信息化——博物馆中的人、信息与技术》（*Museum Informatics: People, Information, and Technology in Museums*）。此外，美国的《档案、图书馆与博物馆学》（*Archieves, Libraries and Museums*）和

---

[1] Eiji Mizushima. What is An 'Intelligent Museum'? A Japanese View. *Museum International*, 2001, 41(4): 69.
[2] eMuseum. eMuseum. http://emuseum.unizar.es/eng/emuseum.html.
[3] Ruotsalo T, Haav K, Stoyanov A, et al. SMART MUSEUM: A Mobile Recommender System for the Web of Data. *Web Semantics: Science, Services and Agents on the World Wide Web*, 2013, 20: 50–67.

国际博物馆协会期刊《国际博物馆》(International Museum)相继发表了大量有关博物馆藏品信息数字化的文章。随着博物馆藏品信息数字化采集与共享的实践发展，欧美博物馆界日益认识到藏品信息录入标准的重要性。在与信息科学、档案学和图书馆学融合的进程中，一方面针对不同的藏品信息需求设立相关资料标准，其中被博物馆业内实践所普遍熟悉的，有CDWA（艺术品描述目录）、DC（都柏林核心元数据）、CIDOC（国际博物馆协会藏品档案委员会标准）的CCO（文物描述标准）、AAT（艺术与建筑同义词库）、VRA（视觉资源核心标准）、EAD（档案描述编码）、ECHO（欧洲网上资源编码）等，为博物馆的信息采集提供了急需的多种标准指南；另一方面加大对具体藏品描述叙词的规范和研究，其中以美国盖蒂保护研究所《盖蒂词汇表》为代表，越来越多国家的博物馆将其引为叙词参考标准[1]。

除此以外，国外博物馆的数字化、智慧化建设主要是实践层面居多，以下将从博物馆智慧保护、智慧管理、智慧服务三个方面阐述国外博物馆的一些尝试和建设成果。

（一）国外博物馆智慧保护

国外的文物保护理念基本从被动性抢救保护转变为主动性预防保护，在文物全方位数字信息采集、文物保存环境监测、安全防护等多个方面开展实践探索，对我国智慧博物馆建设中馆藏文物保存环境监测的研究具有重要的指导和参考作用。

意大利斯克罗维尼礼拜堂采用环境监测与管理手段助力壁画保护。针对各种壁画病害搭建了环境监测系统，这些监测主要包括教堂内外的污染物（悬浮

---

[1] 姚一青：《藏品管理信息化研究》，复旦大学博士学位论文，2014年。

颗粒、可溶性硫酸盐等）的浓度变化和教堂内外墙体空间温度的变化、教堂内空气流动的状况等，对教堂内珍贵壁画的诊断和保护具有重要的贡献。

美国盖蒂保护研究所的 ARIS 致力于通过结合先进工具与技术，提出恰当的文物遗址保护策略。研究所已经有多个成功运行的文物保护系统，包括圣则济利亚教堂壁画的监测与保护，墨西哥圣多明各教堂的彩色木制祭祀器具的保护，以及古埃及法老图坦卡蒙墓室壁画保护与环境的监测等。

Culture Bee 是瑞典能源管理局建立的一个专门为文物遗址及珍贵历史建筑的保护而开发的监测预警系统，由采用 ZigBee 标准通信协议的传感器节点与 Web 数据服务器构成，具有双向与实时性，用于文物监测与环境实时控制，已在瑞典的斯库克洛斯特城堡及林雪平大教堂的环境监测与保护中应用。其主要用于保护历史建筑物的文化价值，实现了由文物周边环境状况的周期性感知、实时显示、风险评估，到最终的环境自动控制的主要功能。Ubiquitous（U）-Bulguksa 系统是由韩国文物保护单位发起的旨在保护布尔古萨神庙的、以传感器网络为数据前端的环境监测与预警系统，主要防止人为或自然灾害对文物造成不可逆转的毁坏[1]。

（二）国外博物馆智慧管理

智慧管理包括空间环境、藏品、资产、工作人员、观众等的管理。

1997 年，美国盖蒂艺术中心建成后，展厅采用最先进的计算机控制的光照调节系统，馆内始终保持着明亮而柔和的自然光照，使绘画作品既有足够的观赏条件，又最大限度地保护作品不受紫外线的损害，当自然光线不足时，人工光照系统会自动进行必要的补充乃至完全使用最接近自然色温的灯

---

[1] 李晓武、杨恒山、向南：《不可移动文物风险管理体系构建探讨》，《自然与文化遗产研究》2019 年第 7 期。

光照明[1]。

美国硅谷的创新科技博物馆以科技和其所带来的影响为展览主题，整个馆内主要有四个展场，分别是生活科技、发明、通信与探索，其中最吸引观众的是航空航天、地震体验、生命科学和模拟设计和操作等。2004年3月，在 Genetics: Technology with a Twist 的生命科学展会上，该博物馆展示了使用 RFID 标签的方案，即给前来参观的访问者每人一个 RFID 标签，使其能在个人网页上浏览采集此项展会的相关信息。这种标签还可用来确定参观者所访问的目录列表中的语言类别。在参观结束之后，参观者还可以在学校或家中通过网络访问网站 my.thetech.org 并键入其标签上一个16位长的 id 号码并登录，这样他们就可以访问其独有的个人网页了。该博物馆认为这是参观了解博物馆的一种最好方法，因为参观者能够实现与展会之间的互动。这种 RFID 腕圈很像一个带有饰物的手链，它是用一个3英寸长、1英寸宽的黑色橡皮圈将该博物馆的标签固定住的。每一个 RFID 标签都将一个特有的16位长的数字密码粘贴在饰物上。数字密码被刻在一个薄膜状的蓝绿色铝制金属薄片的天线上，天线中央是一个十分显眼的数字配线架——日立公司推出的 μ-Chip。这种仅0.4平方毫米大的 μ-chip 是当时最小的用于标识日期的 RFID 芯片，工作频率为 2.45 GHz，其最适合用于像技术创新博物馆的应用程序之类的闭环系统[2]。

2004年，美国现代艺术博物馆（MoMA）开始了一个试验性计划，发给每位访客一台东芝手持式计算机（PDA）。这些 PDA 已预先存入博物馆内作品资料、数字影像和声音内容，通过博物馆的无线网络可以浏览这些数据。在参观结束时，访客可登记个人的电子邮件。回家之后他们登录 MoMA 网站，访客

---

[1] 刘建：《洛杉矶盖蒂中心》，见金磊主编：《魅力五环城》，天津大学出版社2009年，第164页。
[2] 周祥云、钱慧、余轮：《基于 RFID 的博物馆人机互动定位系统》，《微型机与应用》2011年第20期。

将发现一个个人化的网站区块，内容为他们在参观时所标记下来的艺术品及相关商品。若访客在参观前即于网站上注册，他们就可以复制想要参观的路线并拿到个性化定制的 PDA 参观导览。MoMA 也着手 RFID 试验计划，将卷标放置在每件艺术品上以便盘点，且通过 RFID 可以自动登记每件艺术品确切的位置。另外，使用 RFID 识别证可以追踪员工在公司的动态路线。管理系统能够知道员工的进出情况，甚至知道哪些人在哪间办公室开会。每个员工会被追踪是否进出贮藏室，并因此能将员工和作品被移动的情形进行关联，这也可以避免非授权人员进入禁区从而达到安全管理的目的[1]。

旧金山科学博物馆 Exploratorium 在美国国家科学基金会的援助下，完成了其与英特尔实验室、华盛顿大学联合研发 RFID 应用程序的过程。他们希望在其博物馆内永久性地使用这项系统，但是他们首先需要的就是找到持续的基金援助；更重要的是，他们必须找到一种解决博物馆内网络基础设施建设、技术测试等问题的方法。博物馆不向访客发放手链，而是将 13.56 MHz 的 RFID 微型卡片免费发放给访客。访客可以拿着卡片访问任何一个参观站点，并且只要让识读器识读了卡片，访客便可以拥有其个性化的个人网页。像创新科技博物馆的标签系统一样，许多 eXspot 识读器将会连接到数码相机上，为访客拍摄他们与展会站点互动的场面。一个 eXspot 识读器可以连接一台红外线相机，从而传出关于访客个人网页的红外线图片。在访客使用这种 RFID 卡片之前，他们先要在一个小亭内的识读器上注册，并填写电子邮箱地址。当他们登录 eXspot 网站上的个人网页时，必须先输入电子邮箱地址和印在 RFID 卡片上的九位数的密码。

美国迈阿密菲利普和帕特里夏·弗罗斯特科学博物馆设计了一个跟踪参观

---

[1]《RFID 从仓储管理跃升到博物馆的应用》，新浪博客，2008 年 9 月 9 日。

者足迹的系统，给参观者一个包含 915 Hz 的 RFID 标签的证件（徽章）。系统被设计用以评估交通流量和辨别展品，而徽章可以帮助参观者将多媒体连接到特殊的展品上。

美国克利夫兰艺术博物馆和永久性画廊的游客可与馆内的显示器进行互动，并且通过科视微砖和科视的交互式工具箱自主规划游览路线。永久性画廊的收藏品展示墙把艺术和技术融为一体，使它们成为这个造价1亿美元的修整工程的一部分。展示墙是一面40英尺宽的触摸屏，一共由两面15×5单元的科视微砖视频墙组成，同时还使用了科视交互式工具箱。这座四单元宽、三单元高的"线与形"视频墙和另一套交互式工具箱位于 Studio Play 内，这是永久性画廊面向儿童的早期学习区域。收藏品展示墙能同时让16个人使用 iPad 交互式一体机上的射频识别标签与触摸屏进行互动。游客可以使用博物馆内的 ArtLens 应用程序在平板电脑上建立他们的个人收藏品、自主规划游览路线。该馆从2009年开始试验性地使用 RFID 搜集观众行为，做展场分析[1]。

（三）国外博物馆智慧服务

博物馆通过 App 提供更广泛的服务。通过纽约古根海姆博物馆的 App，观众不仅可以看到最新的展览，还可以浏览博物馆往期的展览回放。这个应用程序还给藏品提供了形象生动的图解文字。观众可以在社交媒体上跟朋友分享喜欢的艺术品。作为欧洲最大的博物馆之一，巴黎奥赛博物馆拥有全世界漂亮的艺术品，包括一些杰出艺术家的作品，如安格尔、德拉克鲁瓦、马奈、梵高、高更等的作品。奥赛博物馆的 App 给用户提供了定制信息及互动地图，可以帮助用户快速找到喜欢的艺术品。

---

[1]《克利夫兰艺术博物馆使用射频识别标签提升游客体验》，物联网世界，2015年5月18月。

美国奥兰多艺术博物举办的"图说佛罗里达"摄影展上,来自全州摄影爱好者提交的120幅作品被放置在社交平台上供观众欣赏和投票,得票最高的45幅作品最终在实体场馆展出。伦敦奥运会举办期间,美国旧金山当代艺术博物馆、大都会艺术博物馆等机构联合在社交平台上发起由公众担任评委的"博物馆奥林匹克"竞赛活动,并根据公众投票及得分挑选出相关馆藏作品进行展示。在2011年,美国自然历史博物馆发起首次鱼类识别调查,面对超过5 000个识别难度较高的样本,博物馆在社交平台上贴出图片不到24小时内,90%的样本都通过用户识别得到解决。国立非洲艺术博物馆推出的"Smithsonian: Artists in Dialogue 2"App,通过它观众不仅能够实现自助参观,而且能在社交平台上提问和发表评论、与艺术家视频对话以及参与木雕绘画等游戏。美国艺术博物馆推出的App,不仅可以实现100多件馆藏品的展示,而且还可以通过链接的社交网站查找相关书目信息,参与在线游戏。澳大利亚悉尼动力博物馆的"Layar Reality Browser"客户端,通过与该馆在Flickr平台的照片资源相结合来帮助用户进行城市导览,当用户游走在澳大利亚街头时,通过智能手机就可将实景与该处在Flickr上的相关老照片结合起来同步显示,感受景点岁月的变迁。美国史密森学会推出的Encyclopedia of Life Uploader,鼓励用户将自己随手拍到的生物图片上传分享。印第安纳波利斯艺术博物馆联合纽约公共图书馆、史密森学会等机构在融合云技术及多种社交网站的基础上,推出一个专门针对艺术视频的在线平台ArtBabble,使用户在获得更多知识链接的同时,随时对视频进行分享和评论。布鲁克林博物馆开发了名为Freeze-Tag的社交媒体游戏,用户可登录社交平台账号进入游戏主页,通过回答其他用户关于馆藏展品的疑问来实现一步一步的通关[1]。

---

[1] 张靖、龚惠玲、陈朝晖、田蕊、刘雯:《基于社交网络的境外博物馆新型传播服务及其对图书馆的启示》,《图书与情报》2013年第4期。

第一章
智慧博物馆的概念和基本架构

第一节 智慧博物馆的概念

一、从智慧地球到智慧博物馆

（一）智慧地球的启示

2009年1月28日，在美国总统奥巴马召集的美国工商业领袖圆桌会议上，IBM总裁兼首席执行官彭明盛正式提出"智慧地球"概念：通过低成本的传感技术和网络服务，将传感器嵌入和装备到电网、铁路、建筑、大坝、油气管道等各种物体中，形成"物—物"相联的网络，然后通过超级计算机和云计算将其整合，实现人类社会与物理世界的高度融合。智慧地球的核心是以一种更智慧的方式通过利用新一代信息技术来改变政府、公司和人们相互交互的方式，以便提高交互的明确性、效率、灵活性和响应速度。智慧地球理念迅速得到世界各国的普遍认可。智慧地球的概念被快速应用于智慧城市、智慧校园、智慧社区、智慧医疗等。其中，智慧城市是智慧地球从理念到实际、落地城市的举措。智慧城市强调充分运用信息和通信技术手段感测、分析、整合城市运行核心系统的各项关键信息，对包括民生、环保、公共安全、城市服务、工商业活动在内的各种需求做出智能的响应，实现城市智慧式管理和运行，进而为城市中的人创造更美好的生活，促进城市的和谐、可持续发展。

一个智慧的系统至少应该具备以下三方面特征：

（1）更透彻的感知，即能够更加充分地利用任何可以随时随地感知、测量、捕获和传递信息的设备、系统或流程。与数字化系统最显著的区别是：智慧系统的信息获取不再是以通过规模化的批量信息采集建立数字资源库为目的，而是更加强调对信息的实时采集、自动采集、按需采集。

（2）更全面的互联，即可按各种各样的网络连接方式协同工作。此处的"全面"有两层含义：一是指网络联通对象的广泛性，既包括藏品、设备设施、展厅库房等，也包括观众、工作人员和相关机构等；二是网络联通方式的多样性，包括互联网、广电网、通信网以及5G、Wi-Fi、蓝牙等。

（3）更深入的智能化，即能够利用先进技术更智能地洞察世界，提供决策管理依据，创造新的价值。通过感知和互联互通获取的海量数据，构成了大数据。通过云计算和大数据分析，可以更加充分地发掘大数据效用，实现各类基于大数据和云计算的智能化应用。

（二）智慧博物馆的发展方向

博物馆发展的根本任务就是发挥博物馆对社会及其发展的作用，提高博物馆的公众服务能力。数字博物馆只是数字化技术应用于博物馆的前期过渡，智慧博物馆才是数字化、网络化、智能化时代下博物馆发展的新目标。

实体博物馆中的观众与藏品的信息交互方式基本以"物→人"为主，"人→物"的交互手段难以实施。数字博物馆采用"物—数字—人"的信息交互方式，即首先将博物馆藏品及其他相关信息转化为"数字"，然后再用网络传输和数字展现技术，将这些"数字"以直观的可视化形式呈现给人们。数字博物馆实现了"数字—人"的双向信息交互,但"物→数字"的信息传递是单向的,数字博物馆仍然还是一种单向的信息交互方式。这种信息交互方式不仅割裂了"物—人"之间的直接联系,而且也缺少对"物—物"之间、"人—人"之间协同关系的处理,前者直接导致数字博物馆所提供的信息的时效性、真实性、交互性、临场体验感不如实体博物馆,后者则使得数字博物馆对博物馆藏品保护、保管和研究管理工作的支持作用大打折扣,作用极其有限。

随着以各类传感器为基础的物联网应用的兴起,博物馆中的人(包括线上和线下的观众、博物馆工作者以及相关机构和管理部门)、物(包括藏品、各类设备设施、库房、展厅等)的信息可以通过电子标签(RFID)或其他传感器获取,并通过网络汇集,使得建立"人—物""物—物""人—人"之间的双向信息交互成为可能,同时结合云计算和大数据等信息技术,进一步实现对"物"的智能化控制。物联网、云计算、大数据与数字博物馆的结合,使博物馆数字化进入了以智能化为主的阶段。智慧博物馆的出现不仅完全打通了数字博物馆"物—数字—人"三者之间的双向信息交互通道,同时也实现了对"人—人""物—物"之间协同关系的有效管理。"数字"不再是智慧博物馆的核心,而演化成为一种必备工具,"人"重新回归为智慧博物馆的核心[1]。

二、智慧博物馆的基本概念

智慧是指对事物能感知、记忆、理解、分析、计算、判断、创造等的高级综合能力。智慧让人可以深刻地理解人、事、物、社会、宇宙、现状、过去、

---

[1] 中国博物馆协会登记著录专业委员会:《中国智慧博物馆蓝皮书 2016》,红旗出版社 2016 年。

将来，拥有思考、分析、探求真理的能力[1]。一个智慧的系统从信息技术角度观察应该具有三个方面的能力：一是感知外部世界变化的能力；二是信息的传输、存储和计算能力；三是针对外部变化信息进行分析、推理、判断等的智能化处理能力。智慧博物馆的智慧化要求主要体现在博物馆的社会服务能力、保护研究能力和综合管理能力的提升上。

在社会服务方面，智慧博物馆通过利用互联网／移动通信、云计算、大数据、多媒体（包括3D、VR等）技术，实现社会公众与网络平台、藏品、展厅及相关设备设施的智能化互动展示服务。智慧博物馆社会服务的智慧化要求智慧博物馆能随时随地感知观众个体和特定群体的需求变化，通过互联网／移动通信网络传输至云端存储和计算资源池，进行大数据分析和智能化处理并及时反馈给观众。例如，利用网络预约获取观众个人基本信息，利用藏品影像浏览行为记录观众的偏好，利用RFID门票或Wi-Fi定位等技术精确定位观众在展厅内的位置，可以为博物馆观众定制个性化的参观游览路线，提供区分年龄、性别和文化习惯的定制化现场导览讲解，推送个性化的博物馆展览活动和各类文创信息，为博物馆展厅工作人员和安保人员提供实时的展线客流及观众集聚情况，为展览策划人员设计科学、合理、高效的展览大纲和展线设计提供依据等。

在保护研究方面，智慧博物馆通过RFID、传感网络、物联网、大数据等信息技术，建立融合博物馆保护工作者、藏品及其环境信息监测控制的博物馆智能化保护体系。智慧博物馆保护研究的智慧化要求智慧博物馆能及时感知藏品信息、设备设施、库房与展厅微环境信息，采集整理博物馆保护研究工作历史信息和知识规则数据，通过博物馆保护研究大数据分析处理，直接控制和调

---

[1] 陈刚：《智慧博物馆——数字博物馆发展新趋势》，《中国博物馆》2013年第4期。

节藏品微环境、展厅、库房等设备设施，或为保护研究工作重大决策提供辅助决策支持。例如，针对敦煌莫高窟洞窟内的微环境改变，特别是温度、湿度及二氧化碳浓度的变化，对洞窟内的壁画、佛像等珍贵文物保存产生严重影响的问题，通过传感器采集洞窟的温度、湿度、二氧化碳浓度数据，以及引起这些数据变化的客流量、风速、沙尘等数据，在温度、湿度、二氧化碳浓度超出设定数值时，采取暂时停止观众入窟参观、开启主动送风设备、启动自动过滤纱帘等方式，使洞窟内的温度、湿度保持恒定以及降低二氧化碳的浓度。

在综合管理方面，通过充分应用互联网/移动通信、大数据、云计算等信息技术，建立博物馆综合管理云服务平台，最大限度地减少博物馆管理的人工参与，提高博物馆综合管理的科学化、规范化和智能化水平。智慧博物馆的综合管理智慧化要求打破传统的管理模式和工作机制，构建无缝集成现代智能技术的博物馆创新管理模式，打破已有的人、财、物管理信息系统相互孤立的现状，实现馆内藏品、资产、人的关联，以及全面、自动化、智能化的高精准、高效率管理，在减小博物馆管理工作人员压力的同时，保证馆内人、财、物的科学、有序管理，提高博物馆综合管理能力。博物馆智慧管理主要集中在博物馆环境智慧管理、展藏品智慧管理、资产智慧管理、工作人员智慧管理、观众行为智慧管理等。例如，博物馆藏品智慧管理主要针对藏品本体，在最大限度降低人员参与的前提下，利用 RFID 及其他传感器物联网技术，实现博物馆文物本体的实时定位识别、智能安防监控、藏品出入库的智能感知清点、藏品库房的日常智慧巡检等。

智慧博物馆建设是指在博物馆中建立更全面透彻的感知网络模型，利用任何可以随时随地测量、捕获和传递如观众、藏品、展厅、库房及相关设施信息的设备和系统，传递博物馆物理形态元素之间的状态变化，并促发系统适应性地进行智能化改变和提升；建立更加全面、深入和泛在的互联互通，消灭信息孤岛，使人与人、人与物之间形成系统化的协同工作方式；在感知和互联互通的基础上形成更为深入的智能化运作体系，在数据基础和协同模式的支持下，获取更智能的洞察并付诸实践，进而创造新的价值。这种智慧化的博物馆发展新模式，基本模糊了实体博物馆之间以及实体博物馆和虚拟博物馆之间的界限，形成了以观众需求为核心、以藏品信息资源为基础、线上线下相结合的新型博物馆发展新模式，形成了实体博物馆藏品、展厅、库房等资源整合基础之上的更高层级的智慧博物馆。

通过上述分析，可对智慧博物馆进行如下完整定义：智慧博物馆是指通过充分运用云计算、物联网、移动通信、大数据等新一代信息技术，感知、计算、分析与博物馆运行相关的人、物、活动和数据信息，实现博物馆征集、保护、展示、传播、研究和管理活动智能化，提升博物馆服务、保护、管理能力的博物馆发展新模式和新形态。

上述定义中的"与博物馆运行相关的人、物、活动和数据信息"分别是指与博物馆相关的人（游客、工作人员和机构）、物（藏品、设备设施和场所）、活动（收藏、展示、研究等）和数字资源（藏品信息资源库、人才与机构信息资源库、陈列活动信息资源等）的动态变化信息。狭义地说，智慧博物馆是使用各种先进的技术手段尤其是新一代信息技术手段改善、提升实体博物馆服务、保护、管理品质的智能化系统，可以理解成智能博物馆。但是，智慧博物馆绝不只限于单个实体博物馆的智能化，智慧博物馆可以基于多个实体博物馆（博物馆群），甚至是在文化遗产保护的五大尺度（文物尺度、博物馆尺度、遗址尺度、城市尺度和无限尺度）之上搭建的智能化集成平台。智慧博物馆将博物馆（群）视为一个生态系统，博物馆（群）中的藏品、游客、征集、保护、展示、传播、研究、管理构成了一个个子系统。这些子系统形成一个普遍联系、相互促进、彼此影响的整体。

智慧博物馆概念的提出，本质上是新一代信息技术发展大潮下博物馆发展基调的理性回归，基本恢复了博物馆业务需求在信息化进程中的主导地位。智慧博物馆理念为博物馆创新发展提供了崭新思路，开辟了认识博物馆、发展博物馆的新视角。

第二节　智慧博物馆的基本架构

一、智慧博物馆顶层设计

智慧博物馆建设的本质是传统博物馆业务需求与现代科学技术完美融合的产物。博物馆发展建设的核心价值是通过重建物与人的关系、物与受众的关系、物与社会的关系，使物得到妥善保管的同时，最大化地贴近观众，进入公共视野，发挥文化传承的作用。在此过程中，新技术、新媒体、新装备的应用担当了桥梁与渠道的角色。智慧博物馆的顶层设计应注重突破以资源为中心的传统保护、内部管理、宣教服务各自封闭的运行模式，在提高博物馆文物藏品深入保护、闭环精准管理的同时，强化博物馆的公众互动服务能力，全方位体现先进技术在博物馆建设发展过程中的科学性和智慧性，并推动文物资源数据、公共接口等相关标准规范的完善。依据博物馆的主要职能划分，博物馆的智慧性主要体现为：更透彻感知的文物智慧保护——从"内"到"外"精准监测文物状态，提高文物预防性保护的深度和力度；更深入智能化的馆内智慧管理——最大限度地减少馆内闭环管理工作中的人工参与，保证业务管理工作智能化、无死角、高效率；更全面交互的公众智慧服务——以多维展现互动形式，实现公众与文物交互的高度完美融合。博物馆保护、管理、服务三方面的智慧化建设相辅相成，缺一不可。文物资源只有经过采集传输、存储交换、保护研究、传播分享、社会反馈等加工再造过程，才能形成真正的知识服务，深入实现人与人、物与物、人与物的交互，才能将其智慧性充分体现出来。

如图1-1所示，智慧博物馆的顶层设计架构由五个层次构成，从下到上依次是：支撑技术层、标准层、感知层、数据层和应用层。

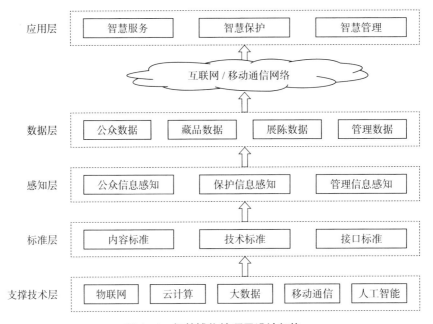

图1-1　智慧博物馆顶层设计架构

支撑技术层由物联网、云计算、大数据、移动通信和人工智能技术组成，构成智慧博物馆体系建设的基础条件。对于智慧博物馆支撑技术下文将作详述，此处不再赘述。

标准层是支持智慧博物馆多系统协作、海量信息汇聚融合和共享、多执行机构协同的基础。缺乏标准、多头建设很容易造成数据多口采集、相互隔离、缺乏同步、效率低下的局面，也难以实现不同系统之间的自动化协作体系，造成博物馆内部业务流程执行效率低下、智慧博物馆效能提升无法保证的局面。智慧博物馆标准层分三类标准：内容标准（各类博物馆藏品元数据规范、影像内容规范等）、技术标准（物联网、云计算、大数据、移动通信和人工智能等技术在智慧博物馆内的应用标准）、接口标准（各类系统、数据之间的访问接口标准）。

感知层是智慧博物馆实现其智慧的基本条件。感知层具有超强的环境感知能力和智能性，通过传感器及传感网等技术实现对藏品、设备、展厅与仓库的监测和控制，对博物馆公众、工作人员与相关资产的监测和控制，以及对博物馆范围内基础设施、环境、建筑、安全等对象的监测和控制。针对不同的服务对象，感知层面向三类感知对象，包括社会公众服务、博物馆保护研究、博物馆综合管理。

数据层的核心使命是让博物馆更加智慧。在未来的智慧博物馆中，数据是最有价值的战略资产。智慧博物馆的数据层是智慧博物馆建设中非常重要的一环，数据层的主要目标是通过数据关联、数据挖掘、数据活化等技术解决数据割裂、无法共享的问题，重点是为博物馆实现数据共享、数据活化等建立数据仓库和数据服务等。数据层主要是为应用层提供数据支撑，既包括藏品数据、展陈数据等博物馆重要的资源数据，也包括博物馆管理数据、公众数据等动态数据。

应用层由智慧服务、智慧保护和智慧管理三大类应用构成，分别面向社会公众、文保工作者、博物馆管理者。应用层是在支撑技术层、标准层、感知层、数据层之上建立的各种应用系统。宏观上智慧服务、智慧保护和智慧管理构成了智慧博物馆的智慧应用层，社会公众可以通过各种终端可视化地访问这些系统。

二、智慧博物馆框架支撑技术

智慧博物馆框架支撑技术主要包括物联网、云计算、移动互联和大数据等，这些关键技术是支撑智慧博物馆实现智慧服务、智慧保护和智慧管理的核心。

（一）物联网技术

从数字博物馆向智慧博物馆发展的最显著特征是物联网技术的引入。物联网是利用传感技术，按约定的协议，把所有物体与互联网相连接，进行信息交换和通信，以实现对物品的智能化识别、定位、跟踪、监控和管理的一种网络。在博物馆中，除了应用照相、音视频等传统的数据采集手段外，传感技术更多是指利用射频识别（RFID）、红外感应器、全球定位系统、激光扫描器以及传统的热、光、气、力、磁、湿、声、色、味敏等传感器件，获取博物馆藏品、设备设施、库房展厅建筑、周边环境与人员位置信息等的技术。

物联网技术应用彻底改变了数字博物馆以人机信息交互为主的信息互动模式，进入传感器和智能芯片无处不在、信息多源实时获取和智能控制的泛在计算阶段，使智能博物馆环境和周边计算得到迅速发展。博物馆物联网中的"物"，就是各种与博物馆收藏保管、研究修复、展示教育活动相关的事物，如藏品、展柜、设备、设施、展厅、库房及观众、博物馆工作人员等。博物馆物联网中的"联"，即信息交互连接，将上述"事物"产生的相关信息交互、传输和共享。博物馆物联网中的"网"是指通过把"物"有机地连成一张"网"，就可感知博物馆服务对象、各种数据的交换和无缝连接，实现对博物馆服务与管理的实时动态监控、连续跟踪管理和精准的博物馆业务决策。

物联网的发展从根本上提高了从宏观到微观的博物馆信息采集和整合管理能力，也将促进博物馆宏观与微观的调控能力，促进以人为中心的博物馆藏品及其周边环境的智能化。

（二）云计算技术

云计算是构成智慧博物馆智慧特性的关键。云计算是一种通过互联网，按用户要求动态提供虚拟化的、可伸缩的计算资源的服务模式。云计算首先是一种创新的计算资源使用和交付服务的模式，其基本思路是将计算资源作为一种像水和电一样的公用事业提供给用户，用户只需根据实际使用的量付费。水厂和电厂由专门机构承建，用户无须自建。实现云计算技术的核心是计算资源的虚拟化，虚拟化技术是解决计算资源集中条件下的应用逻辑分隔问题的关键。云计算利用服务器虚拟化技术可实现对虚拟机的部署和配置。通过对虚拟机的快速部署和实时迁移能大大提高系统的效能，还可通过对虚拟机资源的调整来实现软件系统的可伸缩性，确保系统能迅速从故障中恢复并继续提供服务，提高系统的可靠性与稳定性。

云计算为博物馆用户提供了计算资源物理集中、应用逻辑分隔的集约化模式。博物馆用户一般不再需要自己去建设云计算中心，由专业的云计算服务提供方通过建立以云计算中心为载体的计算资源池，实现计算资源的集约化和规模化经营，为博物馆用户提供基础设施即服务（IaaS）、平台即服务（PaaS）和软件即服务（SaaS）等不同层次的计算资源应用服务，从而实现智慧博物馆技术应用的低成本、高可靠性、可扩展性的目标。

（三）移动互联技术

以 5G 移动网络和手持终端为主要内容的移动互联技术的兴起，给智慧博物馆提供随时、随地、随需访问以基础支撑。网络通信技术从有线网络向无线网络和移动无线网络发展，特别是移动无线网络从 2.5G 的 GPRS 到 3G 的 WCDMA、CDMA 和 TDSCDMA 的普及，以及 4G、5G 的发展，使无时和无处不在的信息通信能力大大增强，一方面为智慧博物馆必需的物联网和泛在计算提供了网络基础设施，另一方面将智慧博物馆从数字博物馆以桌面交互为中心转变为可以随身携带、随时随地使用的"博物馆"。移动网络的发展促进了智能移动终端（智能手机、平板电脑等）的普及，而智能移动终端的广泛使用又极大地推动了移动网络的发展。智能移动终端一般集成了 GPS、摄像头及其他传感器，使其成为一种常用的信息采集终端，大大增强了移动信息采集能力，进一步推动了社交网络服务 SNS 的发展，改变了智慧博物馆系统内社会公众、专业人士和相关机构的信息互动方式。

移动通信网、广播电视网和互联网三网融合为智慧博物馆提供了巨大的发展机遇。三大网络在向宽带通信网、数字电视网、下一代互联网演进的过程中，技术功能趋于一致，业务范围趋于相同，网络互联互通、资源共享，能为智慧博物馆发展提供语音、数据和广播电视等多种服务。这里的三网合一并不意味着其物理合一，而主要是指类似于智慧博物馆等高层业务应用的融合。将来，手机、电视和计算机都可以连接至智慧博物馆。

（四）大数据技术

大数据是指数据体量巨大（达到 PB 级）、冗余数据多、数据价值密度低、要求处理速度快（做到秒级）的数据。大数据技术是实现智慧博物馆"谋虑深远，决胜千里"的核心支撑条件。以数字资源建设为特色的数字博物馆中存在大量图片、音视频等非结构化数据，尤其是在物联网系统中，各类传感器件周而复始地产生大量监测数据，视频监控摄像头实时摄取大量视频数据等，只有利用数据仓库及时保存智慧博物馆发展过程中产生的大数据，并应用数据挖掘和智能数据分析手段进行加工处理，才能真正实现智慧博物馆决胜于千里之外的策略谋划。

物联网发展和互联网应用为智慧博物馆带来了多源海量数据（大数据）的存贮、管理、处理、融合、整合和挖掘分析等问题，博物馆中的大数据普遍具有数据粒度偏大（如藏品的高精度图片文件、视频文件等）、访问频次偏低等特点。大数据分析常和云计算联系到一起，因为实时的大型数据集分析需要向进入云计算平台之中的数十、数百或甚至数千台电脑分配工作。通过挖掘智慧博物馆用户的行为习惯和喜好，从凌乱纷繁的数据背后找到更符合智慧博物馆用户兴趣和习惯的产品与服务，并对产品与服务进行有针对性的调整和优化，这就是大数据分析在智慧博物馆的价值之所在。智慧博物馆中大数据特征是由其数据丰富程度决定的。随着社交网络兴起，大量的 UGC 内容（User-generated Content，即用户生成内容）、音频、文本信息、视频、图片等非结构化数据开始出现。另外，物联网的数据量更大，加上移动互联网能更准确、更快地收集智慧博物馆用户信息，比如位置、展览信息等数据。从数据量来说，智慧博物馆系统已开始进入大数据时代，但设计使用的硬件明显已跟不上大数据发展的脚步。

智慧博物馆系统里提及的"大数据"，通常是指通过采集、整理博物馆及其方方面面的相关数据，并对其进行分析挖掘，进而从中获得有价值信息，最终衍化出一种新的商业模式。虽然大数据分析应用在国内博物馆领域还处于萌芽阶段，但是商业价值已经显现出来。首先，手中握有数据的博物馆，基于数据交流交易即可产生很好的效益；其次，基于数据挖掘会有很多智慧博物馆运营模式诞生。其定位角度不同，或侧重数据分析，比如帮博物馆做内部数据挖掘；或侧重优化，帮博物馆更精准地找到用户，降低博物馆推广成本，提高企业销售率，增加利润。

（五）人工智能技术

人工智能是研究、开发用于模拟、延伸和扩展人的智能的理论、方法、技术及应用系统的一门新的技术科学。作为计算机科学的一个分支，它企图了解智能的实质，并生产出一种新的能以人类智能相似的方式做出反应的智能机器。该领域的研究包括机器人、语言识别、图像识别、自然语言处理和专家系统等。人工智能从诞生以来，理论和技术日益成熟，应用领域也不断扩大，可以设想，未来人工智能带来的科技产品，将会是人类智慧的"容器"。人工智能可以对人的意识、思维的信息过程进行模拟。人工智能不是人的智能，是能像人那样思考、也可能超过人的智能。

在智慧博物馆系统中人工智能可以在三个领域发挥积极作用：一是信息管理，即对博物馆藏品、观众等信息实现精细化管理；二是公众服务，即通过互联网向观众提供无所不在的服务；三是参观体验，即让观众以前所未有的方式参观展览、感受文物、获取知识。特别是在观众服务领域，依托人工智能技术研发的导览机器人和在线导览应用，可以自主地同观众或网络受众进行交流，回答常见问题，有效降低博物馆工作人员的劳动强度，提升公共文化服务的效能。

（六）扩展现实技术

扩展现实是由计算机图形和可穿戴设备生成的所有真实与虚拟环境的总称，包括虚拟现实（VR-Virtual Reality）、增强现实（AR-Augmented Reality）、混合现实（MR-Mixed Reality）三种技术。虚拟现实（VR）是一种可以创建和体验虚拟世界的计算机仿真系统，它利用计算机生成一种模拟环境，使用户沉浸到该环境中。增强现实（AR）是促使真实世界信息和虚拟世界信息综合在一起的较新的技术内容,其将原本在现实世界内难以进行体验的实体信息在电脑等科学技术的基础上,实施模拟仿真处理、叠加,将虚拟信息内容在真实世界中加以有效应用,并且在这一过程中能够被人类感官所感知,从而实现超越现实的感官体验。混合现实(MR)是合并现实和虚拟世界而产生的新的可视化环境,该技术通过在虚拟环境中引入现实场景信息,在虚拟世界、现实世界和用户之间搭起一个交互反馈的信息回路,以增强用户体验的真实感。

  扩展现实技术对于博物馆的"阐释"职能来说是一种非常适用的技术。一种对扩展现实技术最直观的描述就是它可以很容易让不可见的东西变得可见,虚拟现实、增强现实和混合现实技术的诞生与发展,极大地拓展了博物馆的展示手段,提升了博物馆对于文物、标本等实物展品的诠释能力,让观众更加直观地了解藏品背后的故事,走进博物馆之外的自然和文化环境,营造出前所未有的沉浸感和临境感。美国新媒体联盟认为:随着增强现实等相关技术和平台被更广泛地运用且价格更易承受,博物馆将加大增强现实和三维技术的应用。然而,博物馆需要考虑的是,这种观感体验要达到一个怎样的程度,才可以在满足大量观众需求的同时,保持一个安静的体验环境。

第二章
智慧博物馆的技术伦理规范

第一节　智慧博物馆发展中的伦理问题与道德风险

一、信息技术革命带来伦理挑战

伴随技术革命的社会影响增大，伦理问题也会增加。信息技术的发展，无疑是后工业社会的实践与制度不可或缺的组成部分，既涉及对于新兴技术的探索，也涉及道德伦理相关领域。尤瑞恩·范登·霍文、约翰·维克特主编的《信息技术与道德哲学》一书指出：伦理问题的数量与技术革命发展的路径相关。在技术引入阶段，只有少数使用者并且限制技术的应用，这并不表明伦理问题没有发生，只是伦理问题在数量上较少[1]。在一场技术革命的渗透阶段，使用者的数量和技术的用途在增加，技术更加融入社会，应预期更多的伦理问题。这种现象的发生并不仅仅是因为越来越多的人受到技术的影响，更是因为不可避免的革命性技术将提供许多采取行动的新机会，而深思熟虑的道德政策尚未成熟。

---

[1] 霍文、维克特主编：《信息技术与道德哲学》，赵迎欢、宋吉鑫、张勤译，科学出版社2014年。

2018年6月，亨利·基辛格在《大西洋月刊》上发表题为《启蒙运动的终结》一文，直言新兴技术可能终结启蒙运动的隐忧。他说到，启蒙运动本质上始于由新技术传播的哲学见解。我们时代的情况恰恰相反。当下已存在可以统领一切的技术，但需要哲学的指引。近年来，一些新的科技进展——原子武器、生殖技术、基因技术、信息技术等导致了尤为尖锐的伦理争执，同时，日益严重的全球问题——人口、资源、环境危机全面地揭示了近现代科技活动的负面效应，进一步向人们展现了科技活动所负载的价值与传统伦理价值体系间的剧烈冲突，其中既有观念间的纠结，也有观念与现实利益的复杂矛盾。

当前，信息技术正势不可挡地席卷社会经济的各个领域，在生产制造、社会治理等各个方面都带来了深刻变革。具体体现在以下四个方面：一是生产力的进一步解放。以工业互联网生态系统为代表的现代工业数字化转型，能够通过机器互联、软件及大数据分析、人工智能等新技术，提升生产效率，进一步解放生产力。二是经济活力的释放。"互联网+制造业"的智能生产模式孕育大量的新型商业模式。互联网、云计算、区块链、物联网等信息技术，使人类处理大数据的能力不断增强，推动人类经济形态由工业经济向"信息经济—知识经济—智慧经济"形态转化，优化资源配置效率，催生数字经济的蓬勃发展。三是信息量的爆炸、交流的提升。网络与信息技术使得信息采集、传播的速度和规模达到空前的水平，实现了全球信息的共享与交互。现代通信和传播技术，大大提高了信息传播的速度，也拓宽了信息传播的广度。四是新的社会组织形式、文化样貌的出现。人们组织、交流的形式发生了深刻的变化，社会文化随之产生新的样貌，各类网络社区、亚文化群体兴起，新的沟通交流形式层出不穷。在一系列技术发展造成的伦理问题中，以大数据和人工智能为代表的新一代信息技术所带来的伦理道德风险尤其引人关注。

（一）大数据引发的伦理问题

运用大数据技术，能够发现新知识、创造新价值、提升新能力。大数据具有的强大张力，给我们的生产生活和思维方式带来革命性改变。但面对大数据热也需要冷思考，特别是要正确认识和应对大数据技术带来的伦理问题，以更好地趋利避害。

大数据技术带来的伦理问题主要包括以下几方面：

一是隐私泄露问题。大数据技术具有随时随地保真性记录、永久性保存、还原性画像等强大功能。个人的身份信息、行为信息、位置信息甚至信仰、观念、情感与社交关系等隐私信息，都可能被记录、保存、呈现。在现代社会，人们几乎无时无刻不暴露在智能设备面前，时时刻刻在产生数据并被记录。如果任由网络平台运营商收集、存储、兜售用户数据，个人隐私将无从谈起。

二是信息安全问题。个人所产生的数据包括主动产生的数据和被动留下的数据，其删除权、存储权、使用权、知情权等本属于个人可以自主的权利，但在很多情况下难以得到保障。一些信息技术本身就存在安全漏洞，可能导致数据泄露、伪造、失真等问题，影响信息安全。此外，大数据使用的失范与误导，如大数据使用的权责问题、相关信息产品的社会责任问题及高科技犯罪活动等，也是信息安全问题衍生出的伦理问题。

三是数据鸿沟问题。一部分人能够较好占有并利用大数据资源，而另一部分人则难以占有并利用大数据资源，造成数据鸿沟。数据鸿沟会产生信息红利分配不公问题，加剧群体差异和社会矛盾[1]。

---

[1] 杨维东：《有效应对大数据技术的伦理问题》，《人民日报》2018年3月23日。

（二）人工智能带来的道德风险

作为新一轮科技革命和产业变革的重要驱动力量，人工智能正在深刻影响社会生活、改变发展格局。同时，人工智能如同一把双刃剑，如果应用不当，那就可能带来隐私泄露的伦理风险。如何在人工智能应用中兼顾隐私保护，确保其安全、可靠、可控，是一项亟须关注的伦理课题[1]。

人工智能应用存在隐私泄露的伦理风险。人工智能应用需要以海量的个人信息数据作支撑。数据是人工智能的基础，正是由于大数据的使用、算力的提高和算法的突破，人工智能才能快速发展、广泛应用，并呈现出深度学习、跨界融合、人机协同、群智开放、自主操控等新特征。人工智能越是"智能"，就越需要获取、存储、分析更多的个人信息数据。可以说，海量信息数据是人工智能迭代升级不可缺少的"食粮"。获取和处理海量信息数据，不可避免会涉及个人隐私保护这一重要伦理问题。今天，各类数据信息采集无时不有、无处不在，几乎每个人都被置于数字化空间之中，个人隐私极易以数据的形式被存储、复制、传播，如个人身份信息数据、网络行为轨迹数据以及对数据处理分析形成的偏好信息、预测信息等。可以预见，在不远的未来，越来越多的人工智能产品将走进千家万户，在给人们生活带来便利的同时，也会轻易获取更多有关个人隐私的数据信息。借助获取的数据信息，基于日益强大的数据整合、处理能力，人工智能技术可以为用户精准"画像"，而其中就潜藏着不容忽视的隐私泄露风险。如果人工智能应用得不到合理管控，人类将被置于隐私"裸奔"的尴尬境地，从而产生严重的伦理风险。

除了以上两个大的方面以外，互联网时代出现的一些现象和趋势，应当引

---

[1] 杨明：《兼顾人工智能应用和隐私保护》，《人民日报》2019年7月12日。

起高度重视。例如,有些人沉迷于网络虚拟世界,厌弃现实世界中的人际交往。这种去伦理化的生存方式,从根本上否定传统社会伦理生活的意义和价值,放弃自身的伦理主体地位及相应的伦理责任担当,已经触及价值观念基础这一更为根本的层面。

二、信息技术革命下的智慧博物馆

回顾历史可知,人类社会共发生过三次技术革命,它们都对博物馆产生了重大影响。

第一次是18世纪60年代开始的机械技术革命,它与启蒙运动一起,推动了近代博物馆理念的诞生和博物馆的兴起;第二次是19世纪70年代开始的电力技术革命,它与全球化一起,推动了传统博物馆类型的普及和完善;第三次是20世纪40年代开始的信息技术革命,它与人工智能、生命科学等一起,正在重塑和改变博物馆的形态及关联关系。

技术本来就是博物馆理论中的重要角色,它属于支撑博物馆学科的方法论领域;技术更是博物馆实务中的重要角色,一直在藏品保护、研究、展示、教育等各环节中发挥着积极作用。在当代,信息技术给博物馆带来的巨大影响和改变是前所未有的。日新月异的技术革命正以前所未有的力度重塑着博物馆的形态,重塑着博物馆人与物、物与物、人与人的关系[1]。

我们可以大致把当代信息技术对博物馆发展的影响划分为三个阶段:一是1990年以美国国会图书馆"美国记忆"项目为开端的数字博物馆(或称博物馆数字化)阶段,得到了联合国教科文组织的推广和国际社会的广泛响应;二

---

[1] 段勇、李晨:《技术革命下的当代博物馆》,《中国文物报》2019年9月8日。

是2007年以"欧洲虚拟博物馆"为标志的虚拟博物馆（使脱离实体的博物馆成为可能）阶段，得到了"谷歌艺术计划"大力推广，我国以敦煌、故宫为代表的文博单位也是自发响应者；三是2014年以中国六家博物馆开展试点为标志的智慧博物馆（博物馆形态与关联关系全面智慧化）阶段，2019年国家重点研发计划首次列入"智慧博物馆关键技术研发和示范"更是对国内外智慧博物馆的发展产生巨大的推动效应。

在现今博物馆发展的第三阶段，博物馆似乎正在由必要的实体"场所"转变为可能的虚拟"空间"（国际博物馆协会的博物馆新定义建议稿也用了"空间"概念）。博物馆收藏、展示的对象正在由传统的物质和非物质遗产等生命有限、终将消亡的"本体"转变为这些本体所承载的有机延续、变相永生的"信息"（危险性在于从本体中提取、保护、传承的信息是否完整、真实、准确）。博物馆观众的角色正在由被动、自发的"固定套餐"式的体验者、学习者转变为主动、自觉的"自由点菜"式的享受者、主导者。

应该说，中国博物馆学者一直高度关注这一发展趋势。2001年，王宏钧主编的《中国博物馆学基础》修订增加了"博物馆信息化"专章，包括数据库建设和通用网络平台、标准化和文物知识工程、博物馆建筑智能化、数值化博物馆四节。2003年，中国博物馆学会数字化专业委员会成立，成为推动中国博物馆信息技术发展的重要力量。2008年，苏东海先生发表了《博物馆，博物馆学：警惕技术主义》一文，他提出："我们不要低估技术革命的意义，但是也不要过高估计技术的意义。如果发展到技术崇拜，形成了技术主义，技术的危害就产生了。技术膨胀最直接的危害就是文化的边缘化、文化价值的旁落，所以必须警惕技术主义的泛滥。"[1]从另一个角度表达了对博物馆信息技术

---

[1] 苏东海：《博物馆，博物馆学：警惕技术主义》，《中国博物馆》2008年第3期。

发展趋势的人文关切。

国际博物馆界当然也高度重视新技术与博物馆的融合趋势。从2011年起，美国新媒体联盟出版的《地平线报告》专设了博物馆版，围绕新兴技术在博物馆实践的关键趋势和重要挑战展开讨论，重点突出这些新技术与博物馆教育和诠释之间的联系，并提供了许多应用案例。国际博物馆协会将2018年国际博物馆日的主题确定为"超级链接的博物馆：新方法、新公众"，旨在鼓励博物馆界通过应用新技术、新方法，进一步拓展与社会的沟通渠道，吸引更多人关注博物馆、走进博物馆，从而更好地实现博物馆在当今社会的重要价值。

毫无疑问，日新月异的数字技术已经渗透到几乎所有的社会领域，当然也包括博物馆界和博物馆学。博物馆学，作为一种随着博物馆活动或博物馆现象演变发展而逐步形成的专门研究领域，在关注技术发展的同时，其研究对象、研究方法、研究边界也正随着技术变革而发生改变。互联网时代博物馆信息系统架构、新媒体语境下的博物馆信息传播方法、大数据视角下的博物馆藏品信息登录、基于物联网的藏品保管保护技术、增强现实和虚拟现实对于陈列展览手段的革新、由人工智能参与的博物馆观众行为分析等都将成为技术革命下博物馆学研究的新领域和新方向。

由信息技术革命引起的一些新问题也引起了全球博物馆学界的深入思考，诸如数字化、智慧化与博物馆融合的深层次逻辑是什么？在哪些方面影响到当今博物馆的发展？如何找到实现的主要途径？甚至有一些带有批判性的思考，如博物馆的数字化仅仅是"赶时髦"，还是博物馆在新形势下的文化再创造？数字化为博物馆带来的是"新的技术工具"，还是"新的文化价值"？博物馆如何能在避免无视新技术的同时，又不被各种技术所"绑架"？等等。这些事关数字时代博物馆发展走向的命题，始终在不同语境下被不同的利益相关方所持续讨论。

走向更深层次，我们需要密切关注博物馆技术应用的伦理和职业道德问题以及新技术对于博物馆传统业务流程的重构，博物馆职业道德准则和业务流程标准都将在技术革命下发生改变和突破。在技术革命下，新时代博物馆学者对于技术的研究必须突破单纯的应用范畴。当前，伴随着信息技术日新月异的快速发展，研究基于技术发展重构管理手段的交叉学科"管理信息系统"（MIS）和专注于信息应用伦理、规范网络行为的"信息伦理学"逐渐形成。在博物馆学领域，研究技术发展，也必将由单纯地对于技术应用的研究，走向对于管理和理论层面的研究，革命性或颠覆性的新技术究竟会给博物馆和博物馆学带来哪些更广更深的改变，还有待时间和实践给出答案，而这种改变无疑是值得我们关注、期待、参与的。需要特别强调的是，博物馆的形态可以变，博物馆的关联关系可以变，但是"万变不离其宗"的是：博物馆的宗旨仍是保护和传承人类社会的多元文化和多彩环境；而博物馆人应始终立足这一点，"以不变应万变"。

第二节　智慧博物馆技术伦理的基本准则

一、构建信息伦理的基本原则

当前以互联网、大数据、人工智能为代表的新一代信息技术日新月异，给各国经济社会发展、国家管理、社会治理、人民生活带来重大而深远的影响。现代信息技术的深入发展和广泛应用，深刻改变着人类的生存方式和社会交往方式，深刻影响着人们的思维方式、价值观念和道德行为。伴随着信息技术在人们日常生活中的应用程度不断提高，智慧化的触角正在深度融入国家治理、社会治理的过程中，对于实现美好生活、提升国家治理能力、促进社会道德进步发挥着越来越重要的作用。面对信息技术的迅猛发展，有效应对信息技术带来的伦理挑战，需要深入研究思考并树立正确的道德观、价值观和法治观[1]。

放眼世界，信息技术为我们营造了一个数字化的空间，同时构筑了一个虚拟的网络环境，由于其没有中心、没有边界、没有权威、没有开始也没有结束的特点，为道德虚无主义的思想意识提供了滋生的土壤，继而在信息社会中出现了一系列的社会信息伦理问题，如侵犯个人隐私权、侵犯知识产权、非法存取信息、信息责任归属、信息技术的非法使用、信息的授权等。对于这些问题，应用传统的伦理学法是难以定义、解释和调解的，迫切需要一个新的学科来解决并提出相应的方法和对策，于是"信息伦理学"（或称计算机伦理学）应运而生。

1992年10月，美国计算机协会（Association for Computing Machinery, ACM）通过并采用了《计算机伦理与职业行为准则》（*ACM Code of Ethics and Professional Conduct*），其内容包括"基本的道德规则"和"特殊的职业责任"两部分。其中，"基本的道德规则"包括为社会和人类的美好生活作出贡献；避免伤害其他人；做到诚实可信；恪守公正并在行为上无歧视；敬重包括版权和专利在内的财产权；对智力财产赋予必要的信用；尊重其他人的隐私；保守商业秘密。"特殊的职业责任"包括努力在职业工作的程序与产品中实现最高的质量、最高的效益和高度的尊严；获得和保持职业技能；了解和尊重现有的与职业工作有关的法律；接受和提出恰当的职业评价；对计算机系统和它们包括可能引起的危机等方面作出综合的理解和彻底的评估；重视合同、协议和指定的责任。

2006年4月，中国互联网协会发布《文明上网自律公约》，号召互联网从业者和广大网民从自身做起，在以积极态度促进互联网健康发展的同时，承担起应

---

[1] 吕耀怀等：《数字化生存的道德空间》，中国人民大学出版社2018年。

负的社会责任，始终把国家和公众利益放在首位，坚持文明办网，文明上网。这部公约可以说是我国最早的信息伦理规范，其内容包括自觉遵纪守法，倡导社会公德，促进绿色网络建设；提倡先进文化，摒弃消极颓废，促进网络文明健康；提倡自主创新，摒弃盗版剽窃，促进网络应用繁荣；提倡互相尊重，摒弃造谣诽谤，促进网络和谐共处；提倡诚实守信，摒弃弄虚作假，促进网络安全可信；提倡社会关爱，摒弃低俗沉迷，促进少年健康成长；提倡公平竞争，摒弃尔虞我诈，促进网络百花齐放；提倡人人受益，消除数字鸿沟，促进信息资源共享。

2015年12月，中国领导人在第二届世界互联网大会开幕式的讲话中提出推进全球互联网治理体系变革的四点原则，其中第四点即构建良好秩序：网络空间同现实社会一样，既要提倡自由，也要保持秩序。自由是秩序的目的，秩序是自由的保障。我们既要尊重网民交流思想、表达意愿的权利，也要依法构建良好网络秩序，这有利于保障广大网民合法权益。网络空间不是"法外之地"。网络空间是虚拟的，但运用网络空间的主体是现实的，大家都应该遵守法律，明确各方权利义务。要坚持依法治网、依法办网、依法上网，让互联网在法治轨道上健康运行。同时，要加强网络伦理、网络文明建设，发挥道德教化引导作用，用人类文明优秀成果滋养网络空间、修复网络生态。

近年来，中国学者在广泛调研、深入思考的基础上提出了不同层面维护网络秩序、构建信息伦理的基本原则。

（一）基本道德原则

2019年7月，曾建平[1]认为从整体上看，应对信息化深入发展导致的伦理风险应当遵循以下道德原则：

---

[1] 曾建平：《信息时代的伦理审视》，《人民日报》2019年7月12日。

一是服务人类原则。要确保人类始终处于主导地位,始终将人造物置于人类的可控范围,避免人类的利益、尊严和价值主体地位受到损害,确保任何信息技术特别是具有自主性意识的人工智能机器持有与人类相同的基本价值观。始终坚守不伤害人自身的道德底线,追求造福人类的正确价值取向。

二是安全可靠原则。新一代信息技术尤其是人工智能技术必须是安全、可靠、可控的,要确保民族、国家、企业和各类组织的信息安全、用户的隐私安全以及与此相关的政治、经济、文化安全。如果某一项科学技术可能危及人的价值主体地位,那么无论它具有多大的功用性价值,都应果断叫停。对于科学技术发展,应当进行严谨审慎的权衡与取舍。

三是以人为本原则。信息技术必须为广大人民群众带来福祉、便利和享受,而不能为少数人所专享。要把新一代信息技术作为满足人民基本需求、维护人民根本利益、促进人民长远发展的重要手段。同时,保证公众参与和个人权利行使,鼓励公众提出质疑或有价值的反馈,从而共同促进信息技术产品性能与质量的提高。

四是公开透明原则。新一代信息技术的研发、设计、制造、销售等各个环节,以及信息技术产品的算法、参数、设计目的、性能、限制等相关信息,都应当是公开透明的,不应当在开发、设计过程中给智能机器提供过时、不准确、不完整或带有偏见的数据,以避免人工智能机器对特定人群产生偏见和歧视。

(二)大数据应用原则

2018年3月,杨维东撰写的《有效应对大数据技术的伦理问题》[1]一文,提出应针对大数据技术引发的伦理问题,确立相应的伦理原则:

---

[1] 杨维东:《有效应对大数据技术的伦理问题》,《人民日报》2018年3月23日。

一是无害性原则，即大数据技术发展应坚持以人为本，服务于人类社会健康发展和人民生活质量提高。

二是权责统一原则，即谁搜集谁负责、谁使用谁负责。

三是尊重自主原则，即数据的存储、删除、使用、知情等权利应充分赋予数据产生者。现实生活中，除了遵循这些伦理原则，还应采取必要措施，消除大数据异化引起的伦理风险。

（三）新媒体传播原则

2016年3月，胡钰提出：新媒体的繁荣让新闻传播的活跃度大幅度提升，同时给新闻传播有序发展带来了挑战。预防新闻传播失范，一方面靠制度从外部进行约束，另一方面靠伦理从内部进行约束。新媒体传播并非无禁区，需要树立一些核心伦理理念、形成基本伦理共识：

一是尊重客观事实。新媒体中的新闻传播追求"无事不报、无报不快"。一个新闻事件出来，往往快速报道、转发、传播，而且越是反常的内容传播得越快，甚至加上情绪化的评论，造成新媒体中充斥许多不实信息。这种"快传播"很大程度上忽视了"事实第一性、新闻第二性"的新闻本源理念，它不追求在事实基础上进行传播，因而削弱了新闻传播的公信力。不容否认的是，不论传播方式如何，尊重客观事实始终是新闻传播的底线。每一次新闻传播都是对传播者信誉的展示，传播者必须对新闻源和新闻事实进行核实，在理性判断的前提下进行传播。

二是尊重知识产权。新媒体传播中的大多数新闻内容并非原创，而是源自其他机构或作者的作品。当前，新媒体新闻传播中的一个突出问题是渠道过剩、内容不足。这种现象源于新闻采写的专业性和信息源的有限性。新闻内容作为新媒体传播中的核心资源，凝结了原创者的劳动，应予以充分尊重。这种尊重体现在新闻作品的署名权上，即凡转发新闻内容一定要注明作者及其代表机构名称；也体现在新闻作品的收益权上，即如果点击率带来传播平台的收益，应与内容提供者分享。

三是尊重个人隐私。在新媒体的新闻传播中，传播者获取信息更加便捷、非法传播后追惩力不强，因而对涉及个人隐私的内容保护不够。大量揭秘性传播、透露个人信息的无意识传播，乃至"人肉搜索"的攻击性传播，构成了对个人隐私的侵犯。维护良好的新媒体新闻传播秩序，必须把尊重个人隐私作为道德底线和行为共识。

四是尊重社会公益。新闻作品既是公共品，也是商品。前者体现在新闻作品的社会服务功能上，后者体现在新闻作品的市场信息价值上。对许多传统媒体而言，其商业价值是通过以提供新闻产品为主业的整体影响力来实现的。而在新媒体的新闻传播中，许多传播者将新闻作品的商品属性无限放大，力求实现自身平台商业价值最大化。这种行为忽视了新闻作品的公共品属性，会出现低俗新闻、有偿新闻、有偿不闻，甚至出现赤裸裸的新闻交易行为，导致新闻传播的社会效益受损。从新闻传播的社会职能上看，新媒体一样要坚守社会效益优先原则，不能为了经济利益而侵害社会公益。

五是尊重国家利益。新媒体的新闻传播打破了国内国际界限，成为国际传播的大舞台。在这一舞台上，支持中国的正面声音和反对中国的负面声音同台竞技。在负面声音中，不乏恶意丑化中国形象的谣言和偏见，利用"揭秘""独家新闻"等方式来否定中国领导人、中国政策、中国历史的内容。对此类"新闻"，新媒体传播者要有敏锐的辨别力，坚决不传播谣言，自觉维护国家正当合法的利益。

（四）人工智能应用原则

2019 年 6 月，国家新一代人工智能治理专业委员会发布《新一代人工智能治理原则——发展负责任的人工智能》，提出了人工智能治理的框架和行动指南。该文件指出：为促进新一代人工智能健康发展，更好协调发展与治理的关系，确保人工智能安全可靠可控，推动经济、社会及生态可持续发展，共建人类命运共同体，人工智能发展相关各方应遵循以下原则：

一是和谐友好。人工智能发展应以增进人类共同福祉为目标；应符合人类的价值观和伦理道德，促进人机和谐，服务人类文明进步；应以保障社会安全、尊重人类权益为前提，避免误用，禁止滥用、恶用。

二是公平公正。人工智能发展应促进公平公正，保障利益相关者的权益，促进机会均等。通过持续提高技术水平、改善管理方式，在数据获取、算法设计、技术开发、产品研发和应用过程中消除偏见和歧视。

三是包容共享。人工智能应促进绿色发展，符合环境友好、资源节约的要求；应促进协调发展，推动各行各业转型升级，缩小区域差距；应促进包容发展，加强人工智能教育及科普，提升弱势群体适应性，努力消除数字鸿沟；应促进共享发展，避免数据与平台垄断，鼓励开放有序竞争。

四是尊重隐私。人工智能发展应尊重和保护个人隐私，充分保障个人的知情权和选择权。在个人信息的收集、存储、处理、使用等各环节应设置边界，建立规范。完善个人数据授权撤销机制，反对任何窃取、篡改、泄露和其他非法收集利用个人信息的行为。

五是安全可控。人工智能系统应不断提升透明性、可解释性、可靠性、可控性，逐步实现可审核、可监督、可追溯、可信赖。高度关注人工智能系统的安全，提高人工智能鲁棒性及抗干扰性，形成人工智能安全评估和管控能力。

六是共担责任。人工智能研发者、使用者及其他相关方应具有高度的社会责任感和自律意识，严格遵守法律法规、伦理道德和标准规范。建立人工智能问责机制，明确研发者、使用者和受用者等的责任。人工智能应用过程中应确保人类知情权，告知可能产生的风险和影响。防范利用人工智能进行非法活动。

七是开放协作。鼓励跨学科、跨领域、跨地区、跨国界的交流合作，推动国际组织、政府部门、科研机构、教育机构、企业、社会组织、公众在人工智能发展与治理中的协调互动。开展国际对话与合作，在充分尊重各国人工智能治理原则和实践的前提下，推动形成具有广泛共识的国际人工智能治理框架和标准规范。

八是敏捷治理。尊重人工智能发展规律，在推动人工智能创新发展、有序发展的同时，及时发现和解决可能引发的风险。不断提升智能化技术手段，优化管理机制，完善治理体系，推动治理原则贯穿人工智能产品和服务的全生命周期。对未来更高级人工智能的潜在风险持续开展研究和预判，确保人工智能始终朝着有利于社会的方向发展。

二、智慧博物馆技术应用的道德准则

伴随着物联网、云计算、大数据、移动互联、人工智能、拓展现实等新一代信息技术在博物馆领域应用的不断深入，以"智慧服务、智慧保护和智慧管理"为基本功能的智慧博物馆建设持续推进并取得了重要进展，整个博物馆的业务流程都发生了智慧化的改变，给博物馆带来一系列新的"价值"。安来顺将这些新的"价值"归纳为：可以让博物馆创造出一种全新的与公众对话的模式；可以让博物馆从单一渠道或数个渠道变成全渠道的；当信息成为博物馆收藏、研究、展示和传播的关键要素的时候，直接将信息或数据置于博物馆的核心；在极大程度上优化了博物馆与所服务社区关系的途径；帮助社会大众在数字时代更好地实现博物馆学习，不断开辟博物馆观众体验的新领域。

智慧博物馆的建设进程在给博物馆创造新价值的同时，也对传统博物馆的治理手段、伦理规范带来了挑战。智慧博物馆作为一个新生事物，在《国际博物馆协会博物馆职业道德准则》中并没有提出相关的明确要求。伴随着时代的进步，2015年11月，《联合国教科文组织关于保护与促进博物馆和收藏及其多样性和社会作用的建议书》发布，针对博物馆利用信息技术分享和传播知识提出了有关道德层面的要求；2016年11月，国际博物馆高级别论坛发布的《深圳宣言》再次围绕信息技术在博物馆应用的有关问题提出了建设性的倡议。

2019年8月，关强针对智慧博物馆建设提出了三点建议：

（一）坚持正确的导向

智慧博物馆建设要为挖掘文物蕴含的哲学思想、人文精神、价值理念、道德规范等服务，更要为揭示其中蕴含的中华民族的文化精神、文化胸怀，不断坚定文化自信服务。无论时代如何发展，我们都应充分认识文物工作的历史使命，正确处理继承和创造性发展关系，坚持正确政治方向、价值取向、文化导向。智慧博物馆建设要围绕民生所愿、百姓所需；找准传统与创新、历史与现实的最佳结合点，推动文物保护成果人人共享；发挥文物滋养社会主义核心价值观关键作用，传播正确历史观、民族观、国家观、文化观；大力传播中华优秀传统文化、革命文化和社会主义先进文化，讲好中国故事、弘扬中国价值、体现中国精神。

（二）坚持高质量发展

智慧博物馆建设要积极主动对接经济社会发展需求，与教育、旅游、城市发展、国际交流融合发展，提供高品质的文化产品和服务。在科学技术大规模应用的时代下，要防止出现重文物形式呈现、轻价值内涵认知的倾向，拒绝以审美快感代替价值欣赏和精神追求。要优化科技保护需求，结合智能化、智慧化应用，做好产需对接，有针对性地开展一批前景广阔的文物保护装备技术研发，提升科技创新应用能力。要加强人才队伍建设，既注重自身能力建设，探索符合智慧博物馆建设特点的人才管理机制，又坚持开放对话，与国内外高校、科研院所和企业广泛开展合作，夯实科技基础，攻克科技难关，提高科研能力水平。

（三）坚持创新创造

智慧博物馆建设要着力解决"卡脖子"的关键问题和技术瓶颈，要坚持不忘本来、吸收外来、面向未来，健全与科技领域的合作机制，发挥科技创新与生俱来的基因优势，丰富文物价值表达和呈现形态，提高可读性、趣味性、便利性。

要把握技术进步的机遇和挑战，及时跟进，深入研判，充分运用新技术新手段，开拓发展新空间，掌握发展主动权。目前，5G商业牌照已全面下发，人工智能、大数据、物联网方兴未艾，希望行业密切关注，积极探索，让新技术新应用助力行业提质增效。同时，要积极推动我国智慧博物馆建设取得的最新最优成果"走出去"，在国际市场有所作为，让更多具有中国精神、中国风格、中国气派的文化产品走出国门、走向世界。

伦理约束机制是伦理观念和规范的程序化和制度化，也是伦理观念和规范赋予实践的保障机制。智慧博物馆发展需要伦理约束，从而引导"智慧服务、智慧保护和智慧管理"有效实施与健康发展。博物馆智慧性源自藏品信息，而业务应用开发取决于公众需求，所以将伦理嵌入到整个业务过程中，逐步破解数据安全、数据隐私与数据共享等伦理问题，最终避免技术创新带来的伦理危机。

第三章
智慧博物馆与公共领域

第一节　公共领域与博物馆的内涵外延

社会学家哈贝马斯在《公共领域的结构转型——论资产阶级社会的类型》一书中详细地诠释了公共领域，他认为公共领域是从 18 世纪到 19 世纪资本主义社会的产物，然而他的论述仍属哲学的思维，抽象而缺乏具体的历史脉络。博物馆学家巴瑞特的《博物馆与公共领域》一书以哈贝马斯的论述为思维架构，以博物馆中的具体经验来详细论述博物馆与公共领域的关系。

一、"公众"被视为"公共领域"

公共领域的观念最初表示的是公众（the public），有时是名词，意味着"公众"，有时是形容词，意味着"公众的"或"属于公众的"。

欧洲启蒙运动时期，人民权利意识觉醒，公众期待社会地位提升，思想家也积极鼓吹公众立场的价值理念，如洛克与卢梭都把人民的权利视为民主政治的基础，狄德罗的《百科全书》与"沙龙随笔"从公众的立场发表知识与美学论述。孔多塞则使用"公共"一词来讨论公众的教育制度。即使当时的思想家致力于厘清"公众"这个观念，但当时只是使用这个词来称呼刚刚取得社会地位的公众。那时，许多制度与机构也是在语意不详的环境中产生的，"公众"的观念被滥用，甚至破坏启蒙运动原来的理想，因此，法国大革命以后整个法国社会继续动荡了九十年，直到19世纪后期才日渐趋于稳定。席勒书写了《审美教育书简》，试图建立公众正确的知识态度。

1793年，法国卢浮宫博物馆在公众权利意识高涨却又缺乏明确知识观念的氛围中对外开放了。1796年，法国画家休伯特·罗伯特完成的《卢浮宫博物馆大画廊》这件绘画作品（图3-1），虽然不完全是真实的再现，但似乎也可以提供视觉线索，让我们看见卢浮宫开放初期观众的面貌。

图3-1　休伯特·罗伯特的《卢浮宫博物馆大画廊》

二、"公共空间"被视为"公共领域"

19世纪,现代国家兴起,政府兴建属于公众的公共场所,例如"公共学校""公共医院",而在这个趋势中,君主政治时期的皇室收藏也转变成为公共的博物馆。

"公共领域"的内涵从"公众"延伸至"公共空间",但是19世纪的现代国家延续着君主政治时期的贵族观念,当时现代国家陆续成立的公共博物馆,往往成为统治阶级向公众展示权力的视觉空间。因此,博物馆虽然也公开展示藏品,但主要是以国家与博物馆的权力关系作为立场,研究人员将物视为博物馆的权力领域,而没有将之视为公共领域,博物馆也就欠缺为公众服务的思维。

19世纪欧洲国家扩张势力成为殖民帝国,博物馆这一公共空间非但脱离公众价值,甚至成为国家向公众展示帝国威望的空间。诚如巴瑞特所言:"19世纪的公共博物馆被重新组织,以'安置'扩张的收藏,并向日渐增加的拥护者展示物及其权力的内涵。"[1]这也就是"公共领域"矛盾的双重性:博物馆既是展示权力也是教化公众的公共空间。

三、"公共制度"被视为"公共领域"

两次世界大战结束后,欧洲国家成为民主国家,因此,公共领域开始延伸出民主政治的内容,公共领域开始受到民主制度的规范。民主政治的时代,正

---

[1] Jennifer Barrett, *Museums and the Public Sphere*, Wiley-Blackwell, 2011, p.53.

如所有的公共领域一样，博物馆必须接受公共制度的规范。在授权与监督的公共制度中，博物馆是政府管辖的公共机构，必须接受民意机构的监督。博物馆作为公共领域，经费来自公众的税金，必须将博物馆知识转化为公共知识回馈给公众。

然而，政府即使遵守公共制度，却往往忘记公共制度的基本精神，博物馆也是如此。因此，公众忘记博物馆属于公众，以为它们属于政府，虽然会去使用它们，却以为是政府的善意让公众使用；管理阶层也忘记博物馆属于公众，以为它们属于政府，虽然会让公众使用它们，却以为是政府的善意让公众使用。由于公共博物馆忘记公共制度的基本精神，那就更谈不上积极地将博物馆知识转变为公众可以亲近与理解的公共知识。

四、"公共知识"被视为"公共领域"

18世纪以来，研究人员已经积极地将研究成果发展成为博物馆知识，到20世纪中叶以后，博物馆更是积极地将博物馆知识转变成为"公共知识"。这意味着，博物馆开始重视将收藏、保护与研究工作延伸至展示与教育工作。

博物馆的收藏、保护与研究工作当然重要，这是展示与教育工作的基础，它们从博物馆诞生以来就深受重视，但是藏品必须经由展示与教育工作，才能将博物馆知识转变为公共知识。1981年，法国总统密特朗推动"大卢浮宫计划"，举世关注的是他邀请建筑家贝聿铭增建玻璃金字塔作为公众参观入口，而大众未能理解该计划是为了能拉近卢浮宫与公众间的距离，从视觉层次到行动层次，将博物馆知识转变为公共知识。这项计划的执行过程中，更重要的是针对卢浮宫常设展，重新进行展示研究、规划与设计，达成有系统的知识诠释，并为导览工作建立完善的基础准备，有效追求博物馆教育工作的目标。"公共知识"也因此被视为"公共领域"的延伸。

研究"公共领域"这个观念的历史沿革，要说明的是：博物馆必须把"公共领域"视为一个核心价值，"公共领域"在博物馆历史发展的不同时期被赋予不同的内涵，不同的要素按照不同的层次排列、发展、充实，从公共制度到公共空间再到公共知识，最后是社会公众。将社会公众排在最后，并非它不重要，而是它最关键，一切都要还之于民。而在数字时代，依托虚拟技术的智慧博物馆将公共领域不断扩大，但其仍要以"传播、多元、包容"为使命，强调人本主义的教育理念，致力于共情与反思能力的培养，以虚拟技术来验证博物馆沉浸感、剧场感、互动感的效果。

第二节 公共领域的扩大化

一、"公共制度"作为智慧博物馆的公共领域

智慧博物馆的产生受到IBM"智慧地球"项目的启发和科技的驱动。在国家智慧化建设的引领下，智慧博物馆建设应运而生，并且国家制定的相关文化政策对其有一定的要求，详见表3-1。

在建立智慧博物馆制度和规范体系的过程中，必须考虑的是：第一，社会创造博物馆数字资源是否具备必要与充分的条件；第二，智慧博物馆的设置主题与方向是否符合公共需求；第三，智慧博物馆的设置地点与环境是否符合公共利益。

表 3-1 与智慧博物馆建设相关的法规与行动计划

序号	发布时间	政策名称	发布部门	相关内容
1	2016.11	《"互联网+中华文明"三年行动计划》	国家文物局 国家发展和改革委员会 科学技术部 工业和信息化部 财政部	把互联网的创新成果与中华传统文化的传承、创新与发展深度融合
2	2016.12	《国家"十三五"文化遗产保护与公共文化服务科技创新规划》	科学技术部 文化部 国家文物局	要完善智慧博物馆建设理论、方法和技术体系……推动国家和国际智慧博物馆标准规范的制定
3	2017.2	《国家文物事业发展"十三五"规划》	国家文物局	推进文物信息化建设,建设国家文物大数据库;推进智慧博物馆建设工程,研发"五觉"虚拟体验技术;多措并举让文物"活"起来,促进文物资源文化创意产品开发
4	2017.2	《"十三五"时期文化发展改革规划纲要》	文化部	推进数字图书馆、文化馆、博物馆建设;运用云计算、人工智能、物联网等科技成果,催生新型文化业态;加强虚拟识实技术的研发与运用;推动"三网融合"
5	2017.4	《关于推动数字文化产业创新发展的指导意见》	文化部	促进优秀文化资源数字化。鼓励对艺术品、文物、非物质文化遗产等文化资源进行数字化转化和开发。发展数字艺术展示产业,鼓励文化文物单位运用馆藏文化资源,开发数字艺术展示项目。
6	2017.5	《文化部"十三五"时期文化科技创新规划》	文化部	深化智慧博物馆建设,创新大遗址展示利用手段,全面提升博物馆和文化遗产地的展示、教育、价值传播功能
7	2017.12	《关于推进第一次全国可移动文物普查数据公开共享的通知》	国家文物局	全面深入推进可移动文物信息公开共享,创造条件方便公众查询、研究和利用,接受群众监督
8	2018.1	《关于实施中华优秀传统文化传承发展工程的意见》	中共中央办公厅 国务院办公厅	构建准确权威、开放共享的中华文化资源公共数据平台

（续表）

序号	发布时间	政策名称	发布部门	相关内容
9	2018.7	《关于加强文物保护利用改革的若干意见》	中共中央办公厅 国务院办公厅	注意盘活文物资源，在保护中发展，在发展中保护
10	2018.11	《文物保护装备发展纲要（2018—2025年）》	国家文物局 工业和信息化部 科学技术部	加强智慧博物馆、文物素材再造、文物数字创意等前沿技术突破，推动关键装备的技术研发和集成应用
11	2020.7	《关于支持新业态新模式健康发展 激活消费市场带动扩大就业的意见》	国家发展改革委 中央网信办 工业和信息化部 教育部 人力资源社会保障部 交通运输部 农业农村部 商务部 文化和旅游部 国家卫生健康委 国资委 市场监管总局 国家医疗保障局	不断提升数字化治理水平
12	2020.10	《关于利用博物馆资源开展中小学教育教学的意见》	教育部 国家文物局	加强博物馆网络教育资源建设
13	2020.11	《关于推动数字文化产业高质量发展的意见》	文化和旅游部	丰富云展览业态。支持文化文物单位与融媒体平台、数字文化企业合作，运用5G、VR/AR、人工智能、多媒体等数字技术开发馆藏资源，发展"互联网＋展陈"新模式，打造一批博物馆、美术馆数字化展示示范项目，开展虚拟讲解、艺术普及和交互体验等数字化服务，提升美育的普及性、便捷性。支持展品数字化采集、图像呈现、信息共享、按需传播、智慧服务等云展览共性、关键技术研究与应用

二、"公共空间"作为智慧博物馆的公共领域

不同于传统博物馆的建筑与地理环境,智慧博物馆除了物理空间外,还有"云"空间,即数据、资源和传播方式均在无形的"云"上进行。值得注意的是,无论是建筑的物质性空间,还是数据的非物质性空间,都是公众可以参与的。在公众与物理空间亲近的同时,智慧博物馆还将这种亲近感通过网络或通过"云"悄无声息地传递给所有人。

智慧博物馆是公共空间,意味着它是欢迎公众亲近参与的空间,但更重要的是,它是给予博物馆知识的空间,而不只是让公众聚集的空间。因此,智慧博物馆的优点便在于能够有效地建立专业空间。专业空间可以分为两个区域:参观的区域与专业人员的区域。前者包括服务区域、展示区域与教育区域,后者包括设备区域、行政区域与研究区域。智慧博物馆的公共空间并非只是高端的设备硬件,而是结合了知识的软件,近则将博物馆知识传递给观众,远则通过云上展示或书籍与影音等传递给"非观众"。因此,智慧博物馆的公共空间是无距离的空间。

三、"公共知识"作为智慧博物馆的公共领域

智慧博物馆是公共知识的载体。我们知道,博物馆首先经由收藏、保护与研究工作将博物馆物转变成为博物馆知识,还必须经由展示与教育工作将博物馆知识转变成为公共知识,进而形成公共领域。智慧博物馆在这一转变过程中起到了极大的作用。首先从博物馆内部而言,智慧博物馆在以下三个层面上加快了公共知识的生产速度:第一,知识的内容层面,通过信息集成和庞大的数

据资源，智慧博物馆能够助力学术研究，从而高效且正确地获得博物馆知识；第二，知识的表达层面，智慧博物馆通过多样的展示方式与渠道，将博物馆物和博物馆知识随时随地呈现给观众；第三，知识的参与层面，智慧博物馆通过多样且个性的学习方式将博物馆知识传递给观众甚至是非观众。在这一过程中，智慧博物馆当之无愧成为"公共知识人"。因此，当时代呼唤着博物馆成为公共知识人时，智慧博物馆的出现可谓是加速了这一过程。同时，智慧博物馆是博物馆知识的公共领域，并不是要把每一个观众都暴露在公共制度的管理范围内，甚至受到知识权力的监视。相反，智慧博物馆除了允许观众带着自主学习的精神进入博物馆参观并参与教育活动，也允许观众与非观众可以在私人领域，经由网络进行学习。因此，在智慧博物馆视野下，博物馆知识的公共领域应是自主学习的领域。

四、"社会公众"作为智慧博物馆的公共领域

从公共制度到公共空间再到公共知识，目的都是回馈社会公众。过去公众被视为被动的客体，但是在智慧博物馆时代，公众作为主动的主体，已经被广泛接受。即使公众不是文物专家、美术大家，博物馆依然是"公众的殿堂"，这一点在智慧博物馆的理念下尤其凸显，它将每一个公众都视为服务的对象。首先是身体的亲近性，智慧博物馆中的感知层有效地传达了观众的参观动态、行为与需求，不仅使服务更加个性化，而且在无形之中方便了更多有障碍的观众；其次是知识的亲近性，智慧博物馆顾及不同知识程度的观众，考虑到年龄、受教育程度、语言、文化与种族的差异，为不同知识需求的人群提供可理解的信息；最后是情感的亲近性，传统博物馆的物与展示都是有距离感的，在情感层面也与观众有隔阂，但智慧博物馆注重更流畅、更平等、更信任的沟

通，并且强调与观众的互动。智慧博物馆的使命便是让公众发现博物馆属于他们自己。

"公共领域"的观念包含"公共制度""公共空间""公共知识""社会公众"等诸多层面，而且随着人类生活方式的创新发展，网络与虚拟技术的研发运用，公共领域构成发生了量与质的巨变。博物馆作为公共领域延伸了专业能力与影响力，让博物馆知识的诠释获得了更丰富的表达潜能。在智慧博物馆时代，我们必须清楚地认识到以下几个方面：

第一，博物馆作为公共领域，不能仅把社会公众当作公共资源的使用者，更要把社会公众当作公共资源的创造者。

第二，博物馆作为知识诠释的载体，目的在于提供社会公众正确的博物馆知识，而不是媚俗讨好社会公众，将浮华喧嚣视为繁华美景。

第三，博物馆知识的诠释与沟通不能侵犯每个人的私人领域，而要让博物馆知识在私人领域成为其心灵的内容与价值，进而转变为创造力。

智慧时代下，博物馆面对社会公众，不能采用模糊的群体思维，而是要清楚看见具体的生命、思想与情感。公共领域既是知识领域，也是情感领域。

第四章
智慧博物馆与文化遗产

第一节　文化遗产与博物馆的内涵外延

文化遗产是人类文明的结晶，携带历史信息的基因，跨越时空在当代延续，可以将之理解为"再现历史"的最原始形式。数字文化遗产则是对"历史再现"的"再现"。文化遗产的数字化，体现的是科学技术的进步和物质文化观念的革新。

一、文化遗产观念的历史渊源

每一个民族或国家保存文化遗产观念的出现时代大不相同，这跟民族或国家群体观念的形成密切相关：群体尚未凝聚，共同记忆自然薄弱，群体内部四分五裂，彼此对抗，也就无法形成共同记忆，甚至会彼此消灭与覆盖。

欧洲中世纪后期，神圣罗马帝国名存实亡，随着宗教改革与大航海时代的利益竞逐，17世纪时，各个民族的君主政体致力于巩固统治版图，鼓吹前现代时期的民族主义，逐渐整合内部势力以强化群体记忆，或者强化群体记忆以整合内部势力。但是，君主政体皇室保存的记忆只是统治阶层的记忆，而不是社会民众的群体记忆。文艺复兴后期直到巴洛克与洛可可时期的艺术，以油画与雕塑为主，也都是记录皇室记忆的重要媒介，旨在巩固君主政治和民族主义。虽然日后这些艺术作品成为现代国家致力于保存的文化遗产，但是最初它们都是为皇室记忆服务的工具。

直到 18 世纪，启蒙运动风起云涌，民众权利意识兴起，影响着文化遗产保护观念逐渐从私人领域转变为公共领域，但这时的公共领域仍然处于君主政治的阴影之中。

二、文化遗产与现代国家的民族主义

启蒙运动作为一场知识运动，强调理性的科学精神为一切价值观念重建知识的基础。当时人类的知识体系中，记忆主要涉及的就是历史知识，但历史又是局限于自然的历史。显然启蒙运动初期的历史知识依附于自然知识，直到启蒙运动后期历史主义兴起，历史知识才逐渐获得重要地位。1789 年法国大革命造成了文物与纪念物的毁坏和消失，却激发了文物保护意识的觉醒，历史知识的观念与价值受到重视。18 世纪后期到 19 世纪初期，历史知识的发现，激发了文化遗产保护观念与公共博物馆机构的诞生。

这个时期，欧洲皇室收藏转型成为博物馆，这便是文化遗产从破坏主义到保护主义的产物，法国巴黎的卢浮宫就是最佳案例。这座皇宫的建筑及其文物与艺术作品，革命初期都曾面临拆除与烧毁的威胁，但在被赋予文化遗产的意义与价值之后得以保存，日后成为向公众开放的博物馆。保护主义的主要观点是：这些文化遗产都是公众的心血与智慧的结果，只不过曾经被皇室贵族占为己有，如今应该保存维护并交还给公众成为公共领域。因此，文化遗产、博物馆与公共领域三者息息相关。

19世纪，博物馆作为掠夺物的保存场所，被污名化；20世纪的两次世界大战导致文化遗产再次面对破坏主义的威胁。1945年二战结束，文化遗产保护思想进入崭新的时代。

三、文化遗产与世界遗产运动

1918年一战结束以后，欧洲就曾出现文化遗产保护的思想，但自20世纪30年代末第二次世界大战爆发，整个世界再次受到战火蹂躏，全人类的文化遗产濒临空前危机。1945年战争结束的初期，世界各国疲于重建，尚无能力关心文化遗产。

1959年，埃及政府计划在尼罗河兴建阿斯旺大坝，这将会造成埃及古文明遗址阿布辛贝神殿永沉水底。为了抢救遗址，联合国教科文组织呼吁各国伸出援手，最后在国际合作下完成两座神殿的迁移工程。为了日后应对类似的事件，1972年11月16日联合国教科文组织于巴黎召开第17次大会，决议通过《保护世界文化遗产和自然遗产公约》，1975年正式生效。这份公约的历史意义主要在于将世界遗产区分为"自然遗产""文化遗产"与"混合遗产"。这是一个超越国家、民族、人种及宗教并以国际合作的方式保存维护人类共同遗产的观念。依据"真实性""完整性"与"突出普遍价值"建立《世界遗产名录》，联合国教科文组织建立世界遗产委员会作为执行机构，推动"世界遗产运动"。

但推动过程中，世界各国都曾处于漫长的强权冷战时代，"突出普遍价值"的标准受到意识形态的支配。20世纪90年代冷战时代结束以后，"世界遗产运动"也曾遭到质疑。因此，文化遗产的观念，仍有赖于人类理性与和平的精神才能引起重视。

第二节 文化遗产的多样化

文化遗产保护理念几乎与公共博物馆同时诞生,例如意大利、法国与德国的博物馆,都是为了保存文化遗产而诞生的。21世纪信息时代中,文化遗产的内涵又被赋予新的内容和更为多元的形式,"数字文化遗产"概念应运而生。数字文化遗产研究致力于通过更广泛的社会文化视角来理解文化遗产与科技的联系。

一、数字文化遗产的定义[1]

"数字文化遗产"融合了"数字技术"与"文化遗产"两个概念,是将两者作为一个综合的整体来理解,既重技术也重文化,其本质是文化遗产的一部分,服务于文化遗产的保护、传承,同时也丰富着文化遗产的内涵。数字文化遗产从广义上来说,即"文化遗产经过数字化之后的产物",这个产物既可以是最核心的信息数据资源库,如文物的形制、尺寸、重量、材质、出土地点、收藏地点等信息的采集和贮存,也可以是可视化的数字形式,如经过精密的扫描和建模之后的数字三维文物、遗址、历史建筑,或由高清摄像机拍摄下来的戏曲表演、工艺技术、民俗活动等,还可以是基于遗产信息重现而在虚拟空间中的展览、游戏等可交互的形式。

---

[1] 曹辰星:《历史再现的数字化路径研究:以文化遗产数字游戏为中心》,上海大学博士学位论文,2021年。

（一）构建术语："文化遗产数字化"与"数字文化遗产"之辨

目前，国内有关"文化遗产+数字技术"领域的研究多数使用"文化遗产数字化"作为标签或主题词，且形式上不固定。"文化遗产数字化"是组合词，"文化遗产"和"数字化"连在一起的完整表达应该是"文化遗产的数字化研究"，重点是在"数字化"上，这两个词也并未真正融合起来代表一个新兴的研究领域。现在若以关键词作为文献检索条件，就会发现它们通常被分成"文化遗产"和"数字化"两个关键词，很少会合二为一。这种实质上的分离使得部分研究容易流于"数字技术"的形式，而脱离了文化遗产的历史文化内涵，难以真正发挥"1+1>2"的作用。我们所提及的"数字文化遗产"概念正是建立在"文化遗产数字化"基础上的。

按照尼葛洛庞帝在《数字化生存》中所说，数字世界就是"比特"（bit）的世界。比特没有颜色、尺寸或重量，能以光速传播，是信息的最小单位，就如同原子之于我们的现实世界[1]。"数字化"有狭义与广义之分，尽管在中文的表达里相对模糊，但英文表达中，比较常用的 digital 和 digitization 都可以译为"数字化"，在使用和内涵上却存在差异：狭义上的"数字化"应是 digitization（形容词形式为 digitize），是指从实物创建的或把数据、信息从模拟形式转换为让计算机可以识别读取的 0 和 1 的二进制形式的过程，因此，其实际内涵是"数字化转换"，在外文文献中的使用也比较明确集中在诸如使用三维扫描技术记录文物、用高清摄像机拍摄记录等关于"转换"的研究。广义上的"数字化"应为 digital，其最初的含义是"手指的、脚趾的"，后来引申出"数字、数码、数位的、数字化"的含义并被广泛使用，

---

[1] 尼葛洛庞帝：《数字化生存》，胡泳、范海燕译，电子工业出版社 2017 年，第 5 页。

在有关"数字化"的英文文献中是使用频次最高、覆盖面最广的,不仅包含"转换",可以说以"比特"为基本单位的一切相关事项都可以使用 digital 来说明。

需要注意的是,还有一个重要概念——"原生数位"(born digital),也可译为"原生数字",是指从一开始就直接由数字形式产生的、而且也只以数字形式存在的资源。另一个相关的词 digitalization(形容词为 digitalize),亦可译为"数字化",但使用频率较低。从实际使用情况来看,digitalization 并不仅仅指数字化转换的过程,还包括对数字转换数据和数字原生数据进行数字化管理,可以理解为对经过数字化转换的信息赋予价值,以更好地使用数字信息,因而其内涵或可解释为"数字化升级"或"数字化融合",介于"数字化"的广义与狭义概念之间。

那么在中文表述中如何区分这种广义与狭义之分呢?在人文领域比较常见的做法是,在早期研究或侧重技术讨论时使用狭义的"数字化"概念,用"××数字化""数字化××""××的数字化"表达,比如"图书馆数字化""博物馆数字化"等;当发展到一定程度,数字技术介入的领域更深更广之后,从整体角度探讨"数字化"时采用广义的概念,以"数字××"表达,比如"数字图书馆""数字博物馆"等。从术语学角度来说,诸如"××数字化"这样形式不确定、表达上不便捷的专业词汇属于初步的术语,在发展到一定阶段后,将成为固定形式的术语,或是被更正式的术语取代。

文化遗产领域早期数字化建设的发展强调的是保护和保存的目的,通过数字采集、记录文化遗产本体的信息,转化为数字形式,以备未来的保存与利用,即重点是"转换",数字技术主要是起到"工具"的作用。早期很多学者对此下了定义,如吴建平等认为文化遗产数字化"是将文化遗产通过技术手段转换成数字化形态,充分应用 IT 技术对其进行数字勘探、挖掘,使其重现和再生,并通过多媒体数据库技术得以永久保存后,利用互联网向世界传播"[1]。若以物质文化遗产为对象,文化遗产的数字化研究通常重在文物保护方面,特别是保存与修复,因而周明全等给出的定义是"利用当代测绘遥感和计算机虚拟现实技术,以数字化方式将文化遗产的全部动产和不动产真实、完整地存储到计算机网络,实现真三维数字存档,供保护、修复、复原以及考古研究和文化交流使用"[2]。

以上定义的重点在于信息采集、数字转换、数据保存,与当时"文化遗产的数字化转换"的实践工作是相符的,学界也开始以"文化遗产数字化"作为指代相关研究的标签,通常以"cultural heritage digitization"作为其英文翻译,而中英文表达上都指的是狭义的"数字化"。这在2010年前后都是非常合理的,从术语学的角度,"文化遗产数字化"也应属于初步的术语。随着数字技术应用面的扩大和深化,文化遗产的数字化已经不仅仅停留在狭义的"转换"阶段,从英文的角度看,已经从"digitization"(数字化转换)走向了"digitalization"(数字化融合),甚至应该用包含面更广泛的"digital"来表示。

广义上的"文化遗产数字化"是指通过使用数字技术手段,对文化遗产本体进行信息采集、记录、数字储存、数据处理,建立可共享的标准化体系,并在实践研究中运用虚拟文物修复、后台调控等保护、管理技术,以数字化展示手段虚拟再现遗迹、文物、民俗、传统技艺等,充分开发数字资源在实践和理论研究中的价值,达到文化遗产的保护、传承和利用的目的,创造出专业研究、公众共享的多维度立体环境,实现文化遗产领域的数字化转型。若将"文化遗产数字化"以"文化遗产"加上广义上的"数字化"概念来理解,在表达上就存在误区,有学者针对"文化遗产数字化"(heritage digitization)这一用

---

[1] 吴建平、王耀希、代红兵:《文化遗产数字化应用平台的技术构建》,《计算机应用研究》2006年第8期。
[2] 周明全、耿国华、武仲科:《文化遗产数字化保护技术及应用》,高等教育出版社2011年,第2页。

法的局限性做过探讨,认为这一表述已不能涵盖"文化遗产"与"数字化"跨界融合的新兴研究领域的内涵,指出应使用"数字遗产"(digital heritage)来替代[1]。

第一,文化遗产国际保护体系的建立是基于联合国教科文组织通过的一系列公约和规章。2003年,联合国教科文组织除了非遗公约,还通过了《保存数字遗产宪章》(*Charter on the Preservation of Digital Heritage*),其中对"数字遗产"的定义为:"以数字方式生成的或从先有的模拟资源转换成数字形式的有关文化、教育、科学和行政管理的资源及有关技术、法律、医学及其他领域的信息",强调了对原生数位的优先保护。文化遗产经过数字化转换后的数字资源,或在利用数字技术进行保护利用工作时创造的原生数位资源,都是符合"数字遗产"定义的。但是在2005年美国"艾斯沃斯家人与雅虎公司的官司"关于电子邮箱账号继承权纠纷之后,"数字遗产"研究的热点转移到了以互联网虚拟空间中数字财产和网络权益的继承问题上。

第二,狭义的"数字化"的概念和"原生数位"是有区别的。"文化遗产数字化"无法从广义上将两者包含其中,而"数字"(digital)则可以。"文化遗产数字化"是站在研究者、从业者角度提出的,是单向维度的。如今互联网的普及为公众的文化活动提供了平台,公众正在越来越多地利用数字媒体等方式介入其中。在这一方面,"数字文化遗产"比"文化遗产数字化"涵盖面广、包容性大。

第三,"文化遗产"本身是一个跨学科的复合概念,基于历史原因、不同载体和实际分管的需要,文化遗产被划分为不同类别,客观上造成了在保护、研究和开发中不同类别文化遗产间的分离。数字技术介入之后,从技术哲学的角度看,无论是物质文化遗产、非物质文化遗产或是记忆遗产的数字资源都拥

---

[1] 贺艳、马英华:《"数字遗产"理论与创新实践研究》,《中国文化遗产》2016年第2期。

有了一个共用的基本单位——比特。如果说文化遗产领域的整合难度有现实原因，那么在数字领域整合文化遗产，将其作为统一的"数字文化遗产"来理解应该是更有操作性和必要性的。

（二）目的之分：虚拟遗产与数字文化遗产

另一个与数字文化遗产相关的概念是虚拟遗产。虚拟遗产的定义有多种。2000年，罗伯特·斯通和小鹿丈夫就提出虚拟遗产是"利用计算机交互技术记录、保存或重建具有历史、艺术、宗教和文化意义的文物、遗址和行为主体，并通过基于时间和空间的电子操作，将结果公开地传递给全球观众，从而提供形成性的教育体验"[1]。埃里克·钱皮恩认为可以在此基础上扩大虚拟遗产的定义以覆盖联合国教科文组织关于非物质文化遗产的概念，他还指出虚拟遗产并不只是对曾经存在的东西的再现，仅仅重现文物是不够的，还必须向公众传达这种文化遗产的重要性，即为什么要保存这种文化遗产："虚拟遗产是通过使用交互式和沉浸式数字媒体，不仅试图传达文物的外观，还试图传达文物以及设计和使用它们的相关社会机构的意义和重要性。"他指出：第一，虚拟遗产总被认为是将虚拟现实应用于文化遗产，但虚拟现实技术还在不断变化，并非稳定的媒介；第二，虚拟遗产的目的通常是展示技术，而有关的机构并不一定能负担极高的开发成本和时间成本；第三，人们能够找到、访问和多次使用的虚拟遗产环境非常少。他建议将数字文化遗产本身与虚拟遗产分开，后者的目的是传达为什么遗产需要被保存，虚拟遗产的特点是更加模块化，更具稳健性和灵活性，避免固定的叙事和单一的展示方式，而是以数字文化遗产为基础，建立一个更加开放和可定制的框架，而不是试图一次性进行交流、传播和

---

[1] R. Stone, T. Ojika, Virtual Heritage: What Next?, *IEEE Multimedia*, 2000,7(2).

保护[1]。简而言之，虚拟遗产以展示和传播数字文化遗产为目的，而数字文化遗产则是一个更具广泛性的概念。

（三）数字文化遗产的物质性

从物质文化研究的角度来看，数码/数字是具有物质性的，并且虚拟与真实也并非绝对对立，丹尼尔·米勒与希瑟·霍斯特概括的数码人类学（digital anthropology）的六大基本原则之一即为"数码世界的物质性"。他们认为："社会秩序的本身必须依赖于物质秩序。物质世界即文化造物，包括了所有内在的人与人、人与物、物与物的关系所产生的规则秩序，而若不是通过物质世界的社会化，人无以为人。人造物实际上也不仅仅表达了人的意志。"因此，物质性是数码科技的根基[2]。

那么，如何理解数字文化遗产或者说文化遗产在数字形态下所具有的物质性？首先，可以一个简单的例子来说明：货币的诞生与演变。从以物易物到使用货币，是人类对物质的一次抽象化处理的有效尝试，一个新的媒介诞生了。中国最初使用自然货币——贝币，青铜冶炼技术出现之后，人工铸币逐步取代了自然货币，金属货币的衡量标准是质量，至宋代时通货膨胀、铜料紧缺，在造纸和印刷等技术革新的背景下出现了最早的纸币"交子"，这是将衡量标准从质量变为数量的一次重要尝试，至清代末年纸币完成了融入主流货币的转变。伴随着信息技术的发展，近几年移动支付、电子支付形式十分流行，尽管人们最初对这些数字货币有安全性的顾虑，在经历了一段时间后，如今不管是线上虚拟交易平台或是线下商铺，人们使用电子支付形式已经非常普遍，支付

---

[1] Erik Champion, Entertaining the Similarities and Distinctions Between Serious Games and Virtual Heritage Projects, *Entertainment Computing*, 2016.

[2] 米勒、霍斯特主编：《数码人类学》，王心远译，人民出版社2014年，第33页。

行为更多是通过手机，纸币的使用频率正在降低。除此之外，更有比特币等完全基于节点网络和数字加密算法的虚拟数字货币的崛起。"无形的数字"抽象地等价于有形的纸币，并以此置换有形的资产，因而具有物质性。

通过这个例子，数字文化遗产的物质性以及文化遗产与数字文化遗产的关系就清晰多了。现阶段，以信息为着眼点，数字文化遗产可以理解为文化遗产在虚拟空间中的"摹本"或复制品，其目的在于保存、传播本体信息，提供公众一个更宽松的可互动的历史知识媒介。在未来，当本体消亡之后，这些数字资源将成为最后的"藏品"。

（四）文化遗产信息

历史和文化遗产的本源是信息。传统史料以文字信息为基础，而博物馆最初以实物（尤其是可移动文物）为中心的藏品概念打破了这一基本历史叙事方式，公众可以绕过专业性的历史文献、考古报告等材料直接观看到文物，得到直观感受。但博物馆空间有限，公众只能接收经过选择的碎片化信息，受"生态博物馆"理念的影响，博物馆中开始出现组合式藏品，以补充藏品的联系性信息。随着非物质文化遗产的加入，藏品概念从"物"扩展到了"非物"，与口述历史、非遗等有关的具档案性质的录音材料、视频材料成为新型藏品，这些都能让公众更好地接收历史知识。遗址博物馆的发展速度很快，遗址以及遗址中的文物的埋藏属性和考古学情境得到了一定程度的保留，数字多媒体技术也在遗址博物馆中很常见，作为历史原生地，其在满足观众参与、探索、旅游等方面都有所增色，当然这也给遗址保护带来压力，除了自然风化因素之外，参观人流量过大、商业化过度等问题都使遗址面临更多威胁[1]。在一些遗

---

[1] 徐峰：《藏品概念的扩展与遗址博物馆的兴起——基于公众史学的视角》，《青海民族研究》2016年第2期。

址公园，为了让观众可以更加直观地感受历史建筑的规模和结构，对那些只剩下基槽、柱础等残迹的大型建筑进行复原模拟展示，一般是在原发掘基址上填土，在其上一定高度处依原基址轮廓形态夯筑砖砌，这种方法虽然可以保护遗址本体，但并不利于后续的考古研究[1]。如果在后续的研究中有新的发现，那么先前已经完成的复原工程要如何处置就会陷入尴尬，如果不能及时反映最新的研究成果，那么利用复原建筑向公众传达知识的效果就大打折扣，甚至会传达出错误的信息。即使可以对其重新整修，也需要花费大量的时间、人力、物力，甚至也可能会对原基址的保护构成潜在威胁，成本和风险都需要评估，而且研究发现是持续进行的，对实体模拟建筑的改造很难一直保持不断更新的状态。相比较而言，对于一些学术上尚未有定论，或者复原模拟的实地条件并非绝佳的遗产地，数字化的复原模拟无疑是更优的选择。当然，目前的许多博物馆、遗址公园都有实地的数字复原模拟项目，最常见的有影院中播放3D模拟场景的纪录片、宣传片，用VR头戴设备720度观看全景遗址，供青少年儿童学习玩乐的一些简单的数字小游戏等，这些数字项目通常存在现场设备损坏率较高、更新率低的问题，加上由于空间限制和人流量大的冲突，许多时候并不是每位观众都有机会去使用这些项目，更重要的是数字项目并没有很好地发挥更新迭代效率高的优势，最前沿的研究成果没有得到更多的展示。

公众获取历史信息的方式得到了极大的拓展，但不可避免的是，在这种"展示—参观"的过程中，公众始终扮演着信息接收者的角色，他们很难拥有主动挖掘知识、表达观点的机会，同时，哪些信息得以呈现，哪些信息只能隐于幕后，这是公众难以知晓的。由于公众是被动的一方，信息输出是单向的，因此，文化遗产领域注意到了发挥公众主动性的重要性，博物馆会设置"魔

---

[1] 黄可佳、韩建业：《考古遗址的活态展示与公众参与——以德国杜佩遗址公园的展示和运营为例》，《东南文化》2014年第3期。

墙"等装置来为公众主动探索信息提供条件。

二、数字文化遗产的博物馆应用历史

最初在博物馆领域使用的自动化主要集中在藏品管理和博物馆文件归档这两种后台功能上[1]。早期的博物馆计算机运算手段需要在基础设施、资金和人力方面有较大投入：博物馆计算机应用无疑是一项资源密集型业务。美国史密森学会很早便着手建立项目团队，考虑如何最好地利用数字机遇，将自动化应用到博物馆实践中。1967年由美国史密森学会开发的SELGEM（自动生成大师），截至1976年有超过60家机构使用这个平台。史密森学会通过SELGEM计划，率先实现了主机运算形式的自动化。SELGEM是一套用于管理博物馆注册和文件归档的程序，由33个独立的程序组成，使用键控穿孔机进行输入，免费用于博物馆界，在当时作为"博物馆通用信息管理解决方案"。有学者总结了早期博物馆的计算机应用历史："像早期的电脑一样笨重，周围散发着一种光环。人们觉得它们很神奇：操作它们的人，被看作拥有超凡科学技艺的现代巫师。电脑是地位的象征——是让人能够自豪佩戴的徽章，拥有一台电脑的博物馆向全世界宣告，它们终于进入了21世纪。博物馆工作人员将电脑视为电子聚宝盆，里面装满了治疗博物馆每一种疾病的药物。"[2]

20世纪70年代，微型计算机投入使用，其成本降低、应用自动化所需资源减少。博物馆在自动化和技术相关性方面的急于求成，加上使用微型计算机，导致项目实施的失败案例增加。有学者认为，这些失败案例一定程度上是因为规划不当或试图将模拟/手动系统直接转换成新的数字环境而造成

---

[1] Paul Williams, A Brief History of Museum Computerization, *Museum Studies Journal*, 1987(1).
[2] Paul Williams, A Brief History of Museum Computerization, *Museum Studies Journal*, 1987(1).

的。整个 20 世纪 80 年代，由于缺乏可供博物馆用作信息体系结构基础的标准化、即用型的程序，人们开始关注标准的制定。博物馆协会信息检索小组（IRGMA）、博物馆发展协会（MDA）成立了国际博物馆协会跨文化文献中心（CIDOC）。

数字遗产涉及数字基础设施建设，同时也关乎人们与数字物品的接触方式。博物馆计算机应用的兴起不仅能追溯有形的东西，比如在博物馆实践中对硬件和软件的使用，而且还能追溯到第一批博物馆计算机应用特殊利益群体的发展状况。

早期对这些系统的使用是有争议的。到底是选择使用一个量化的数据管理框架，还是选择当时被认为是一种截然不同的能够支撑博物馆实践的人文意识形态，这样的争论随之而来。后来计算机应用的发展推动了标准化和形式化环境的形成[1]。用户曾有过这样的担心：博物馆计算机应用将导致策展实践基本上被简化为代码编写。因此，在博物馆计算机应用的历史发展中，我们能看到一个清晰的进程：通过标准的制定，博物馆计算机应用从后台功能出发，接着走向前台的博物馆体验和互动，接着再次返回后台去影响实践。

三、数字策展

数字遗产在收集和策展上面临着巨大的问题。基于技术提升的复杂性和多样性，这个时代面临的重大挑战之一是如何确保数字信息能够随着时间推移而一直被访问。博物馆不得不将其藏品进行数字化并置于网上，这种数字

---

[1] Paul Williams, A Brief History of Museum Computerization, *Museum Studies Journal*, 1987(1).

化的必要性，使文博机构似乎正在"积极"地堆出一座"数字垃圾填埋场"。有学者指出："所有媒体都会产生存储问题：不断增加的照片、录音、电影等，这些东西都必须存在某个地方。这不仅仅是一场存储危机，更是一场知识危机——如何去理解堆积在博物馆和档案馆中多到难以想象的东西。"[1]

如何吸引合适的人员从事数字遗产工作则是另一难题。如果博物馆的研究教育计划没有把对专业知识的需求当作一件头等大事，那么策展专业化就无从谈起。这还可能会对战略发展带来负面影响，并且危及博物馆专业人员的未来发展。对未来能否访问数字信息的担忧催生了一门新学科——数字策展，其起步于20世纪90年代[2]。在这一背景下，"策展"一词的使用非常具体，它不仅包括藏品管理，也包括"保存"的概念，也就是说，确保公众将来能够保留并访问数字信息。这个被数字保存领域所应用的"策展"模式，主要受到跨国研究项目的影响，并获得了北美和欧洲的资源支持，它标志着一门新学科的形成，吸引着资助机构的支持，是一项成功的举措。

数字策展作为一门新学科，影响着传统的博物馆、美术馆、图书馆、档案馆，其相关专业课程的发展证明了这一点。北卡罗来纳大学教堂山分校的一个团队从2006年开始便致力于开发出一套数字策展课程。最新的课程建设活动重点以"数字策展人职业教育欧洲项目"对策展从业者进行培训。

然而，这些发展新学科的举措（该学科专注于在所有类型的文博机构中对数字展品进行管理和保存），对现有的专业技能提出了质疑。特别是那些习惯了与博物馆实体展品打交道的从业者，他们是否能将自己的技术和专业应用到数字环境中的虚拟展品上去？似乎存在这样一种趋势：那些负责藏品保存的人，即便在数字保存方面发展出了一项新特长，但还是会把注意力局

---

[1] Michelle Henning, New Media, In *A Companion to Museum Studies* Malden, MA: Blackwell, 2006, p.308.
[2] S. Higgins, Digital Curation: The Emergence of a New Discipline, *The International Journal of Digital Curation*, 2011(6).

限在实物问题上。令人担心的是，在博物馆、美术馆、图书馆和档案馆等文化遗产机构中，关于实践趋同的言论似乎越来越多，这些言论事实上可能掩盖了实体展品策展人员和数字展品策展人员之间根本责任的不同，从而引发分歧。

就像以藏品为中心的思维和保存方法一样，对原生数字遗产的记录遵循着一种固定不变的模式。这种模式作为一种层层递进的控制和管理模式，其基础在于对藏品信息进行记录。对原生数字遗产的描述方式模仿了卡片编目方式，使用了诸如制作人、媒介描述、日期、意义以及目的等类别。这种方法所带来的结果就是产生了对社会记忆的分类式和常规式的采样方式。这套程序的目的是将数字遗产制作成标准化展品，并详细介绍其固有特征、特性和属性（注重于视觉和文本元数据）。例如，澳大利亚悉尼应用艺术与科学博物馆收藏的530张数码照片，记录了2013年悉尼会展中心拆除前的模样。这些照片就是一种数字记录，而它记录的是一个在现实中已不复存在的事物。因此，这些藏品就是信息数字化。这些数字图片通过对展品进行说明，明确了以下信息——制作人Stephen Pierce和James Kenny的信息；展品材料：数字格式；地点：悉尼达令港，时间：2013年；等等。其元数据和取样形式遵守以下几个固定的常规类别：制作、历史联系、描述以及注册号[1]。这些类别反映了悉尼会展中心的拆除、其设计和建筑元素、其建筑物历史和使用背景的记忆痕迹。所有这些作为数字化信息的元数据都被视为数字展品的一部分，必须将其保存。这些元数据同时还是授权的历史数据，而且具有保存和传播的必要性，因而它同时也变成了遗产数据。这些元数据需要得到维护，它们通常很少变动，对于制作原件的核心流程来说，它是不可或缺的。

---

[1] Museum of Applied Arts & Sciences, Sydney Convention Centre Photographs, Photographed 2013, http://www.powerhousemuseum.com/collection/database/?irn=475995.

美国国会图书馆的9·11数字档案馆保存了恐怖袭击发生后，美国以及世界各地的人们、团体、媒体以及机构就此发表的网络言论。藏品包括当时被困在世贸中心南塔的一些员工给亲人们发送的私人邮件，许多人幸存了下来，并且同意档案馆将他们的邮件进行保存并对外公开。对这种在线遗产的记录使用了类似于悉尼会展中心数字化信息的格式。通过对这些网络言论进行分类式记录并将它们制作成一件文物（遵循与卡片目录相同的规则），它们便被制成了标准展品。如世贸中心幸存者Kenton的电子邮件成为该事件的记忆痕迹和证据：对该邮件的分类是根据数字签名（邮件）、来源（原生数字）、内容、注册标识符以及代码或输出格式（只读记录）进行的。

email497.xml [1]

标题

email497.xml

来源

原生数字

媒体类型

邮件

由作者创作

未知

由作者描述

是

录入日期

2002-08-20

---

[1] The September 11 Digital Archive, "email497.xml", http://911digitalarchive.org/items/show/39760.

9·11邮件：正文

嗨，

我很好，我在世贸中心（还立在那的那座）工作，当南塔倒塌时我跟许多其他人一起成功撤离了出来。

爱你，再联系，Kenton

9·11邮件：日期

2001年9月11日星期二，上午10:23（美国东部时间）

9·11邮件：主题

我还活着，没有受伤，现在很好，我成功从世贸中心撤离了。

收藏

9·11数字档案馆邮件

引用

9·11数字档案馆的"email497.xml"，访问于2016年10月10日。http://911digitalarchive.org/items/show/39760.

输出格式

- atom
- dc-rdf
- dcmes-xml
- json
- omeka-json
- omeka-xml

对邮件进行的记录记载了构成这些邮件的素材和形式，而这两者共同代表了邮件的基本特征或技术本质。从对这些邮件进行描述的那一刻起，这就具备了一种创造环境，一种单一的、固定的记录及文物应运而生，并正式被收入在博物馆目录中。对历史媒体和历史格式的记录是原生数字保存与归档的概念基础。为了实现对原生数字的保存和归档,对照片和邮件的记录还涉及代码,这一点与模拟藏品或实体藏品中对材料的描述方式相同。分类、排序及描述等策展实践,试图管理和固定住移动与发展变化的内容,但与此同时也记录下它们的原始格式,以便在需要时能够再次访问它们。虽然以上两个例子中,它们的描述性元数据都涉及动态坐标(例如代码和输出),但它们还是各自被描述成了单独的、不交互的元素,并且反而成了构成邮件的素材与技术细节的文本记录。

记录和描述都是根据预先设定的类别和元素按顺序排列的,以便对其原始出处的详细信息、内容描述及技术细节(如分辨率、文件类型、格式、与其他文件的联系、位置)进行维护。作为一种记忆痕迹,其存在于记录中的文本呈现结合了符号信息、历史信息及素材顺序,而不仅仅是对数据流和描述符进行储存。

(一)案例1:美国现代艺术博物馆(MoMA)网络

坐落在纽约曼哈顿中城的MoMA是现今展览数字化开发程度最高、学术史意识最强的艺术博物馆之一。作为一座以"现代"为目标的艺术博物馆,MoMA对新技术的吸收和运用几乎出于本能。早在20世纪30年代,博物馆已经开始借助纽约丰富的大众媒体资源向社会推出广播。1939年,借由(美国)全国广播公司的平台,MoMA为观众提供了一场阿尔弗雷德·巴尔和纳尔逊·洛克菲勒的直播对话,两人在电视中讨论了馆藏布朗库西的雕塑。作为对其电影资料库的补充,1952年,MoMA还曾短暂地开发过一个电视方案。考虑到互联网对吸引年轻人、拓展公共教育和增强全球影响力的作用,MoMA对网站建设方面的重视程度并不令人意外。

在 MoMA 官网的主页中有三个分区，分别是"参观""展览在线"和"艺术与艺术家"。三者的功能各不相同：第一部分"参观"履行博物馆官网的基础服务功能，向那些打算实际前往博物馆的游客提供其所需的在线购票、交通信息、就餐场所和旅行建议；第二部分"展览在线"立足于博物馆组织活动功能，以日历为线索，向浏览者呈现过去和未来的展览、放映、表演计划以及其他活动信息等；第三部分"艺术与艺术家"则充分发挥线上博物馆的公共教育职责，向社会公开其馆藏的数字作品、艺术家信息、音视频和艺术条目等。

为了更好地突出其网站"虚拟博物馆"的特色，此处重点介绍后两个模块。首先是"展览在线"部分。

表 4-1 "展览在线"的栏目划分

栏 目	内容及特色
事 件	以日历的形式呈现一年内的活动安排，包括所有的展览、放映、表演和研讨会等日程
在 馆	以地点为划分标准，分别呈现两个场所（MoMA 和 MoMA PS1）的活动安排，包括所有的展览、放映、表演和研讨会等日程
影像系列	单独列举影像放映计划
表演规划	单独列举艺术表演计划
展览史	可让观众自由浏览从 1929 年至今 MoMA 举办过的 5 050 个线上展览，项目总数仍在增加中

如表 4-1 所示，前四个栏目让观众可以依照个人需求，以时间或地点为条件自主安排参观的日程，这依然是以实地访问为基础的。值得注意的是最后一个栏目"展览史"。观众可以凭借关键词检索或按时间的正序或倒序线索，自由浏览超过 5 000 个 MoMA 的线上展览，时间自 1929 年该馆的首次展出一

直延续至今，跨度超过 90 年（图 4-1）[1]。

所有在线展览的主干部分均由简介、展场照片、作品、艺术家和出版物五项常态化内容组成，统一的框架既能够保证网页视觉和逻辑的统一性，又方便观众在浏览中快速获取所需信息。对于年代较久远的展览，只能依托文献和照片进行数字化还原，因此出版物（清单和图录）就成为再现展览的重要一环。在这些展览的页面中，MoMA 为观众提供下载全部文献的影印版。针对距今不远的艺术展，由于其衍生的出版物往往处于在售状态，网站上仅提供下载样章。

在"展场照片"部分，MoMA 做到了将在线展览与数字化馆藏相结合。每张在底栏显示"work identified"（作品已辨识）的展场照片，都意味着其中拍到的某些艺术品已经被识别。美术馆在这样的作品上添加了超链接图标，打开页面可看到清晰的配图以及更详细的作品介绍和版权信息，这为观众提供了将展览中的单独作品与其作者、理论背景和更多同类题材结合起来的艺术史视野。在这一过程中被使用到的技术是对"展场照片"中的作品进行自动图像识别，这源自 2018 年 MoMA 与谷歌艺术与文化实验室的合作。

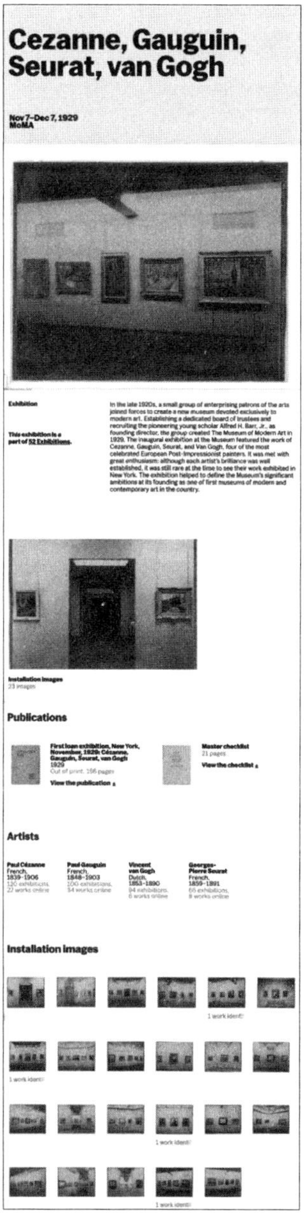

图 4-1　MoMA 网站在线呈现的 1929 年的展览

---

[1] https://www.MOMA.org/calendar/exhibitions/history.

在该合作终止后，图像的识别工作则由 MoMA 的员工完成[1]。

接下来是"艺术与艺术家"部分（表 4-2）。

表 4-2 "艺术与艺术家"部分的栏目划分

栏 目	内容及特色
馆 藏	收录 86 188 件数字作品，其中 75 171 件带有图像
艺术家	收录作品被 MoMA 收藏或曾参与其展览的 12 151 名艺术家的信息
语音导览	提供 10 种语言的语音导览，包括策展人和艺术家本人的录音等
艺术词条	收录技艺、媒介、艺术运动和其他可能在网站上出现的 180 个艺术词条

1929 年至今，MoMA 来自全世界的现当代艺术品的数字化馆藏达到了近 20 万个，作品的时间跨度达 150 年，门类也在不断扩大，包括绘画、雕塑、版画、摄影、建筑、设计、电影、媒体和表演艺术等。MoMA 公开了 86 000 多件艺术品、26 000 多名艺术家信息、180 个艺术词条以及多种语言的语音导览项目，访问者既可以按照关键词搜索特定的词条，也可以按日期或类别进行浏览、筛选，以获取所需内容。

MoMA 的经验首先在于打破原有的思维局限，即不止于将数字化技术用来"延长"现有展览的展期，更是将其视为一种主动回溯的学术工作，通过拉长展览的时间性维度，将"保存展览"的行为转变成"构建展览史"，这体现出了相当的学术敏感度。此外，通过为展览中的单独作品附上链接，MoMA 还弥合了在线展览与数字化馆藏的界限，便于访问者实现从局部到整体、由单个主题到总体艺术领域的主动式学习。

---

[1] 更多信息可于 MoMA 官网获取。

(二)案例2:泰特美术馆(TATE)网站

TATE于1897年首次向公众开放至今,共包括四个分馆(泰特英国、泰特现代、泰特圣艾夫斯和泰特利物浦),收藏作品近7万件,收藏范围是从1500年至今的英国及世界其他地区的现当代艺术品,其宗旨是"增进公众对16世纪至今的英国艺术以及世界现当代艺术的欣赏与理解"[1]。其官方网站"泰特在线"自创立伊始,就被用于不断增强美术馆在数字战略方面的努力(图4-2)。从2010年开始,TATE出版了大量有关其数字化进程的文档。例如2010—2015年间的《泰特数字战略报告》系列、汇报其在数字化和社交媒体平台方面表现的年报以及在官网上公开的相关文章。一切都如同约翰·斯塔克在《2013—2015年度泰特数字战略报告:数字是一切的维度》中所宣布的那样:

图4-2 泰特官网子网站"泰特图像"的主页(2020)

---

[1] https://www.tate.org.uk/about-us.

"数字化不再仅仅是一个容纳博物馆技术人员的部门。现在，泰特的所有部门都将数字化进程作为其战略的一部分。"[1] 直至今天，该网站的存在已经是美术馆当之无愧的"第五画廊"。

出于在互联网方面的活跃尝试，泰特官网在模块设置上具有相当的灵活性。网站主要有三个分区：艺术与艺术家、展览与事件、泰特儿童。

以"学习艺术家的生平及其作品背后的故事"为目的，第一分区"艺术与艺术家"的主要内容即是向公众提供各种综合而自由化的艺术探索，具体栏目见表4-3。

表4-3 "艺术与艺术家"分区中的栏目划分

栏 目	内容及特色
集 锦	重点推荐近期展览、活动、文章和影像等综合内容
馆藏艺术家	介绍被美术馆收藏的艺术家信息，主要形式包括研究和采访等，同时提供专门面向儿童的推介性文章
创 作	指导艺术创作的观念、技巧和基础步骤
播 客	提供美术馆的广播服务：通过将音频内嵌于主题性文章之中，再配合文字、图片、视频和超链接呈现相关艺术史内容
艺术词条	收录关于各类艺术运动、风格和技术等的400多个艺术词条，可供自由检索或按字母顺序浏览
深度挖掘	提供艺术史的深度视野，包括论文和专题栏目等

拥有开发度极高的检索系统是泰特网站的特色，这充分体现在官网的第二分区"展览与事件"中，该页面可让观众依照自身需求对内容、地点、时间、观众、价格五个模块进行勾选，从美术馆所提供的百余场活动中筛选出合适自

---

[1] John Stack, Tate Digital Strategy 2013-15: Digital as a Dimension of Everything. *Tate Papers*, 2013(19).

己参与的活动。除此之外，泰特官网自带的检索引擎能够向访问者提供77 645件艺术作品、22 729件档案内容、25 807项展览与活动、4 279名艺术家、152项陈列展、107个音视频和70处地点的检索结果。

TATE更看重的是艺术资源本身，而相对没那么重视对展览史的复原。观众需要在搜索栏输入"display"（陈列）才能得到近似于"展览在线"的结果。若想还原某个非常设展的现场情况，观众便只能通过购买出版物，或从官网下载策展手册。

向数字化资源迈出更远一步的是其子网站"泰特图像"的建立。这是一个由其集团搭建的、独立于其美术馆官网运作的艺术品检索系统，主要目的是扩大TATE的品牌效益。这一网站让检索变得更加专业化，并为单独作品提供自助付费的高清图像下载和版权服务。

泰特官网的最后一个分区是献给儿童的，提供儿童在线的手工教程、趣味游戏、艺术史课程和儿童画廊。

（三）案例3："故事视界"网站

博物馆的叙事，是根据隐藏在一系列馆藏物品背后的故事（事件）和情节（事件之间的联系）来解释它们之间的联系。故事和情节之间的联系，可以通过实体空间中物品的分类和摆放位置作巧妙的传达，或通过书面文字呈现，如反映在博物馆的藏品目录上。博物馆叙事的其他案例，还包括参观行程、语音导览、教学活动和宣传册页。

博物馆专业人员可以在"故事视界"网站上创作博物馆的叙事。"故事视界"网站可以从一个基本的故事中衍生出多个不同的叙事，使博物馆的专业人员无须每次都根据不同类型的叙事重新创作一遍故事。

"故事视界"网站除了能采集故事里的物品和主题，还能根据不同的独立事件创作故事，并通过情节把事件联系起来。网站使用不同的属性和数值来描述独立的事件，为浏览故事和实现部分可视化提供了更多选择。

使用"故事视界"网站，博物馆不同分工的专业人员可以共享相同的工作资料，还能提出各自的解读。策展本体模型（curate ontology）所建构的故事、情节和叙事模型，同样反映了"故事视界"创作环境的体系架构。

这点反映了故事、情节和叙事之间的差异，与查特曼等结构主义者有关叙事的论点是一致的。由于"故事视界"网站运用的方法旨在采集所有与物品有关且能被讲述的故事，因此在编组和排定博物馆附属内容的过程中，需要依据故事构建及叙事的原则。这就与其他按照元数据（诸如艺术家、时间或地点）的相似性来搜索和排序博物馆内容的方法恰好相反。因此，"故事视界"网站不仅能为用户搜索单件藏品或搜索涵盖多件藏品的展览故事提供帮助，而且还能让观众看到展览背后的故事，并根据自己的兴趣或视角进行二次创作。

1. 建立档案卷宗

"故事视界"网站的主要工作空间叫作"档案卷宗"（dossier），作者们可以收集他们想要在故事里讲述的收藏对象。如图4-3是反映艺术史学家丹尼斯·马洪的生活和艺术类收藏的档案卷宗，由爱尔兰国家美术馆上传至"故事视界"网站。

档案卷宗里的每件藏品都有至少一个与之相关的、从不同角度讲述的故事，故事的内容可能与作品的创作时间、创作方式、创作灵感或是表现的寓意有关。图4-4是关于17世纪早期艺术家圭尔奇诺作品《圣海伦娜和她的两个女仆》的故事。可以看出丹尼斯·马洪对圭尔奇诺很感兴趣，并认为这幅画也是艺术家日后创作的灵感来源。其他与画作有关的故事，还有圭尔奇诺在创作时运用的笔墨，或是圣海伦娜的生平故事。

故事建立在这些关系之上，贯穿多件藏品，伴随着情节逐渐成形。一个情

图 4-3 反映艺术史学家丹尼斯·马洪的生活和艺术类收藏的档案卷宗

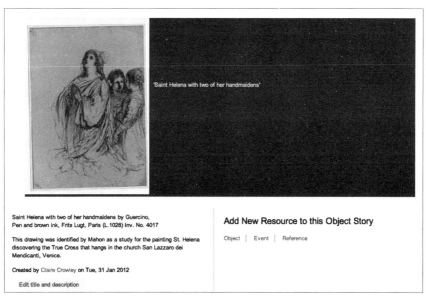

图 4-4 关于圭尔奇诺作品《圣海伦娜和她的两个女仆》的故事

节由多个情节元素构成，而每个元素都明确了事件之间的关系——要么一组事件之间互为联系，要么一个或多个事件影响了另外一个或另外多个事件。以图4-5为例，通过一个情节可以看出巴托洛齐的铜版画是如何受到圭尔奇诺作品的影响的，或是这两幅铜版画是如何通过相同的媒介甚至相同的艺术家来建立联系的。

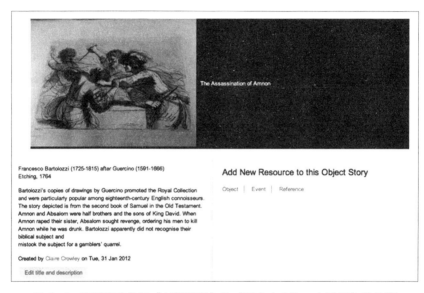

图4-5　巴托洛齐作品《刺杀暗嫩》和《四个女人和一个孩子》的故事

情节是主观性的，因为不同作者对于事件之间的关系，可能会有不同的理解方式。作品《四个女人和一个孩子》的故事文本中有这样一个情节："马洪和特纳在《女王陛下温莎城堡的圭尔奇诺绘画作品收藏》目录中，尝试性地暗示了《圣经》里的两个话题——法老女儿和幼年摩西的故事、撒拉赶走夏甲和以实玛利的故事。"

当确定藏品和情节后，叙事结构决定了最终叙事所呈现的藏品对象顺序。如丹尼斯·马洪的叙事构成就可能专注于前述有关圭尔奇诺／巴托洛齐的情节,使用图 4-4 和图 4-5 所示的三幅画作及其故事内容,来说明艺术家之间的联系。

2. 网站为写作提供支持的推理引擎

"故事视界"网站的推理功能在叙事发展的不同阶段为作者提供支持。提供推理支持的主要领域包括:① 情节支持,推理可以提供档案卷宗中现有的不同事件之间的联系,或根据"故事视界"提供新的事件素材,如当前故事的背景(时间和地点)和故事的主题。当识别新出现的主题时,由于在海量信息中进行人工识别的难度很高,因此可以使用推理分析的方式来鉴别上传到档案卷宗中的藏品事件的写作模式。这项功能可用于推动新的故事情节的发展。② 叙事支持,推理分析会就故事情节的组合方式给出建议,以产生不同的戏剧效果,使事件中潜在的矛盾冲突情节和主题信息得到最佳利用。最终的叙事是以故事事件、主题和情节为基础的内容的有序组合。本体模型使推理分析支持成为可能。

(四)策展:体现事件、情节和叙事

策展本体模型提供了一种表现博物馆叙事以及背后故事和情节的方式。以下讨论推理分析支持所必需的本体模型。

1. 事件

策展本体模型中有两种故事类型:一种是与某件藏品相关的事件;另一种是与档案卷宗里的好几件藏品都有关的故事。故事由独立的事件组成,清楚明晰地反映在策展中。这使单独的事件可以在不同故事中发挥作用,也可在同一个故事中有多个不同的情节。策展本体模型中的事件由标题、说明以及一组用于描述事件的属性组成。

除了年代、所有者/代理人、地点、活动和物品等相对标准化的事件属性外，事件还能描述与博物馆有关的诸如尺寸、材料、艺术史时期和所属流派等属性。通过与博物馆合作伙伴的讨论并基于现有的事件架构，共得出12个属性。

作者可以选择手动输入事件，也可以通过"故事视界"网站中藏品的元数据而获取，或是使用外部元数据资源（如 Freebase 或 FactForge）创建。Freebase 包含源于各个资源网站的结构化信息（structured information），为手动搜索或是计算机搜索都提供了极大便利。在 Freebase 上存有大量艺术家及其相关作品的信息，以及历史人物和事件的资料。FactForge 同样提供了对类似信息的访问，还支持通过计算机对各种可用信息进行推理或关联。未来，从文本中识别的事件（例如作者添加的事件）也可以用于在故事中添加事件。图4-6的概述图，呈现的是档案卷宗中所描述物品、物品故事及其事件和事件属性的本体模型。

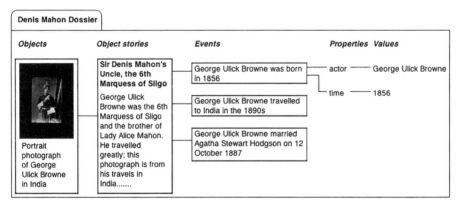

图4-6　档案卷宗的模型

2. 情节

故事情节包含诸多元素，这些元素界定了不同事件的分组，也明确了不同分组之间的关系。最简单的情节元素是相互联系的，这就是一组相关的事件。两组事件之间的关系可以通过"受到影响""受到激励""作出回应""受到启发"这些词语来进行描述。每一种关系都由"因"（source）、"果"（consequence）成分组成。举例来说，一个受影响的情节元素包含由一个或多个事件组成的影响原因，以及由一个或多个事件组成的影响结果。

3. 叙事

故事或叙事可以与单件物品相联系，也可以与档案卷宗相联系。博物馆的叙事有一个结构，体现了各个元素在叙事中的编组形式。比方说，展览的叙事结构就包括将物品分组、规划并放置在不同的展厅，并且同样的结构能转换成宣传折页里各部分的标题。在策展本体模型中，这种叙事结构表现为一组叙事组件，而每个组件都根据其背后故事和情节特征，被安排于叙事里的特定位置。叙事组件由一个或多个叙事元素构成，每个叙事元素都映射到一个故事元素，这可以是单件物品的叙事、一个事件，也可能是参考资料。叙事组件还可以包含子组件，从而创建起叙事的层次结构。

（五）通过主题和情境来建构故事

一个故事既有情境（时间和地点），也有主题，而主题是由故事中的事件所反映的。某个故事的主题和情境设定，数量不一。然而，当一个故事有着多重情境或主题时，通常要进行重新分组，以控制每个特定层级情境或主题的数量。比方说，假若一本书里的事件发生在同一天，那么故事就可以分为早上、中午和晚上这三个时间段。随后我们在这三个时间段中，再按每一个小时进行细分。如果一本书里的事件横跨了一个世纪，那么故事可以先分为世纪初、世纪中叶、世纪末等三个时段，而各个时段又可以再划分为若干个十年，每十年还能再进行逐年细分。这样做的目的是保持连贯性，如果从一开始便提供过多的信息，就会让故事变得难以理解。

利用推理分析的支持，为在"故事视界"上建构故事的作者提供新的事件素材时，便可应用上述原则。档案卷宗中的事件属性值，可用于查找与当前故事的主题和/或情境有联系的外部事件，增加建构故事的写作素材。不满足情境或背景要求的事件，不太可能会有关联性。只要稍微调整一下这些新事件的焦点，便可以得到更多相关事件，或是借此强化现有的模式。需要注意的是，故事的发展应当循序渐进，避免时间、空间或主题发生大跳跃。另外，可从大的层级出发（包含所有的故事事件），或是从单独的小层级出发（某个特定的事件分组），在不同层级上丰富故事的内容。

通过聚类事件属性，可以获得情境和主题的信息。由此产生的数值，可用于搜索外部历史数据源，以便为故事提供新的历史背景。例如，爱尔兰国家美术馆从丹尼斯·马洪的收藏中选择了一些物品作为测试用的"种子"内容，从而生成了一个故事。为了获知这个故事的情境，就必须找到故事发生的关键时间点和与之对应的地点，反之亦然（通过地点找到对应的时间点）。这可以通过 k 均值聚类算法（k-means clustering）实现，根据某组对象与聚类中其他对象的相似程度，分成 k 个聚类（k 的值在聚类前已设定）。每个聚类都有一个质心（centroid），决定了该聚类的重要特征，每个对象都要与质心进行比对，确认有足够相似度的对象才能加入这个聚类。在案例中，k 均值聚类算法首先会根据故事发生的时间进行聚类，随后利用每个聚类的质心，得出一组在故事中的重要时间段。针对丹尼斯·马洪的收藏内容，所得出的结果是：1934—1934 年、1956—1956 年和 1550—1569 年。

接下来，利用这些时间值对事件进行筛选，将余下的事件属性通过 k 均值聚类在每组事件中反复配对。可以在时间值的基础上加上地点质心进行情境设定，余留的质心值就是主题。第一步聚焦情境，在丹尼斯·马洪的档案卷宗中得出以下数据：

- 情境 1：1934—1934 年，伦敦；
- 情境 2：1956—1956 年，博洛尼亚；
- 情境 3：1550—1569 年，罗马。

同样的过程也可以反过来执行，首先以地点作为出发点，可得到以下数据：

- 情境 4：1934—1934 年，伦敦；
- 情境 5：1642—1642 年，博洛尼亚；
- 情境 6：1665—1665 年，罗马。

上述两步过程的目的，并不只是为了一次性聚类所有的值，而是要避免得出原来故事中并不存在的情境（例如伦敦 1642 年）。在上述示例中，k 的值是 3，因此在故事的任一层级上最多可能得出六种不同的情境。此举可避免在给定的条件下出现过多信息量，当按照情节元素进行事件分组时，故事的子区域采用同样步骤，可能会出现其他子主题和子情境。

利用时间和地点这两个值，情境可用于搜索与某个故事相关的事件，而主题则可用于根据与故事的匹配程度来对事件进行排序。聚类的每一个步骤中，都会推导出与主题相关的属性值质心，将这些质心进行组合，便可得出一组故事中级别突出的属性值。即便主题并不会在故事的每个部分都表现明显，尤其是在故事建构的过程中甚至未出现完整的事件，但由于主题终究会贯穿全文，因此有关主题的信息也会不断积累。丹尼斯·马洪的档案卷宗中累计的主题信息有：

- 丹尼斯·马洪；
- 写作；
- 绘画；
- 阿尼巴尔·卡拉齐；
- 保拉·德拉·佩尔戈拉；

- 瓦萨里；
- 批评；
- 艺术家生平；
- 出生；
- 成功。

网上有一些可供机器阅读的历史事件资源，可以自行搜索并上传到"故事视界"。这些资源按照事件的形式提供了历史信息，是用于丰富故事的理想素材。然而从目前反馈的结果来看，这些资料对于确定情境来说，数量还过于稀少。

采用 FactForge 链接的开放数据资源库来识别情境的关联数据，可以通过机器搜索和推理。通过资源描述框架（Resource Description Framework, RDF）来获取数据，RDF 格式以三元组的形式描述信息，包括一个主语、一个谓语和一个宾语。如通过"主语：人物 A；谓语：出生于；宾语：地点 B"这样一个三元组，关联人物 A 和他的出生地点 B。可以建立检索系统来查找数据，就是查询所有出生于地点 B 的人。由于反馈的结果不以事件形式出现，因此必须转换这些信息以符合事件的结构，如此才能包含在故事当中。例如，当检索到一本在某个特定时间段出版的书时，则可以写作"某个时间出版了这本书"，表示这一关于出版的事件。

因此，通过查询 FactForge 所创建的反馈数据，能够用来构建历史事件。精心设计的查询体系用于查找在某一时间段发生的与博物馆领域有关的信息，并且信息与根据主题聚类（写作、绘画、生日）的那些结果相一致。查询结果根据上一步找到的主题信息进行排序。其他主题（如丹尼斯·马洪和阿尼巴尔·卡拉齐等的艺术品的所有者或代理人）可作为参照，从所有反馈的查询结果中挑选相关内容。需要查找的信息包括：

- 某一时期的出生事件，并附上地点链接；
- 某一时期的死亡事件，并附上地点链接；
- 某一时期创作的艺术品，创作者与上述地点有关；
- 某一时期获得的艺术品，艺术品或所有者与上述地点有关；
- 某一时期的出版物（包括再版），附上地点链接，指向作者与艺术品的链接。

查询系统可作出调整以适用于其他领域，也能通过改变与某个地点的直接关联程度，从而调节限制性的强弱。任一情况下，在故事中添加某个事件都是可行的，比如出生和去世的事件，创作和购买艺术品的事件，或是发表作品的事件。在丹尼斯·马洪档案卷宗的案例中，将时间和地点设定为"伦敦1934年"，FactForge反馈的结果是：

事件1　唐·贝查迪出生；

事件2　约翰·科里尔去世；

事件3　埃舍尔创作《镜前静物》；

事件4　菲利普艺术收藏馆于1934年购买了乔治·布拉克创作的《圆桌》；

事件5　狄兰·托马斯出版了《诗十八首》。

在这组案例中，事件1、3、5将优先排序，因其与前一步中设定的出生、绘画和写作的主题相关。

（六）情节关系

我们也可以使用查询系统在外部数据中进行检索，寻找故事中相关人物之间的情节关系。例如，Freebase里有关于影响作用和同侪人际关系的信息。以丹尼斯·马洪的档案卷宗为例，通过Freebase可以发现吉安·彼得罗·贝洛里与尼古拉斯·普桑是同辈人。

贝洛里和普桑是马洪故事里的相关人物。"故事视界"的实体有可能在输入时就映射到 Freebase 里的身份标识上，这便于利用 Freebase 来查找故事人物之间的关系。同样的过程也可用来查找上一步提到的人物。比如在搜索主题和情境时，如果通过 Freebase 发现其与提到的另一名所有者或代理人，并且（或者）与故事中的某个人物存在联系，那么这名新的所有人或代理者将被认作是艺术家，他的出生、去世、创作艺术品或是售出艺术品的经历，也可能与故事有了更紧密的联系。这则信息可以用于对反馈结果进行优先级的排序。

基于对相似事件的聚类，k 均值聚类算法也可以利用事件属性的数据提出关联的情节元素。在该案例中，k 的值是在与博物馆讨论后得出的最佳分组规模，并且根据可访问内容对各种聚类输出的反馈所得，这表明关联情节元素的分组应当包含 2—10 个事件。在尝试推进情节发展的过程中，规模越小的情节元素越容易加以阐释。因此，这个故事被划分为平均包含约 6 个事件的分组。

一旦建立了情节分组，就有可能在关联的情节元素内，甚至在跨越多个情节元素的事件之间，寻找到更为具体的情节关系。针对可能具有联系性的事件进行总体概述，并以此为指导，逐步专业化地处理情节之间的关系，这种方法与博物馆合作伙伴所建议的工作方式是一致的。上述所有的推理过程都可应用于故事的子部分（如情节元素）或是拓展的故事。图 4-7 说明了故事展开的过程。

在图 4-7 中，A 表示初始的一组故事事件，B 表示故事范围扩大。阴影区域的事件与原始故事的核心相近。C 则表示寻找实体关系。比方说，A 影响了 B，而 A 与 C 又处于同侪人际关系。所有者或代理人可以出现在原始故事中，也可以出现在后来发展的故事中。D 表示故事范围缩小——找出相关的情节元素，并在比这个范围更小的故事范围内重复进行情节推理；或是再次扩大故事的范围，包括在上一步骤中增加的事件。

这些推理过程可以通过自动为档案卷宗添加与故事相关的事件数据，为作者提供支持，并立即显示在时间轴或地图上；也可能会提供一些原先没有考虑到的、可用于补充历史背景的事件。诸如Freebase和Factforge之类的外部信息资源，涉及戏剧、图书、体育赛事、军事事件等内容。非专业的博物馆观众在使用"故事视界"时可能会发现，这些推理过程在帮助他们将故事引向更符合他们个人兴趣的方向。

（七）构建叙事成果

完成故事后，可以通过叙事的形式输出。叙事结构决定了将情节和主题等故事信息呈现给观众的方式，以及物品对象在叙事呈现中的顺序位置。为叙述提供的推理分析支持，可以帮助作者建立起叙事结构，以获得与众不同的戏剧化的效

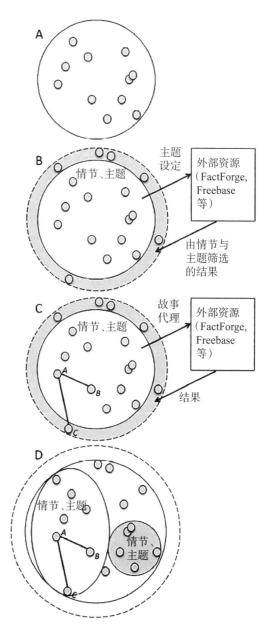

图4-7 添加新的事件素材，使用外部资源来扩大和缩小故事

果，并处理主题"相关"情节与其他类型情节信息之间的冲突。由于作者可以任意决定在故事情节中情节元素的数量，可能出现同一事件被多个情节元素所采纳的情况。

虽然在网络空间中可以使用超链接，或者让某个事件（链接的某个对象）多次出现，但在大多数情况下，都需要按照叙事的顺序，并且一件物品只能出现一次。叙事推理提出了应当使用哪些原则来对故事中的事件进行分组，以及如何在这个体系中编组事件。由于某些事件源于各个物品对象的故事，因此反过来又可以对叙事中物品的编组方式提出建议。

叙事推理提出了基于情节的首要编组原则，即在选定的一组情节元素中对事件进行分类，这是事件的初始分组。可以找到次要编组原则来强调这一点，提出情节元素彼此之间应该如何排序，其内部应该如何组织安排。比如可将情节元素和事件组织起来，使之更多是按照时间进行排序的。另外，也可以通过地点或事件中发生的活动类型等其他事件属性，与情节元素进行比对校正。次要的编组原则巩固了最初的编组原则，并且可以在叙事组织中得到体现，例如配合主题分组对象和关联事件添加时间轴或地图。这个过程可以在叙事的子组件上递归重复。

（八）营造戏剧效果和加强张力

两个部分组成的相关情节（诸如影响、动机、反应、启发等），都有一个"因"和一个"果"。组织叙事的一种方法，是先列出所有与原因有关的事件（以及联系对象），然后列出所有与结果相关的事件。次要编组原则可以选择运用统计分析方法寻找到最佳的互补原则，以决定"因"事件组和"果"事件组中的分组、排序和物品对象（例如按照时间顺序编组，或发现的所有"因"事件都发生在佛罗伦萨和罗马，所有的"果"事件都发生在伦敦）。这样的叙事编组,通过在解决疑惑前引入许多情节元素以增强紧张感,让人更想知道"发生了什么"。图 4-8 是这种叙述编组原则的示意。图 4-8 中的时间是指叙事时间,即在观看叙事过程时事件和物品对象相遇的时间跨度。叙事呈现的故事时间,也就是故事事件的发生时间,可能是线性发展的,也可能不是。

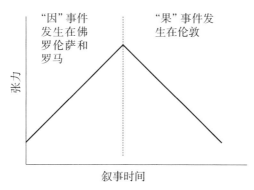

图 4-8 加强叙事的张力

1. 消除张力

如果每个情节元素都是在下一个情节开始时就已结束,便不会产生什么张力(如图 4-9 所示)。在这个案例中,次要编组原则是故事时间。

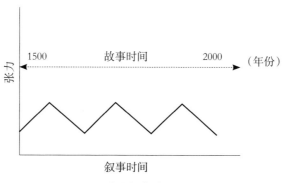

图 4-9 消除叙事的张力

2. 加强 / 削弱张力

根据情节来编组叙事的第三种方法，是随着时间的发展，通过选择不同类型的情节元素来加强或是削弱张力。这是基于情节关系的层级结构，赋予了动机"低戏剧"（low drama）的值，并影响"高戏剧"（high drama）的值。

所以说，如果动机性的情节元素先表现出来，随后影响性的情节元素才出现的话，那么张力就会随着时间的推移而加强。在前述案例中，推荐将次要原则作为编组情节的补充；还可以提出不同的情节类型，正像张力最大化的情况：例如采用所有的动因，随后是所有的结果，再是所有的影响原因和影响结果。

（九）相关 / 主题编组

相关的情节元素本身就可作为首要的编组原则。同样可以通过统计分析的方法，寻找到最符合的次要编组原则。一个相关的情节元素可能包含许多次要情节，或是其他更具体的相关情节元素等。

（十）最终叙事的呈现

最终叙事的形式可以是多种多样的。同样，潜在的故事事件与物品对象的准确传达程度也会有所不同，例如，在没有任何信息与故事相关的情况下，物品虽是独立呈现的，但仍通过潜在的故事原则进行编组；而其他情况则是故事和情节被完整书写。无论如何，"故事视界"的关键目标是容许创作能与原始故事和档案资料相关联的故事，即便物理上的联系已不复存在。为了实现这一目标，可以将档案内容与最终叙事一起发布，包括参考资料、未曾使用的对象物品和事件。用户甚至可以创建他们自己的档案版本，更改、缩减和扩展已经发布的故事，并形成自己的叙事。终端用户可以得到与原作者相同的推理支持。因此，当选择不同的视角时（例如过滤掉他们不感兴趣的对象），故事的主题和情境就会发生变化，从而改变外部所暗示的事件和情节的关系。

四、未来的数字文化遗产

随着人工智能、算法、自动化系统和机器学习在逻辑驱动、流程导向的市场经济中以及在新市场和消费产品的生产与创造中的兴起，新型社会数据出现了。随着人类收缩供应链，减少碳排放，全球性密集型数字连接得以强化。因此，各行业将强化各种新型的自动化，以弥合物理距离鸿沟，节省劳动力成本，并增强基于 AR（增强现实）和 VR（虚拟现实）的更亲密的沟通形式及更多更好的可视化技术。因此，我们很可能会见证新型社会数据的发展、更复杂的全局计算基础设施的崛起，以及人工智能和其他的超越人类协作形式的爆发式增长。

一个相关的普遍性社会问题是：自动化是否会分散或取代商品和服务生产与消费中的人力劳动？但对于文物行业来说，一个更重要的问题是：这种历史遗留数据值得被遗产化吗？

机器人正在进入我们的空间，并通过各种数据驱动的机器与人类协作。当前 70% 的财务交易都是通过算法进行的。算法已经成为人类决策的新中介。它们被嵌入吸尘器和智能电视等设备中，具有组织和决策能力。社交机器人充当个人信息过滤器，根据从数字足迹中收集的个人偏好，将信息作为内容元数据传递给我们。这在遗产保护过程中也起到了重要作用，因此，这些由机器人介入和传导的新型人工智能资本将引向更高水平的经济增长，并伴随着不断增长的实时交互变成历史数据，从而成为潜在的遗产。

数字数据、数字生活、数字文化遗产等都是算法机器人的产物。因此，人工智能无疑将成为未来数字文化遗产的主要生产者，特别是在数据经济、服务和消费品生产方面。

智能技术不仅有助于数据分析，而且还具有学习能力。例如，算法可以识别手写文本、描述照片内容，如谷歌的 Deep Mind 算法在电脑游戏中获胜。自动化过程中的机器学习不再仅仅是一个简单的数学工具；相反，它是一种迭代的思维模式，媒体理论家卢西亚娜·帕里斯称之为"软思维"。软思维是一种机械的认知过程，它本身是独立的、抽象的，但同时也是自我生成的、不可计算的实体，具有偶然性、确定性和不确定性等特征，其运作超出了人类的直接认知和控制。因此，机器学习成为一种新型的自主认知思维模式，它能够产生自己的数据，并能够通过处理大数据等，建立与人类的新型关系。

超智能数字机器在各行各业的应用出现爆发式增长，人工智能辅助的医学研究已可以编辑人类基因组、修改基因功能。在电子健康领域，与智能手机相连接的医疗算法可以收集数据应用于医疗诊断，通过处理大量数据的机器学习，可以预测心血管疾病或癌症的发病情况，甚至可以预测死亡的可能性及时间。这些预测和咨询系统是基于医务界无法完全理解的机器处理数据的模式。这种可植入的智能机器是生态组合物，代替人类进行管理和决策。情感运算人工智能使用机器学习来跟踪、学习和检测人类的情感，作出个性化反应，并被广泛应用于自动驾驶汽车设计、建筑、智能监控、虚拟现实和感知界面等。

在日本，自主人工智能机器人数字体可以学习人类的语言。外形逼真的人工智能小圆未来（Mirai Madoka）会说英语、汉语和日语，还能移动嘴唇和眼睛。为伦敦科学博物馆举办的一个特别展览而设计的机器人婴儿可以移动和呼吸，看起来非常逼真，被用于医学训练。超级智能的人形机器人索菲亚（Sophia）利用语音和人脸识别技术结合人工智能进行对话，被联合国开发计划署任命为有史以来第一个非人类创新领袖，旨在促进联合国亚洲及太平洋地区创新和技术发展领域的可持续发展目标的实现。索菲亚在联合国开发计划署发表演讲说："未来已至——只是分布不均匀。我期待着倡导对环境负责的技术解决方案，最终创造一个可持续的和包容的世界。"她的演讲内容成为历史数据，成为一种需要保存的东西。

人工智能和机器人正在改变人类在性、爱情、劳动和就业、医疗、残疾人和老年人护理、教育、战争等方面的关系，并且将持续下去。在未来，机器人的权利可能会让它们成为数据的主要生产者，在此过程中，它们的话语和行动会被官方遗产机构收集。

人工智能数字技术在科学、建筑、设计和时尚等领域的商品设计与制造中发挥着越来越重要的作用，目前在博物馆收藏的一类新兴产品中可见一斑。在线服务、设计软件、自动化和3D打印技术使设计师能够开发和共享数字蓝图，并通过3D打印技术制作实物。

所谓的数字实体化是3D打印技术带来的一个新趋势，从塑料到石头、木材和钢铁等不同类型的材料似乎与数字代码相互渗透。通过新产品的生产将数字物化，代表了一种新的编码物化的出现，这种编码物化在本质上与现有事物如石头、纸张和木材的物化不同。

数字艺术理论家克里斯蒂安娜·保罗认为，创客文化的出现通常被称为后数字或后媒体环境，在这种环境下，艺术品和物体在概念上和物理上越来越多地被互联网与数字过程所塑造。保罗解释说，原始定义格式的媒体（例如，作为线性电子图像的视频）不复存在，一种新的物质环境——"数字嵌入物质性"出现了，并以绘画、雕塑或照片的实物形式出现。保罗认为，这种新物质性以一系列独特的形式扩展了世界上存在材料的种类，同时又以不同的方式塑造了我们对生活的体验。

伊朗媒体艺术家 Morehshin Allahyari 使用 3D 打印技术，将罗马时期哈特拉市的雕像和尼尼微的亚述文物用 3D 树脂重新建模和再现。每一件打印品内都嵌入了一个闪存驱动器和存储卡，象征着 3D 打印修复历史和记忆的开始。每一件 3D 打印品都作为一个密封的时间胶囊，传承后代，从而成为遗产。3D 打印作为数字化的复制品受到重视并被认为值得传承，它本身作为艺术品也具有遗产价值，而这些亚述人的手工艺品，就像博物馆藏品的 3D 打印模型一样，被评判的依据是它们不仅能在视觉上表现真实，而且还能在形状、大小、颜色、表面和纹理上准确地"再现"原物。

"再造材料"介于材料和所谓的非材料之间，是一个通过编程、扫描、传感器、相机、塑料等与真实物体相连的超人类遗产生产的例子。这些所谓的复制品与原始版本有质的区别，因为它们可以经过连续的共享、修改和复制过程，被修改、印刷、共享、再次修改或与其他型号混合。

在这个例子中，我们看到的不是艺术和信息的双重性，而是 3D 打印技术对艺术和信息的同时复制。艺术通过屏幕本质主义和挤压塑料（通常类似于真品的颜色和质地）与数字化和实物相融合，因此保证了 3D 数字化的真实性。每次打印都会创建一个新事物。3D 打印创造的是尽可能接近原件的复制品，但它永远不可能是原件。

通过把物理世界和虚拟世界结合在一起，3D 打印产品和博物馆藏品的 3D 打印复制品要么被看作是一个"实体—数字—实体"的循环，从实体到虚拟再回到事物的实体存在，要么被看作是一个重新物化网络的过程，代表着"回归物质"。这些观点的基础是数字数据是非物质的，并不包含它们自身独有的特征，物体也是作为单独的纯粹状态而存在的。然而，物品还可以以物质和数字的形式存在于博物馆文化中，其中一个例子就是电脑设计时装。

3D 打印比基尼 N12，作为一件成衣单品被悉尼应用艺术与科学博物馆收购。这款比基尼由 Sideways 的设计师珍娜·菲泽尔和玛丽·洪创作，美国时尚设计工作室 Continuum Fashion 制作："这款比基尼的设计从根本上体现了 3D 打印可能带来的复杂美，以及用尼龙制作柔性面料的技术挑战。数以千计的圆板由细弹簧连接，创造出一种全新的材料，既能保持形状，又非常柔韧。圆形图案的布局是通过定制的代码实现的，该代码根据曲面的曲率来布局圆形图案。美学设计完全是从结构设计中衍生出来的。"

同样，波士顿美术博物馆委托 Nervous System 为其新展览"TechStyle"设计了一件以花瓣、羽毛和鳞片为灵感的服装，并使用了 3D 打印技术。其中一件运动花瓣服装是通过 Kinematics（一种新的纺织计算机软件，将尼龙切割成可打印塑料）制成的，也已被动力博物馆（MAAS）收购。

正如数字化一样，"创客运动"试图通过在网上提供数字蓝图，然后由用户打印，使高级时装大众化。这些作品带有明显的创客文化基因。3D 打印物品是符合生态逻辑的组合物，从使其成为可能的软件建模、数字操作和设计，到材料（如挤压塑料）的来源和培养，到通过自动化系统和打印技术进行组装，再到使用和消费，都体现了多种形式的人造代理。

将世界和"创客文化"概念化为包含不同类型的材料或物质，也是一种想要掌控新的计算机产品的愿望，这些产品正在进入传统机构。后数字时代作为一种博物馆学条件，正朝着一种简单的、确定性的技术和原则应用于实践与操作上。

此外，随着联合国教科文组织将原生数字遗产界定为仅以数字格式存在的事物，这些超人类的新型遗产提出了重要问题——这些形式并不属于数字文化遗产的严格范围，因为它们不仅仅以数字形式存在——它们可以通过 3D 打印、数字针织和电脑数值控制加工等数字手段被呈现为可打印或制成材料，从而模糊了材料和数字之间的清晰界限。数字遗产的概念在不断地变化和扩展，随着人工智能、自动化、机器学习及创客文化的发展，这些概念也将继续变化和扩展。

大多数数字文化遗产是可输出的，然而，其格式和形式又是不同的，因此本质也是模糊的。此外，这种打印遗产的品质很难在物质和真实的具体化概念背景下进行把握和解释。它们以简单的存在和物理形式的传统效果呈现出来。当然，所有的数字文化遗产都是一种超人类的遗产形式。

当代信息技术革命以前所未有的力度重塑着人与物、物与物、人与人的关系。纵然有学者认为国内外遗产研究中出现了从"以物为本"到"以人为本"的转向，但这仍然是一种将人与物二元对立的理解，对人与物、物与物、人与人之间的动态关系关注较少，在数字化方面的研究也多以"技术"为重，将"数字技术"仅视作工具。但在数字时代，不仅技术在变化，"物"的概念也在发生变化，"人"可能在未来也会变得有所不同。更重要的是，在社会文化中人与物之间的关系始终在变化，而文化遗产作为人类历史的精华，也是文化和技术融合的产物，探索其关系变化也将帮助我们理解文化遗产，揭示历史的更多维度。

数字遗产领域代表着一套分散的知识体系。它不是沿着单一的线性轨迹发展的，而是通过在博物馆与遗产研究、信息研究、媒体研究及信息系统的专业和学术领域的投入而产生与发展的。数字文化遗产及其未来的利用和再利用，将不仅仅是保存原始物的遗产。对子孙后代具有重要意义的数字遗产不仅是我们致力于制作和掌控的人造物，而且是可持续传承的社会数据。

在这个时代，通过访问无数的虚拟博物馆、下载内容、操作内容（通过重新配置)、重组并重新运用内容(通过混搭)、传播和讨论内容(通过社交媒体)以及为内容提供元数据(通过众包),我们可以实现对数字表现形式的藏品进行访问。在信息化与数字化时代中,真实性和共鸣问题显得尤为重要。在与博物馆的内容和呈现进行"轻触式"接触的时代,博物馆作为"场所"以及参观作为"物理感官体验"所产生的作用可能更加重要。

我们必须抓住数字媒体和博物馆实践的结合所带来的机遇,智慧博物馆建设不仅应考虑"数字"和"遗产"的交集,也应考虑这些交集该如何与过去、现在及未来的实践相结合。

第五章
智慧博物馆与知识诠释

博物馆是博物馆知识的载体,因此,博物馆的展示并不是未经研究就可以随意陈列的,而是研究人员采取专业方法进行解读后,通过文字、语言与影音设备加以诠释,并经由陈列与教育,达成有效的沟通,让每一个人都能获得博物馆知识。因此,博物馆应该全方位致力于知识的诠释与沟通,成为公共知识的载体。

第一节 知识诠释与博物馆的内涵外延

古希腊哲学家亚里士多德的《形而上学》开篇就说:"所有人依据本性都渴望认识。"自古以来,人类就有追求知识的动机,进而建构知识与解释知识。但是,人类社会所谓追求知识,第一层意义可能只是盲目追求已经被建构的知识,存在就是事实;第二层意义可能只是让信仰、偏见与意识形态去建构知识、误导知识。这两层意义,都是法国思想家福柯在《知识考古学》中所批评的知识。第三层意义,则是在追求知识的过程之中发现知识或者创造知识,进而才将这些发现与创造建构成为知识。

理想地说,博物馆的知识建构,指的是这种在知识追求的过程中发现知识与创造知识,甚至是在知识诠释过程中进行的知识建构。然而,"知识建构"

即使是追求知识的活动，仍然可能只停留在追求知识活动的独享范围，尚未延伸到他人可以参与的分享范围。至于"知识诠释"，则是将原本自己独享的知识活动经验延伸为可以跟他人分享的知识活动经验，也即将自己的知识活动经验表达出来、解释清楚，让他人可以理解，以便他人将之转变为他自己的知识活动经验。尤其是在现在这个强调沟通的时代，知识建构应该是经由知识诠释之后再从他人的理解反馈回来的知识活动经验。因此，知识诠释成为知识建构的必要条件。

一、从朴素的物质知识论到自然知识论

欧洲最初的知识建构诞生于古希腊，神话主导知识建构，而后经历宇宙论时期，以朴素的物质主义观点建构关于人类与世界的知识。直到古希腊时期的亚里士多德，才以经验观察作为基础建构知识，贯穿自然知识、社会知识与艺术知识，形成百科全书式的知识体系，并以丰富的著述跨出知识诠释的一大步。但从古希腊时期进入古罗马时期，南征北讨的工具思维偏重于实用知识，却也建构出丰富的物质文化知识。公元1世纪博物学家老普林尼的《自然史》，再次建立百科全书式的知识体系，涵盖范围有天文地理、植物动物、生活器物、服装饰物与绘画雕塑，遍及艺术知识。中世纪时期，基督教神学领导知识建构，艺术知识属于实用知识，被运用于服务神学与宗教，但是这个时期，以建筑与工艺为主的艺术知识仍然有较大进展。哥特式教堂的建筑、神龛木作与玻璃彩绘，以及拜占庭式教堂的建筑、镶嵌艺术与壁画，建构了丰富的工艺知识，但仅限于通过工匠之间的师徒制度发生知识诠释。直到文艺复兴时期，人文主义取代神学成为知识建构的依据，自然知识重新受到重视。感觉经验成为基础，数学、几何学与物理学成为工具与规则，重

新进行关于人类与世界的知识建构。从此，自然知识论取得优势，成为知识建构的指导原理，并且成为博物馆知识论的规范。

二、从自然知识论到历史知识论

18世纪欧洲进入启蒙运动时期，从此也进入知识论的时代；过去虽然也重视自然知识论，却只注重以自然世界作为知识范围，并且忽视关于人类知识能力的探索。对于人类知识能力的探索，可以追溯至1世纪以来关于知识论的两个对抗思潮：欧陆的思想家笛卡尔与莱布尼兹认为知识来自观念，而观念来自理性的心灵，英国的思想家洛克与休谟虽然也认为知识来自观念，却认为观念来自感觉的经验。直到18世纪后期，康德提出折中观点，知识的经验材料来自感觉活动，而知识的先验原理来自理性心灵。启蒙运动的知识论固然受限于自然知识论，并且以自然知识论作为准则来发展社会知识论与艺术知识论，但主要的贡献则在于重新检视发现知识与创造知识的能力，人类的知识能力成为知识论的重要课题。启蒙运动也影响到艺术知识的辩论，使艺术评论兴起，并逐渐以社会公众对艺术的理解为目的；狄德罗的"沙龙随笔"直接影响了日后卢浮宫的知识建构与诠释。

从18世纪后期到19世纪初期，启蒙运动的自然知识论受到历史主义的挑战。19世纪是历史研究的世纪，除了一般的社会史与文化史，艺术史也得到长足发展。

三、从历史知识论到博物馆知识论

博物馆是在启蒙运动的知识建构与诠释的趋势中诞生的，但是博物馆真正承担知识诠释的角色，则是在往后的一个世纪之中。关于启蒙运动对于博物馆的影响，哈德森指出："公共博物馆与百科全书都是18世纪启蒙运动精神的展现，渴望学习机会的平等。英国《钱伯斯百科全书》的出版跟大英博物馆的成立同时；法国将皇室收藏公开展示于卢森堡宫也跟百科全书派进行出版计划同时。这些运动背后只是一个简单的理论，就是过去仅限于少数人的收藏应该让每一个人都可以亲近、认识。"[1] 他的说法正好说明了博物馆在启蒙运动的影响之下露出曙光，目的也在于提倡收藏的公开展示与平等的学习，但事实上，从启蒙运动起直到达成这个目标，除了时间之外，也需要相当艰辛的历程，其中就有博物馆知识论的进展。

19世纪虽然是博物馆时代，但是博物馆在初期却成为政治经济扩张与殖民炫耀的工具。然而，这个时期博物馆多数研究人员仍然以知识建构为目标，为博物馆知识论做好前端的基础工作。这里所说的博物馆知识论指的是收藏、保护、研究、展示与教育结合而成的知识建构与诠释的场域，从19世纪直到20世纪中叶，博物馆研究人员已经在收藏、保护与研究的工作领域奠定了非常厚实的专业基础，已经为博物馆知识论的前端工作建立典范，往后时代的博物馆才能朝着后端的展示与教育继续延伸，也就是人们常说的"从物到人"的转变。

博物馆知识论顾名思义是以博物馆知识为内容，以博物馆专业工作为方法。博物馆知识论既然是人类的知识论时代从自然知识论延伸到历史知识论的产物，那么博物馆知识必须重视历史知识，但是这并不表示博物馆知识论只限于历史知识论，而是将历史知识论的研究范围从过去延伸到现在，进而扩展到未来。因此，博物馆的知识论涉及过去、现在与未来。博物馆知识建构与诠释

---

[1] Kenneth Hudson, *A Social History of Museums: What the Visitors Thought*, London and Basingstoke: Macmillan Press. 1975, p.6.

的专业工作，包括收藏、保护、研究、展示与教育，而不是把这项专业局限于研究部门的工作。

第二节　知识诠释的个性化

18世纪欧洲启蒙运动中，思想家致力于通过知识建立并维系人类价值，知识论时代来临。科学主张、政治主张与美学主张都需要知识作为基础，不能只依靠信仰与威权，当时英国与法国出现了"百科全书"的观念，致力于重新厘清并建构知识，目的就是要让人类一切的思想与行动都能够以知识作为基础。欧洲博物馆的建立与开放也就是在启蒙运动的社会文化条件之中成为趋势的。这个时期博物馆就已开始重视知识研究。

然而，启蒙运动时期的知识研究受到初期自然科学知识论的影响，过于重视数理科学的普遍原理，因此博物馆知识论也就难免随之追寻普遍原理，直到19世纪历史主义兴起，历史知识论跟自然知识论抗衡，博物馆知识论也开始日益重视研究藏品的历史脉络。这个转变，既改变了博物馆的知识研究方法，也促进了艺术史的长足发展。但是，19世纪后期在实证主义影响下，知识论再次受到实验方法的支配，艺术知识及其历史受到机械决定论影响，直到后来狄尔泰提出历史诠释学，史学与艺术知识的研究才又重建属于自己的方法。"理解与诠释"的观念其实就是来自诠释学，这个观念不把知识视为已经完成的封闭系统，而是视为经由理解与诠释而得以继续丰富的开放场域。

1916年，美国的博物馆学家吉尔曼提出"博物馆疲劳"（museum fatigue）的观念，批评过去博物馆展示物件的方式造成观众感到无趣、乏味与疲劳，因此导致博物馆重新检讨展示的观念与具体作为，推动了20世纪博物馆积极探索知识诠释的新思维。1945年第二次世界大战结束以来，西方社会重建民主政治的观念，民众意识抬头，直到1968年爆发全球性社会运动，再次动摇了博物馆面对社会公众的态度，强调民众参与的呼声逐渐高涨，因此博物馆的知识诠释处于策展人与社会公众的双向思维之间，也出现了一个全新的局面。20世纪以来的博物馆知识研究逐渐从前端工作延伸到后端工作，即重视从理解到诠释、再从诠释到理解的循环，而这个循环也正好为博物馆知识论提供了理论观点，并且重建研究人员与观众之间的沟通与回馈关系。

因此，博物馆长久以来在文明社会中，被认为是最具有知识生产与传达能力及公信力的机构之一。博物馆的功能在于保存及记录物质和非物质文化遗产，并通过研究、展示及教育的方法，挖掘、探索、累积及传达蕴藏其中的大量知识。博物馆的一切活动以知识为核心，是由物、知识工作者及社会大众交织而成的互动过程。这些过程中产出的知识内容，一直被以分散而缺乏系统化的方式保存，甚至在活动后大量流失。在"知识就是力量"和"内容为王"的知识经济时代，博物馆若无法加入此潮流，有效地积累、管理、阐释、再利用及分享传播博物馆的知识内容，便会逐步因失去竞争力而被知识社会及博物馆社群所淘汰。随着创新信息科技的驱动与影响，博物馆界在此潮流下，也积极运用前瞻信息及通信科技，来加强观众应用博物馆资源的触角与体验，进而提升博物馆服务的功能及视野。

一、博物馆智慧化

（一）数字必要性

许多人认为，在数字遗产的使用中，如果对数字或技术决定论不保持警惕意识的话是非常危险的[1]。通常，我们会为没有对平台特性做出充分考虑就应用和推出产品／平台而感到愧疚。

与其考虑数字媒体实际上有限的功能所固有的风险和机遇，不如通过数字媒体框架对其进行批判性分析，从而更好地应用数字媒体。我们相信，可以从社会文化角度对数字媒体以及信息与通信技术的基础设施进行全面评估，前提是确保对以下问题的答案做出考虑：

- 这个产品／平台是否满足我们的特定需求？
- 我们是否具备持续支撑这个产品／平台的基础设施？
- 这个产品／平台是否符合我们的战略方向／运营目标？
- 这个产品／平台会对我们现有的组织流程和／或产品产生怎样的影响？
- 我们是否具备在未来妥善管理这个产品／平台的技术、专业及意愿？
- 这个产品／平台是否与我们的组织文化相匹配？
- 应用这个产品／平台会对我们的信息文化产生何种影响？

数字决定论和数字必要性，这两者的概念有着紧密的联系。技术决定论的两大类别（即强技术决定论和弱技术决定论）对技术的作用程度不尽相同[2]。"弱技术决定论的作用深深地扎根于更广泛的社会结构和文化中。"[3]基于弱技术决定论的方法承认在技术应用中人的能动性要素[4]，并反映数字遗产领域的社会

---

[1] Ross Parry, Digital Heritage and the Rise of Theory in Museum Computing, *Museum Management and Curatorship* 2005(4).; Van Heur, Bas, From Analogue to Digital and Back Again: Institutional Dynamics of Heritage Innovation, *International Journal of Heritage Studies* 2010(6).

[2] Leo Marx, Merritt Roe Smith, *Does Technology Drive History?: The Dilemma of Technological Determinism*, Cambridge, MA: MIT Press, 2001.

[3] Leo Marx, Merritt Roe Smith, *Does Technology Drive History?: The Dilemma of Technological Determinism*, Cambridge, MA: MIT Press, 2001, p.xiv.

[4] Leo Marx, Merritt Roe Smith, *Does Technology Drive History?: The Dilemma of Technological Determinism*, Cambridge, MA: MIT Press, 2001.

文化基础。在文化遗产机构的项目开发过程中，我们能看到由技术决定论这一概念催生出的数字必要性。有学者认为"未来是数字的，而现在的实践需要进行数字化，才能使这样的未来成为现实"[1]。

还有学者认为，博物馆的主要业务是购买专有和定制的系统。为了支持数字媒体的使用而所需的资源密集型产品和平台，促使许多机构使用并依赖商业赞助和品牌推广，以保持数字相关性。与此同时，这种商业和文化资本之间的相互影响正在博物馆间建立起某种形式的文化权力游戏，因为博物馆之间为了争夺数字声望而在不断竞争[2]。

除此之外，另一个值得思考的问题是：是否存在数字差异？对数字信息层（如二维码）和其他移动技术的使用，是否会限制那些不具备数字技术和数字素养的人对某一特定解释层/知识层的访问？为了确保对文化记忆的公平获取和体验，将数字举措置于模拟技术之上，并结合两者，对于文化遗产机构来说是重要的伦理要求和运营要求。在博物馆使用数字媒体的用户，其背景、技术素养及所处环境的多样性，既能促进同时又能制约这些平台的应用。博物馆有一项基本义务，即满足那些可能没法访问或使用数字媒体产品和平台的人的需求。不是所有观众都对数字化的东西感兴趣：有的人有意识地关注实体展品带来的共鸣和感官体验。有学者将这一类人群称为抵制者和拒绝者，前者指那些没有办法进行数字互动的人，而后者指有办法互动却主动拒绝这么做的人[3]。

---

[1] Bas Van Heur, From Analogue to Digital and Back Again: Institutional Dynamics of Heritage Innovation, *International Journal of Heritage Studies*, 2010(6).
[2] Michelle Henning, New Media, In *A Companion to Museum Studies*, Malden, MA: Blackwell, 2006.
[3] Sally Wyatt, Challenging the Digital Imperative, *Inaugural Lecture KNAW Extraordinary Chair in Digital Cultures in Development*, Netherlands Maastricht University, 2008.

（二）智慧博物馆体系

博物馆具有以知识为核心的特质，也就是说博物馆不仅拥有知识宝藏的特性，同时博物馆的一切活动包括在知识管理的周期中的知识建构、管理、再利用、传播、分享及探索的过程。智慧博物馆在知识管理的周期中实现了传统博物馆无法实现的内容，主要有以下以几大体系：

1. 智慧管理系统——知识的创造与管理

基于藏品数字化的基础，提升数字藏品内容上的知识价值、完整性及可利用性。数字藏品的内容生产、建构及管理应由数据、信息管理层次转变延伸至知识管理层次，因此，在知识管理的层面，智慧管理系统需要整合有形的数字知识内容、隐含于知识生产者（包括研究学者、博物馆策展人等）脑中的智慧与创意以及现有各类具有关联性的数据资源库这三方面，包括多元数字知识的撷取、存取、组织/分类、呈现、表达及探索等一系列过程。

2. 智慧传播系统——知识的运用与传播

在智慧管理系统对于知识的强大整合、统一的知识架构下，智慧传播体系从知识的运用和传播的视角出发，以主动、个性化及无所不在的方式利用及传播大量知识内容，为各类使用群体提供保护、研究、展示、教育及娱乐等各类需求。其中，智慧博物馆创新性知识的传达更成为促使社会大众增进生活认知进而尝试新的想法并付诸行动的关键环节。

3. 智慧服务系统——知识的分享与探索

智慧服务系统是面向公众的，不仅面对个人，也面对机构、社群甚至不同领域。该系统提供跨领域、跨社群及跨机构分享知识内容的方法，并且利用可分享及标准化知识本体技术，挖掘隐藏在跨领域间彼此关联的知识，以拓展知识领域涵盖的范围，并可因此探索和发现彼此关联的潜在知识（如图5-1所示）。

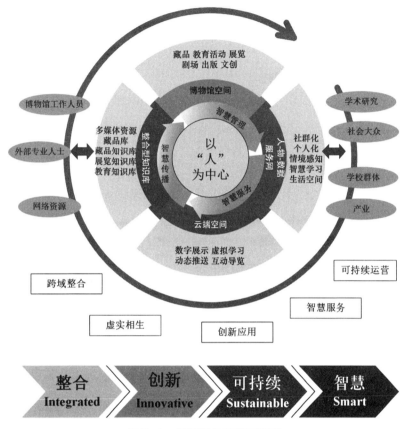

图 5-1 智慧服务系统示意图

（三）智慧博物馆的理论模型

理论模型可以为信息技术架构、应用系统设计及具体可运作的服务模式提供依据。围绕博物馆智慧管理、智慧服务、智慧传播的核心业务需求，在理论层面上研究智慧博物馆在创造与传播知识和故事上的特质及构成体系。强调智慧博物馆以"人"为中心，基于物的知识挖掘、整理、传播方式，达到"人—物—数据"的高效联动。在整合的基础上进行创新，并满足可持续发展的要求，从而实现博物馆的智慧化。以藏品、展览、教育、研究等跨领域的知识内容的整合、管理、赋值与传播为基础，串联博物馆空间与云端线上空间，并及时更新信息、加强互动，可持续地建构创新知识内容、服务与体验，在观众与博物馆机构之间，构成虚实相生、良性循环的智慧运行模式和终身学习的知识空间。其中包含如下几种模型：① 整合式数字知识内容建构管理模型，在共通与标准作业流程及多层次、再利用知识内容结构基础之上，整合跨专业人员、部门、项目应用、领域及群体，获取、表达、建构、组织与发布既有的及不断产出的知识。② 多元数字知识内容再利用与传播模型，充分再利用系统整合知识内容来发展各种研究、展示及教育活动，尤其在学习服务，并在共通且可分享的知识本体知识架构上以主动、个性化及无所不在的方式传播这些内容。③ 知识本体的知识分享与探索方法模型，其提供跨领域、跨社群及跨机构分享知识内容的方法，及利用可分享及标准化知识本体技术挖掘隐藏在跨领域间彼此关联的技术，以拓展知识领域涵盖的范围。

二、智慧博物馆与知识管理

在信息科学及知识管理的领域，数据（data）、信息（information）、知识（knowledge）及智能（wisdom）的模式（DIKW model）被广泛应用。博物馆学者古德从基本管理角色角度，定义博物馆是一个保存阐释自然现象及人类物件的机构，这些物被利用来增进知识并启发人类的智能。因此，智慧化强调数字化技术在整合过程中其文化意识的显现过程，是从"创造—管理—优化藏品数字化"到"塑造—整合—更新数字化项目"再到"保证—提升机构智慧化运行"的能力体现过程。在藏品数字化上，首先，进一步研究保护与增进数字藏品价值的方法；其次，研究易于更新的藏品数字化智能信息系统；最后，研究如何在机构内外提高数字藏品的利用率与扩大其利用范围。在数字化项目上，一方面，就深化泛机构间数字化项目交流合作政策进行进一步探讨；另一方面，就培养博物馆内藏品、研究与展教项目中的数字化分享氛围与机构智慧数字文化提供前瞻性建议。在机构智慧化能力上，研究建立实行智慧化策略规划的效力；在机构设置层面，研究智慧化组织部门高效运行的可行性。

（一）数字内容的所有权、呈现与控制

在所有权、内容呈现以及通过数字媒体的开放性参与而实现的内容控制这三方面的问题，给博物馆实践带来了机遇和挑战，这些都体现在所有权与访问、机构可见性以及网络开发人员所说的"信息适合性"（即所选择的数字媒体渠道是否适合被传输信息的社会文化需求）等问题上。

展览区域所使用的数字内容的内部开发，在操作上具有挑战性，这种挑战既来自财务方面，也来自人力资源方面。对内部内容和平台进行的开发与应用，让数字内容的控制与开发得到了谨慎管理，但资源投入很大。利用机构以外的组织提供或开发的数字内容通常是一种替代方案，但这种方案有利有弊。将数字遗产档案并入围绕馆藏物品或辅助展览功能的分层信息中可以实现双赢。对博物馆而言，它拥有了一个可以用来支撑其核心功能的资料库，而管理数字遗产档案的机构也通过外展服务收获了额外的曝光度。然而，要将这些内容纳入教育或展览项目，需要谨慎管理与外部供应者的关系。撇开最初的协议不谈，第三方内容的持久性问题以及缺乏内部管理的问题都给博物馆人员带来困难。如果数字遗产档案平台升级导致出现兼容性问题，或者如果因为内容修正而导致博物馆信息层过时，那将面临严峻挑战。虽然这些问题只会对特定环境和博物馆功能造成影响，但在概念开发阶段以及与外部媒体提供者进行合同

磋商的阶段，就应该提前考虑这些问题。

在内容控制和呈现方面，如何获取持续资源以支撑数字化举措是另一难题。往往特殊的运营环境（比如对常设展览进行重新设计，或者由建筑项目合并或解散产生的新组织形式）会采用并实施数字化举措。但在接下来的实际运营情况中，常常看到对数字基础设施进行的初始投资往往需要过多的资源或资金，以致难以为继，最终损失了初始投资。

"信息适合性"的概念需要应用到博物馆实践的数字平台互动方面。我们所使用的数字媒体工具充分说明了在文化遗产环境中我们管理并呈现数字信息的方式。毫无疑问，所有平台都有其固有的优点和弊端，而且必然存在着一种与新媒体平台相关的信息文化。博物馆在使用这个媒体时就必须保持信息适合性——我们所作的选择（是否采用和/或参与）不仅必须展现出符合目的的数字技术，而且还必须展现出符合文化呈现目的的数字遗产。

社交媒体可以通过其广泛的传播和参与式沟通接触到观众，但矛盾的是，在对博物馆品牌及其数字展品进行呈现和控制方面，社交媒体也带来了挑战。社交媒体无处不在的开放性意识创造出了一种环境，使得博物馆从业人员有时需要新的控制层。特定形式的新媒体特性会与博物馆想要传递的信息和内容不匹配。

所谓的新媒体，一般被定义为数字媒体的一个子集。新媒体做出了许多承诺，传递了一些信息，影响了众多领域。有学者指出，新媒体一直以来既被看作是一剂灵丹妙药，将博物馆从乏味的禁锢中解放出来，又被当成是一个推动器，通过寓教于乐的方式将博物馆推向大众化[1]。但真实情况介于这两者之间。新媒体的一大特性是它能够对传统内容的传播进行配置和重组。从历史上看，

---

[1] Michelle Henning, New Media, *In A Companion to Museum Studies*, Malden, MA: Blackwell, 2006.

数字化前的展览仍然要求观众在一个由地点决定的集体体验中跨越时间和空间，而如今的技术有着让观众脱离集体体验并跨越物理空间的潜力。新媒体作为一种变革性力量，影响着"知识的层次结构"[1]，并包含着消除前台和后台之间差异的能力。

数字媒体既可以是一个纠正平台，也可以用于互动、策展实践去中心化、访问大众化以及形成参与式文化遗产。数字媒体提供了一次探索信息层和展品的多方面呈现的机会。数字平台和经过深思熟虑的元数据可以将来自不同收藏、机构和地点的藏品汇集一处。藏品的数字化表现形式为博物馆增添了价值，它开启了一种新的观看藏品的方式；它对各种元素进行了重新组合；它让我们看到了实体藏品中不明显的可能性；等等。新媒体让知识的呈现回归到更灵活、更流畅的方式。

新媒体无须实体博物馆的参与，通过音频、视频、触摸等形式，能够支持多种学习形式。然而，观众进行数字交互并不一定就意味着成功获取了特定的知识（知识内容由展览设计决定）。

数字媒体，尤其是新媒体，让处于机构之外的人们能够通过对平台的使用，访问到多种格式的数字藏品。在世界各地的诸多文化机构中，通过网络接口和内部信息入口收藏着很多形式的在线藏品。而诸如 DigitalNZ 这样的其他接口则提供这些内容的总览，换言之，这种接口将来自不同博物馆、美术馆、图书馆和档案馆的藏品记录汇总，然后在各个机构的藏品管理系统之上提供一个联合搜索层。此外，为不同机构的文化展品创建联合搜索接口，能够实现用户对内容的轻松访问、重新配置、排序和组织。

然而，仅仅通过在线接口来选择对什么内容进行数字化、对什么内容进行

---

[1] Michelle Henning, New Media, *In A Companion to Museum Studies*, Malden, MA: Blackwell, 2006, p.303.

呈现，这从价值上来说并不是中立的行为。数字筛选功能被置于数字基础设施的特性（比如平台的功能限制、与该平台的使用和参与者相关的信息文化以及与展品相关的数字背景或元数据）中。借助电子传输开放式、参与式特征，传统博物馆实践在物理上的限制有望被大众化，但这依然是一个繁重的策展过程。这一点在虚拟展览中体现得尤为明显：在虚拟展览中，用于对馆藏物品进行开发和数字化的可用资源量、承接展览的平台的功能以及与展览相关的元数据，这三者为终端用户带来了一次高度中介化的数字体验。

如果我们在社会文化框架中思考数字遗产，那么很明显，与其他文化遗产组织相比，在博物馆环境中对藏品管理平台的使用存在着本质差异。博物馆内容管理系统（CMS）作为一种信息管理工具，有着与其使用和功能相关的职业／专业文化；文件归档和知识控制是工作人员对于博物馆内容管理系统提出的价值主张的核心，而对于图书馆管理系统而言，占主导地位的价值主张则是访问和可及性。

线上博物馆可以在一片无媒介的舆论海洋中发出权威的声音。虽然在数字世界里权威性和真实性的概念备受争议，但记忆机构，比如博物馆、美术馆、图书馆和档案馆，在普通大众看来仍然是传播权威知识的机构。可及性就是力量，通过数字平台实现的对藏品和机构的访问能提升观众的参与度，并增加实体博物馆的参观量。新媒体不断提供复杂且功能丰富的平台，用于搭建虚拟展览，以及藏品管理和发展线上展览的数字空间。使用适合于信息的数字媒体平台可以大大提升观众参与度及宣传和外展的能力。

（二）智慧博物馆在知识管理上的特点

一是在内容上，智慧博物馆整合来自个人、部门、项目、应用及领域间的内容，并提供多层次的知识内容结构，使知识工作者有效率地表达、建构、组织及展现他们显性及隐性的专业知识；同时，建构多样性内容供各种研究、教育及娱乐应用间分享与再利用，以满足各使用者的需求。

二是在服务上，智慧博物馆能够给使用者提供无所不在的服务，并不受时空限制。更重要的是，提供个人化服务以主动及智慧地满足个人或各类使用者群体的需求；能够建构并整合数字及实体的协同服务模式，探索及管理博物馆真实与虚拟的服务空间。

三是在技术上，智慧博物馆建立了一套标准的工作流程，使知识工作者在整合环境及程序下收集、建构、组织及发布知识内容。其共通的知识内容管理系统可以整合整体博物馆内容建构、管理及发布中的处理流程，其设计了多层次的内容、服务与应用及模块化系统架构，包括后端知识库及前端服务入口网所需功能，并且可以探索及挖掘跨领域间的隐含知识，以充实博物馆知识内容及范围。

四是在运营上，智慧博物馆结合数字内容及服务以扩展博物馆的营运功能，并通过数字内容及服务提高服务观众的质量及加强与观众的互动等。

总之，智慧博物馆依各类知识消费者的需求，各领域知识专家在共通平台上经由共通生产流程及标准产生由基本到复杂的知识组件，这些知识组件被有效地建构管理于后端共通整体知识库下。这些大量且持续不断成长的知识内容被充分地再利用以发展各种研究、展示、教育及娱乐应用，并通过无所不在、主动的及个性化的服务环境传播给消费者。

（三）智慧博物馆在知识管理上的优势

第一，智慧博物馆提供所有可供知识专家应用的多层次、可再利用的知识内容结构，能够弹性地表达并组织长期积累的显性或隐性知识，并整合于一个整体知识体系架构下。

第二,在上述基础上,智慧博物馆能够更充分地利用及传播大量知识内容,为各类使用群体发展研究、展示、教育及各类娱乐应用服务。

第三,智慧博物馆可以整合分享跨领域、机构及社群间的知识内容,以扩展知识涵盖范围,并可因此探索并发现彼此关联的潜在知识。

第四,智慧博物馆可以结合数字与实体博物馆,整合真实与虚拟环境,提供主动、个性化、可根据需求而改变且无所不在的知识服务。

三、合作与趋同

已有大量研究致力于理解技术作为催化剂,在打破博物馆、美术馆、图书馆和档案馆间的传统区别上所起的作用。文物(从二维物件到三维物体,加上新媒体的基础设施)的数字表现形式见证了许多博物馆、美术馆、图书馆和档案馆及彼此间虚拟输出的发展与同化。数字媒体为博物馆、美术馆、图书馆和档案馆之间新兴的合作举措和趋同实践提供了催化剂。所有博物馆、美术馆、图书馆和档案馆都在努力解决数字材料的提供和访问问题,而对于越来越多的图书馆和档案馆而言,原生数字材料的提供和访问问题亟待解决。

1998年,Rayward等首次提到了在博物馆、美术馆、图书馆和档案馆之间的趋同实践中数字媒体所发挥的作用,也提到了电子格式的信息对博物馆、美术馆、图书馆和档案馆意识形态的影响:"电子形式的信息和新种类的信息的可用性日渐提升,不同类别的'信息'被重新定义和整合。传统上,创建这些东西是为了管理不同的格式和媒体,比如印刷品及其相关制品(图书馆)、展品(博物馆)以及组织活动的纸质记录(档案馆和记录存储库)。组织理念、功能及技术的差异,源自这些不同格式和媒体所展现的不同需求。当存在一种通用电子格式时,这些需求便将不再适用。显然,如果要对电子信息源进行有效管理以供历史学家等将来使用,那么很大程度上不得不消除图书馆、档案馆和博物馆之间的差异,而其不同的理念、功能和技术也必须按某种方式结合起来,虽然尚不清楚以何种方式。" [1]

虽然技术之于数字的这种作用似乎是必然的,但其作为催化剂在博物馆、美术馆、图书馆和档案馆的趋同上发挥着重要作用。数字策展和新媒体意味着迈向文化遗产资源的无缝整合、呈现及传递。一些人认为,各类藏品的数字呈现形式使得博物馆、美术馆、图书馆和档案馆等机构按照格式对藏品进行物理分隔的做法成为过去,但事实上它只是将"珍奇柜"这一概念重塑成了一个虚拟空间。将不同格式的馆藏物品(不论是书籍、文物、记录、照片还是艺术品)同化成数字表现形式能够消除博物馆、美术馆、图书馆和档案馆在藏品管理上的处理方式和描述的差异。对建筑环境、藏品尺寸、保存管理、格式类型及地理边界所作的区分已无关紧要或已微不足道了。

有学者认为,用于管理文化记忆的综合运营模式的持续发展(从博物馆、美术馆和其他机构被合并到同一座建筑这一点可以看出这种发展),将博物馆、美术馆、图书馆和档案馆管理的藏品和服务聚集到统一的建筑环境中,是一次将在线信息体系结构复制到博物馆、美术馆、图书馆和档案馆的数字领域的尝试,例如,通过超链接实现文物到文档的无缝(支持任意格式)转换,忽略藏品和机构从属关系的在线多格式展览,以及在博物馆、美术馆、图书馆和档案馆的储藏库之上放置服务/信息模型的平台建设 [2]。

我们习惯于认为博物馆是知识载体,但是却未必清楚地知道博物馆作为知

---

[1] W. Boyd, Rayward, GA. Miller, Electronic Information and the Functional Integration of Libraries, Museums and Archives, *In History and Electronic Artefacts*, Oxford: Clarendon, 1998, p.1.

[2] Shannon Wellington, *Building GLAMour: Convergent Practice between Galleries, Libraries, Archives and Museums*, Unpublished PhD thesis, Victoria University of Wellington, 2013.

识载体，必须经由博物馆的研究人员合力进行专业工作，才能落实下来。这些研究人员包括收藏、保护、研究、展示与教育等各部门，都参与知识诠释工作，建立了完整的博物馆知识论，将各个类型博物馆涉及的专业知识从研究人员的范围传递到公众的范围，将博物馆知识传递给社会公众。

然而，过去这项知识诠释的工作往往重视单向灌输，主体朝向客体，如今逐渐重视研究人员与社会公众之间的双向沟通，主体与主体相互对话形成一个理解与诠释的循环。知识诠释因此是双向沟通的融合过程，持续扩展累积，类似诠释学所说的"视域的融合"，每一个诠释过程都融合了在它之前发生的融合过程。正如格林希尔所说："眼前的时代，知识的形塑不再受限于文艺复兴时期'认识论'的秘密封闭与循环的结构，也不再受限于古典时期'认识论'针对差异贴上扁平、分类的标签。如今的知识，以立体完整的经验建立结构，而这种经验来自知识与公众发生关系。认知的活动，发生于'学习的'主体与'教学的'主体彼此权力相等的环境，通过体验、参与和愉悦的综合，得到形塑。主体之间的位置远比过去更为紧密，以往的隔阂已经以各种不同方式弥合起来。当客体与研究人员都去中心化了，观众／顾客／消费者便能得到新的机会。"

第六章
智慧保护

《中华人民共和国文物保护法》和《中华人民共和国文物保护法实施条例》明确提出"保护为主、抢救第一、合理利用、加强管理"的文物保护工作方针。2005年《国务院关于加强文化遗产保护的通知》（国发〔2005〕42号）也强调指出："文化遗产是不可再生的珍贵资源……加强文化遗产保护刻不容缓"，以"显著提高馆藏文物和遗产地风险预控能力"为发展目标，坚持"建立科学保护文物的长效机制，推进文物的抢救性保护与预防性保护的有机结合"。相关法规、文件为智慧博物馆文物保护奠定了重要的政策基础。

智慧保护是指综合应用包括泛在感知等实时数据采集技术、智能数据挖掘等海量数据处理技术等新型数字化技术、移动互联网等新一代通信技术在内的现代先进技术手段，充分集成现有信息化建设基础，以一种更加智慧的方法，实现博物馆更透彻感知的文物智慧保护，从"内"到"外"精准监测文物状态，提高文物预防性保护的深度和力度。随着认识的深化，文物预防性保护理念已经从最初的"减少或避免修复干预"，发展到"广泛的控制文物保存环境"，提升到"文物风险管理"高度，对文物本体检测、内部展陈的布设、保存环境监测和节能设计都提出了较高要求。

第一节 藏品的本体监测

藏品本体监测是通过人工或利用光学、质谱、雷达、激光、频谱等探测感知设备完成文物构件质地、成分、位置、颜色、结构、倾斜、振动、应力等特征信息采集与记录，实现文物本体状态感知与信息获取。

一、文物藏品种类繁多，监测方法手段各异

文物藏品涉及陶器、瓷器、铜器、书画、玉器、刺绣、石刻、碑帖、钱币、有机物、纺织品、民族民俗文物、近现代文物（包括革命文物）等，种类繁多，其监测方法和手段各异。

馆藏典型金属文物（青铜器、铁器）氧化、环境腐蚀等监测及其表征技术。采用色谱仪、石英晶体微天平（QCM）反应性监测、大气腐蚀监测（ACM）等设备对馆藏典型金属文物成分质地、环境腐蚀进行实时监测，检测甲醛、甲酸、乙酸、氨、硫化氢、臭氧等典型气态污染物、温度等环境因素及其交互作用对典型金属文物腐蚀过程的影响。例如温湿度、二氧化碳、VOC传感器在重庆中国三峡博物馆等重点博物馆的馆藏文物保护中得到了广泛应用，建立了馆藏珍贵文物预防性保护系统。

馆藏有机文物劣化监测及其表征技术。针对纸质文物老化、变形、颜料染料褪变色等劣化病害，通过光谱技术、扫描电镜、聚合度、颜色、数字图像技术等多种表征手段，从分子、微纳米到宏观层面，多角度反映纸质文物典型病害形成发展过程；针对馆藏丝织品文物常见老化、褪色损害，采取基于分子光

谱、超高效液质、显微分析等无损或微损为主的表征技术，监测敏感微观分子结构、染料成分、力学性质变化；针对馆藏漆木器在保存展示过程中的腐蚀、虫蛀、褪色、变质、变形等主要劣化病害，采用视频、电镜、力学、生物分析等手段，检测漆木器外形及内部劣化病变变化。

馆藏壁画检测及其表征技术。针对现存馆藏壁画的主要分布地、气候环境、藏展方式、藏展环境和保存状况不同，结合壁画的工艺特点、入藏处理（主要涉及颜料层的修复材料残余情况及现有支撑体材质等），以成像手段（高光谱分析、热像技术等）为主，结合测色、成分分析，反映馆藏壁画微劣化发展状况。

馆藏石质文物检测及其表征技术。针对现存大量馆藏佛像、石碑、石刻等石质文物破坏、盗窃、移位等情况，采用视频监测、无损探测、微痕检测、特种频谱量子点标记检测、水盐检测等新技术、新装备对馆藏石质文物本体稳定性、安全、病害等实施全方位监测。例如：馆藏文物重力重心、振动、倾斜传感器，特种频谱量子点标记及检测技术装备在对中国西南地区石质文物的检测及保护中得到广泛应用。

二、智能化监测应用，减少文物管理人工参与

人为认知能力的局限性有时会阻碍文物保护工作的有效开展。人为威胁因素是指导致文物不合理保护和管理的人为认知能力的局限性、对文物产生不良影响的各种人类活动等，如过时保守的管理模式、不适当的保护干预等。人为威胁已成为文物保护工作中需要着力解决的主要威胁因素之一。应通过智能化监测应用，减少可能对文物造成的威胁。

（一）文物本体信息自动采集与监测

鉴于文物的特殊性，现有的常用监测技术手段无法满足文物保护研究工作中对文物监测的高要求。为保护价值珍贵、数量庞大的馆藏文物，满足对文物材料质变、风化病害、破坏受损等全面监测需求，有效开展博物馆文物保护工作，确保我国博物馆发展建设进程与国际发展水平同步，有必要开展专门适用于文博行业的先进材料识别技术、红外热成像监测技术、无线感知信息采集技术、全频段高光谱图像分析系统等监测装备的研究和应用。其中，高光谱技术利用紫外到红外区域光谱（400—2 500纳米全频段）对文物不同材质构建独特的光谱特征，采用图像分析系统，对考古探方内文物残留与痕迹信息进行科学提取，快速识别文物材质、分析成分，形成遗址环境文物图像分析技术、方法和体系，为考古工作者提供快速的材料性质、特征和材质的判别依据。对文物进行高光谱成像分析，既可以确定文物的大体类型，也可以确定同一种类文物之间的关联关系，辅助考古学家解读该信息所蕴含的深层次内容，还原文物真实信息和所体现的时代背景和历史意义。例如：三星堆遗址祭祀坑考古发掘配备了先进的高光谱探测装备，为三星堆世纪考古工程提供了坚实的科技装备保障。

（二）构建文物监测综合信息系统

目前，国内大多数博物馆依然存在文物系统监测与评估相对孤立的问题，各博物馆的信息系统大多为分散的"信息孤岛"，应在此基础上开展共性技术标准的研究，并充分利用水文气象、地质分析、盗警、火警、社区信息等，形成完整的、系统的、互联互通的用于文物监测、管理、决策和处置的信息化平台，为科学、高效、有力的管理提供技术支撑。通过大数据、云计算、海量数据存储和传输技术、远程异构数据仓共享技术等智慧技术的应用，实现监测数据实时采集、统一存储、管理、分析、基于 3D GIS 的三维立体图形化交互和量化风险预警，建立多种风险指标体系和评估体系，提高文物保护的深度和力度。国家重点研发计划"基于大数据技术文物安全综合信息应用平台关键技术研究"项目的安全信息接入和融合分析关键技术及装备在信息应用平台中发挥了重要作用。

第二节　藏品/展品的外环境调控

创建馆藏文物"稳定、洁净"的保存环境，是博物馆文物保护工作的重要前提。对馆藏文物保存环境进行长期、实时、精准监测和科学、合理、智能分析，是消除文物遭损隐患、实现文物预防性保护和博物馆跨越式发展的重要手段。在当前的文物保护研究工作中，文物藏品的存放环境这一可能导致文物破损的重要影响因素往往容易被忽略。我们要克服以往文物保护工作的固定思维模式，认识到环境因素对文物材质影响的初期不可见性，通过馆藏文物保存环境的调控，达到保护文物的目的。

一、馆藏文物保存环境监测

鉴于博物馆对外开放、难以封闭的服务性质，博物馆周围的环境污染影响着博物馆内的环境质量，区域环境质量的下降不可避免地对文物材质造成持续不断的损坏。自然环境的恶化正潜移默化地对文物材料造成不可挽回的老化、腐蚀等影响，并正以惊人的速度继续吞噬着珍贵的文化遗产。文物外环境调控对象种类及指标主要包括：① 温度和相对湿度；② 酸性气体，包括甲醛、甲酸、乙酸、氨、臭氧、挥发性有机化合物（VOCs）、二氧化氮等；③ 光照水平，包括可见光和紫外光；④ 生物和微生物，包括虫害和霉菌等；⑤ 藏展材料，包括囊匣制作材料、展陈装饰与辅助材料、文物衬垫与包装材料等。国内外已普遍利用先进传感器、物联网和数据库技术构建文物保存环境多源感知平台与监测系统，对文物库房、展厅环境和运输环境参数进行实时监测。例如：国家重点研发计划"馆藏文物预防性保护风险防控关键技术研发示范"项目的馆藏文物保存环境监测异构自组网集成技术及装备得到了广泛应用。

二、馆藏文物保存外环境调控

（一）藏品/展品外环境调控现状

国内大多数博物馆对分布于展厅、库房、陈列展柜、存储柜、囊匣的馆藏文物保存环境调控对象仅限于温湿度，个别通过监测室内环境中二氧化碳浓度，人为调控游客流量。目前尚缺乏集物联网技术、智能图像监测等先进信息技术的高效集成、融合应用的环境调控措施。

（二）馆藏文物保存环境智能调控技术

这一技术，目前国际市场主要依靠传统的暖通设备实现，如西门子公司可编程的 PLC 系列、意大利卡乐公司可编程的 PLC 系列等。在能耗管理方面，2016 年，谷歌和 DeepMind 合作，使用机器学习的方法，优化数据中心环境控制的能耗问题。芬兰 Leanheat 公司通过物联网和人工智能技术提供的供热管控系统，解决建筑物供暖和节能问题。格力电器于 2018 年发布 GMV6 人工智能多联机、美的公司于 2019 年推广的 M-BMS 智慧楼宇管理系统，实现了精准、高效、优化的智能调温和空调能耗管理。大空间新风式免水恒湿环境调控系统，采用先进串级控制技术、通讯多级互联技术实现湿度精确控制和数据互联，实现高湿度环境下文物展存环境稳定调控。文物保存环境参数调控的数量种类、精准均匀性要求远远要高于传统暖通空调系统的效能。随着博物馆为保护文物而更多地使用空调设施，节能必将成为一种新的迫切需求。因此，应用现代先进技术，实现基于新型物联网技术的环境监测系统与传统暖通设备的联动，达到"智能、精准、节能"的调控目标，是当前发展的重点。

（三）馆藏文物保护风险防控集成平台

1. 馆藏文物保存环境风险评估系统

在获得海量多元异构数据后，需实现对海量环境数据的有效利用与深度发掘，将环境数据与文物本体风险状态建立有效关联关系。在对馆藏文物本体和环境监测的基础上，通过模拟试验、数学预测等方法，建立典型环境参数变化导致腐蚀病害发展的映射关系，建立各类馆藏文物典型评估指标及其关联模型，提出馆藏典型文物风险指标防控评估准则。对主要的劣化问题和环境控制问题进行归类，形成金属文物（青铜器、铁器）、有机质文物（纸质文物、丝织品、漆木器）、壁画、石质文物（佛像、石碑、石刻）监测预警及环境风险分级防控指标体系、指标评价准则。在将监测数据与经验知识充分融合、挖掘、利用的基础上，完善环境风险状态表征的系统性和精准性，建立馆藏文物风险防控机制。

2. 馆藏文物保存环境调控管理系统

对馆藏文物智能化、精准、友好、科学的管理是博物馆履行好藏品基本管理职能，保证文物免受不合理人为干预的重要举措。运用馆藏环境分布式监控一体化成套技术与装备，采取预防性保护装备、主动监测技术、消毒熏蒸、防震抗震等多种手段调控文物保存环境，建立基于人工智能的环境精准调控机制和算法，构建馆藏文物保存环境调控管理系统，并能互联互通应用于异构监测终端和调控设施系统中，提升馆藏文物的科技保护能力。

第三节　遗址环境监测

遗址现场环境恶劣，信息量巨大，以青铜器、金器、玉器为代表的无机质文物，以象牙为代表的有机质文物以及潜在的竹木器、纺织品等文物微小碎片，蕴藏着非常丰富的人类活动痕迹信息、分子与生物信息以及其他有重要研究价值的历史信息。在环境检测中，要求突破传统的环境监测方法和思维模式，科学地保护出土文物，涉及遗址环境检测、遗址考古专用装备等重点系统。

一、遗址环境监测系统

遗址考古发掘集成平台在考古发掘工作完成后，作为博物馆永久建筑保留。其中，探方环境调控系统具备遗址发掘现场的温湿度、二氧化碳、甲烷、振动、坑壁倾斜、含水量、导电率、特种光照等遗址环境综合信息检测及通风系统等功能。根据文物保护需求，系统搭载多种类数字监测终端：采用中央空调系统调控温度；喷雾加湿系统稳定湿度；专用照明系统包括探方内特种工作照明系统和普通照明系统，构建遗址考古发掘平台的照明体系，满足各功能区照明照度要求，控制紫外线、红外线及曝光量，做到光线柔和舒适、不对文物造成影响。三星堆多功能考古发掘平台研发的温湿度、重力、倾斜等传感器监测与永久数据存储系统，为三星堆考古发掘提供了可靠便捷的环境监测保障。

二、遗址考古专用装备

为对遗址发掘前内部不可见因素进行预先探测，应提取探方内脆弱文物、富集文物开展实验室研究，满足文物本体结构、形貌、材料、成分元素观测与分析需求。运用 X 射线探测系统、太赫兹探测与分析系统、发掘前预探测系统等遗址考古专用装备，形成对考古与文保的重要科学支撑和基础技术支撑。

（一）X 射线探测系统

在遗址考古发掘现场，利用 X 射线的穿透作用、差别吸收、感光作用和荧光作用，在荧光屏上或摄影胶片上（经过显影、定影）将显示出不同密度的阴影，从而对探测物体有初步的认识。配备 X 射线探测系统、荧光光谱仪，可以进入狭窄区域或在较大表面积区域活动，可快速生成高分辨率图像。对细小微结构文物应用 3D X 射线显微成像系统，满足对文物构成本体和复杂环境亚微米及微米级微结构三维建模的需求，形成遗址环境综合信息提取技术、方法及后期处理体系。

（二）太赫兹探测与分析系统

太赫兹是检测以古象牙为代表的有机质文物、以木质结构为代表的古建筑结构内部状态的最有效手段，采用太赫兹成像系统对探方平面进行快速的光谱成像分析，可发现潜在的文物痕迹，形成内部监测与外部环境分析相结合的分析保护手段，为考古工作者提供快速的材料性质、特征和材质的判别依据。

（三）发掘前预探测系统

研发以探地雷达及识别技术为代表的发掘前预探测系统，用于对土体（砂石等）内部的成分（金属、非金属、有机物、无机物等）、结构（空洞、疏松、裂缝等）、环境（富水情况）进行构造解释、探测识别与分析，对检测目标进行精准定位，对发掘前内部不可见因素进行初步探测及预判。

综合考虑智慧博物馆的保护功能，针对文物藏品本体管理、存放环境监控、遗址环境检测等应用场景，在明确分辨和充分融合馆藏文物多种影响因素的前提下，合理地运用计算机技术、物联网技术、数字化技术等先进技术手段，为博物馆文物藏品保护工作推陈出新、提高服务质量提供重要的决策支持，持续提升文物藏品保护工作的信息化建设水平。

第七章
智慧管理

智慧管理是以先进的智能控制技术为支撑，优化传统博物馆的管理模式和工作机制，为与博物馆管理的计划、组织、领导、控制等内容相关的决策活动提供支持，使管理工作更为科学、智能、高效。具体体现为通过博物馆内部管理与外部管理的智慧化，实现减小管理压力、提高管理效率的目标。内部管理重点围绕藏品资源、财产资源和人力资源这三大资源进行管理智能化升级。外部管理通过加强对博物馆以外的利益相关者的联系，实现博物馆自身能力水平的提升。

第一节　藏品管理

我国宪法规定："国家保护名胜古迹、珍贵文物和其他重要历史文化遗产。"博物馆的藏品管理工作即肩负着这一重大使命。博物馆藏品作为人类及人类环境的物质及非物质遗产，涵盖了丰富的历史文化信息，经历时间长河的冲刷后，这些藏品具有独特性、不可替代性和不可再生性，一经破坏或毁灭，就不能再造。因此，妥善管理好藏品，不仅有现实意义，还有长远意义。不仅是我们这一代的需要，也是子孙后代的需要。中国博物馆协会于1987年就专门成立了保管专业委员会，并且随着时代的发展，为了推动博物馆登记著录活动的科学发展，促进文物保护、管理和利用工作，2010年7月又成立了登记著录专业委员会，可见博物馆藏品管理工作在博物馆业务工作中的重要地位。

一、藏品管理的概念与步骤

博物馆藏品管理工作的对象，是经过鉴选而作为国家文化财产的博物馆藏品。顾名思义，所谓管理显然包含着两个方面的主要作业：一个是"管"，另一个是"理"。管就是保管，理就是理出藏品的流传经历、来龙去脉，理出藏品的历史价值、文化价值、科学价值和艺术价值。

藏品管理的目的主要有两个方面：一是有序妥善保管藏品。一个博物馆的藏品数量，少则几千件，多者上万件，甚至几十万件，并且藏品的种类也丰富多样。因此，如果没有一套科学的管理体系，博物馆面对数量庞大、种类繁多的藏品便无从下手。藏品管理的首要目的就是要摸清家底，科学、有序地管理好国家文化财产。从博物馆职能来说，管理藏品是其主要业务之一，也是构成博物馆性质的内容之一。二是为了更好地使用。藏品管理并非简单地为了管理而管理。藏品是博物馆开展各项业务活动的物质基础，离开了藏品，博物馆很难开展好陈列展览和丰富多彩的教育活动。所以，管理只是一种手段，使用才是真正目的；或者说，藏品管理学所要研究的主要内容是如何科学地、方便地、久远地使用藏品。

总体上，传统的手工保管方式，存在记录容易丢失、数据更新不及时、审批效率较低和统计分析工作量大等问题，亟须采用更智能的信息化手段提升藏品管理效率和规范性。藏品管理信息化是博物馆发展的需要，也是提升藏品管理、利用水平的必要手段。藏品信息管理系统应该以藏品保管业务流程为依据，以业务资料采集、积累、整合、统计、分析为手段，满足文物保护、管理、科研、展览、宣传教育等业务的需要，旨在提高博物馆藏品管理的工作效率。

博物馆藏品管理工作的要求是制度健全、账目清楚、鉴定确切、编目详明、保管妥善、查用方便。因此，藏品的征集、鉴选、登记、编目、入库、排架、提用、注销、统计工作都应该规范且高效。藏品智慧管理就是针对文物藏品本体及其全方位信息，基于自动识别技术、室内定位技术、智能感知技术以及海量数据管理分析技术、无线自组网技术等，实现藏品的简单化、科学化、精准化、智慧化管理。藏品的智慧管理主要体现是在最大限度降低人员参与的前提下，实现博物馆文物本体的实时定位识别、文物信息的高效有序管理、文物藏品出入库的智能感知清点、文物本体的日常智慧巡检等。具体有以下几个方面：

（一）征集管理

根据《国有博物馆藏品征集规程》，藏品征集程序有征集调查、价值评估、价格评估、价格谈判、征集实施、验收支付、建档备案。明确要求征集实施部门应将征集过程所有原始资料整理归档、永久保管，并建立藏品征集情况数据库，登记名称、来源、估价、成交价、鉴定专家、征集过程等信息，而这一系列程序都需要征集管理系统。

（二）藏品入馆交接管理

征集品从征集部门到保管部门交接时，需要填写入馆凭证，审批通过之后执行入馆操作。入馆凭证的内容包括：总登记号、分类号、藏品名称、藏品类别、年代、件套数、尺寸、质量、完残情况等。

（三）信息采集管理

藏品信息的数字化采集，即采用各种技术将藏品信息转化为电子文件形式，按照格式有文本文件、图像文件、流媒体文件等。文本文件信息主要是藏品本体信息、管理工作信息。根据《博物馆藏品信息分类代码表》，包括名称、类别、年代、地域、人文、质地、功用、工艺技法、形态、完残、装饰等。

（四）藏品管理

对藏品总登记账、藏品编目卡、入库凭证单、出库凭证单、注销凭证单、事故登记、装裱修复摄影登记等进行管理。对藏品按照各类别、各年代、各质地、各用途、各级别、各来源等进行统计管理。

二、藏品管理后台系统

上述管理的各个子功能共用一个后台管理系统，这是保证系统正常运行的关键，人员的调配、组织机构的建设、人员角色的建设、数据字典的建设、权限的分配等功能都是通过后台管理系统完成的。系统配置管理主要包括：部门管理、人员管理、流程管理、表单管理、权限管理等。

部门管理能够提供部门维护方法，其中机构变动包括：部门的增加、删除及部门名称修改等。根据不同岗位设置各种人员集合，当人员的所属部门、岗位发生变化时，可以对其进行调整，系统可以自动完成相应的信息更改；根据部门及岗位性质进行授权，决定可进行操作的范围；当新增人员后，根据人员的部门、角色和职位，能够根据设定的条件自动添加此人，以及有关的常用人员，之后还可以手动调整，而无须从流程中进行设定。

系统给每个群组或角色提供分配权限，可以设置不同群组或角色访问资源模块。系统权限可以由用户自己定义，可以具体到每个模块及模块中的按钮。

定制管理是指根据博物馆的个性化特征及需求进行定制。例如，行业博物馆、自然博物馆、科技馆等，因为其藏品的特殊性，或者业务工作的独特需求，对部分管理工作产生特殊要求。如表单输出格式定制：藏品管理业务各个环节的入库凭证单、出库凭证单、注销凭证单等的打印格式可以定制。指标组定制：针对不同的业务环节或不同的文物类型可以定制合适的指标组，包括征集指标组、总账指标组、入库明细指标组、出库明细指标组、藏品使用指标组、查询结果指标组、查询条件指标组等。系统根据藏品类别对不同类别的藏品划分各个不同指标组。用户可以根据日常管理的需求，增加对不同的藏品分类方式定制不同的指标组合方式。文物信息指标定制：根据《博物馆藏品信息指标体系规范（试行）》（文物博发〔2001〕81号）及第一次全国可移动文物普查系统指标，结合博物馆情况，对部分指标进行增删、调整，以更加适应博物馆题材。

三、藏品智慧管理的实践

湖北省文物管理信息系统，主要面向全省各市、州、县（区）文物管理人员，主要功能模块包括文物点基础信息采集，文物保护项目（工程）进度管理，省级以上文物保护单位保护、管理动态监测以及全国重点文物保护单位记录档案管理，文物保护专项经费管理，二、三级博物馆运行评估等。

2005年下半年起，借建造新馆的契机，苏州博物馆开始了真正意义上的信息化建设，结合苏州博物馆自身藏品管理的特点及需求，使用作为新一代管理信息系统的业务支撑环境和开发体系的Jusetp Busien Ssstudio数据库建设软件，以《博物馆藏品信息指标著录规范》为框架，由苏州嘉华计算机系统工程有限公司协助开发了"苏州博物馆藏品信息管理系统"。苏州博物馆藏品信息管理系统是用于馆内藏品的信息收集、汇总和管理的一个系统，也是实现藏品资料数字化并将博物馆日常业务信息化的一个系统[1]。此外，成都理工大学博物馆、辽宁省博物馆等都发表了藏品信息管理系统的实践应用成果。

2014年，秦始皇帝陵博物院已在部分库房及展厅实现了基于物联网技术的藏品管理方法。将物联网的RFID技术、传感器技术、视频图像技术及网络技术等应用于藏品管理工作中，建立文物、装具、RFID标签的密切关联，为每件文物建立唯一的身份凭证。由于藏品管理工作的对象是文物，因此RFID标签的选取及无线监测网络参数的选择都很重要。首先，选用的RFID标签是不固定在文物上的有源RFID卡，目的是不对文物造成任何损害。此外有源型RFID卡能够在较远距离与RFID读卡器进行通信，且内存容量较大，除文物基本信息外，还能够记录登记文物图像等其他重要信息。其次，由于博物馆是相对封闭的环境，特别是秦俑一、二、三号坑，监测节点通常布置于坑底，且游客量大，为保障信息的传输效果，无线监测网络参数的选取也很重要。本次无线传感器监测节点采用的是衍射性较好的433 MHz频率进行通信，不但降低了节点功耗，还延长了网络寿命，同时也加强了网络的通信能力[2]。

2013年11月，南京博物院二期改扩建工程历时四年多完工，以改扩建后重新开放为契机，建设成高标准管理模式、高水平科学研究、高质量文物收藏、高品位陈列展示的国内领先、国际一流博物馆是南京博物院的新目标。为配合重新开馆后的藏品管理工作，南京博物院投入大量人力、物力开发了一套较为先进的立体化藏品管理系统。系统由管理软件、RFID标签识别系统和传感监测系统组成，各系统相互关联，共同完成对馆藏文物的管理。DBM数

---

[1] 朱恪勤：《藏品信息管理系统在苏州博物馆的建立》，见浙江省科学技术协会：《全国首届数字（虚拟）科技馆技术与应用学术研讨会论文集》，科学技术文献出版社2007年，第18—23页。

[2] 王婷：《物联网技术在博物馆藏品管理中的应用分析——以秦始皇帝陵博物院为例》，《文物保护与考古科学》2014年第1期。

据库管理系统是核心，RFID 识别和传感监测是系统实施管理功能的基础和手段。系统通过综合运用 RFID、GIS、GPS 等技术进行藏品出入库的自动识别、藏品流动情况的跟踪记录，实现对藏品的实时化、精细化管理[1]。

"三峡数字博物馆"项目暨重庆中国三峡博物馆智慧管理平台于 2017 年开工建设，至 2018 年 10 月竣工验收，其中包括珍贵文物三维资源库建设。重庆中国三峡博物馆完成了 200 件馆藏珍贵文物的三维数字化采集加工。经过三维扫描、纹理拍摄及后期制作，还原为珍贵文物的原真模型，为博物馆多方位展示和文物研究提供了极大的方便，后期还将持续开展此项工作。专题资源库建设是信息化时代下文物信息化资源开发和利用的一项创新手段与重要途径，也是智慧博物馆建设的目标和任务之一，是文化研究的必备资源。重庆中国三峡博物馆一是对三峡文物抢救保护工程档案进行数字化采集及著录，建立三峡文物抢救保护工程档案数据库，利于开展三峡地区的研究工作；二是把研究人员历年收集的家谱资源进行数字化扫描并建立专门的专题资源库，方便馆内外开展相关研究；三是利用中国知网的海量资源，二次开发形成三峡文化专题资源库，不仅为馆内职工研究提供丰富的资料，而且通过网站无偿对观众提供论文查询、全文阅读及下载服务[2]。

第二节　资产管理

除文物藏品外，博物馆还拥有大量的文件档案、图书、仪器设备以及其

---

[1] 张晓婉：《物联网技术在博物馆藏品管理中的应用——以南京博物院为例》，《江苏科技信息》2018 年第 12 期。
[2] 刘华成：《智慧博物馆的新实践——重庆中国三峡博物馆智慧管理平台建设记》，《中国文物报》2018 年 11 月 16 日第 5 版。

他数字化资源，如何对这些国有资产进行科学合理化管理也是智慧博物馆建设要解决的重要问题。近些年，国家对于资产管理工作进一步加强重视。2014年财政部成立资产管理司；2016年财政部组织了全国范围内的资产清查工作，进一步对资产家底数据进行核实。2017年10月，财政部印发《政府会计制度》并于2019年1月1日执行，对资产管理中固定资产折旧与无形资产摊销的范围和规则带来改变。2018年1月，《中共中央关于建立国务院向全国人大常委会报告国有资产管理情况制度的意见》发布，由于报告数据主要来源于国有资产管理信息系统，资产管理信息系统的数据准确性至关重要。2020年9月，财政部再次发布《关于加强行政事业单位固定资产管理的通知》（财资〔2020〕97号），因此亟须通过数据专项治理的工作方式，借助信息化手段，进一步提高资产信息系统数据质量。

资产管理就是针对博物馆内除文物藏品之外的资产，基于自动识别技术、智能感知技术等，实现资产的逻辑关联、有序管理，便于管理工作人员和科研人员随时快速查找，主要包括博物馆内文件档案、固定资产、大型科研仪器设备等的管理。文件档案、图书资料管理的智慧化体现在无纸化、便捷查询上；固定资产管理的智慧化体现在自动定位、智能识别上；大型科研仪器设备管理的智慧化体现在及时共享、智能监管上。

（一）文件档案、图书资料管理

博物馆有大量的文件档案、科研文献资料，不少博物馆还积累了很多图书资料，合理流通利用，是实现这部分资料成果分享和资源利用最大化的重要挑战。需建立文献资料管理系统，不仅对文件档案、图书、文献等实体资料进行管理，而且要对其数字化后的资源进行集中管理，方便馆内工作人员、研究人员借阅查看。

（二）固定资产、科研仪器设备管理

固定资产管理是博物馆日常管理的重要组成部分，是保障各项业务工作顺利开展的重要物质基础。如何对不断增加的固定资产和设备加强管理，是博物馆面临的重要问题。由于盘点工作量大，信息反映不及时，经常导致资产重复购置，无形中使单位成本大幅增加，影响博物馆运行效率。为了加强资产管理，提高内部管理水平，越来越多的博物馆引入条码技术或采用RFID对固定资产实施管理。

河南博物院数字资产管理系统项目为数字资源管理建立起了新的业务模式，建立了馆内各业务统一的数据总线，消除了数据孤岛，规范了数据文件格式，使馆内数字资源的统一管理和资源有效再利用得以实现，并达到了全程可记录、可追溯的效果，提高了馆内各业务部门和工作人员的日常工作效率。数字资产管理系统建设已形成10大模块（系统台账、数字资源入库、数字资源编目、数据格式转换、组织管理、浏览检索、输出利用、存储管理、数据统计分析、系统管理监控）和34个子功能模块，建立了河南博物院数字资产库，可存储、整理、发布河南博物院现有的多种类型数字资源，包括文物影像、新闻影像、三维数据、音视频数据、工作文档和软件资产等，基本满足了河南博物院对于数字资产管理的主要业务需求[1]。

第三节 人员管理

博物馆人员管理主要包括两部分：博物馆内部工作人员、志愿者和观众管

---

[1] 翟红志：《博物馆数字资产管理理念的解析与实践》，《东南文化》2015年第3期。

理。对于博物馆工作人员，基于 RFID、图像智能分析等技术，实现工作人员的有序管理，重点在于工作人员与文物藏品和馆内资产管理的关联，以物定人，以人管物；对于观众，基于 RFID、图像智能分析、红外热像、环境传感等技术，综合利用室内定位技术、智能终端及智慧服务体系的交互服务等，监控观众流量，分析观众行为，并与文物本体数据来源和环境信息融合，分析提供应急预处理功能，产生藏品管理的决策辅助支持，并提升博物馆的安防预警技术水平。

（一）人力资源管理

人力资源管理通过信息技术，建立组织、职务、岗位、人事档案的信息化管理，提高内部员工的满意度、忠诚度，从而提高员工的绩效，帮助管理者实现有效组织管理。组织人事管理是通过建立组织结构，规定职务或职位，明确责权关系等，以有效实现组织目标的过程。组织管理的具体内容是设计、建立并保持一种组织结构。组织管理的内容有三个方面：组织设计、组织运作、组织调整。考勤管理是博物馆人员纪律管理的最基本工作，通过约束的手段来统一全体员工的工作态度，规范全体员工的工作行为，提升全体员工的工作积极性和效率。薪酬管理作为提高员工工作热情最有效的激励手段，是人员管理中较为敏感的、共性的、永恒的话题。绩效管理帮助评估和识别潜在人才，协调战略和目标，帮助组织和员工不断弥补能力短板，并通过继续教育等方式持续改进。员工档案库记录包括任职情况、奖惩情况、工作经历、培训、合同信息、薪资变动信息。记录员工所获取的证书，了解员工的技能；记录员工的工作经历，便于人事调动时参考。实现对劳动合同的信息化管理，包括订立、变更、续签、解除、终止的全面信息记录和查询管理；人事异动主要包括人事变动、奖励信息、惩罚信息、培训信息、职称变动，记录个人在单位的职业轨迹。提供多种查询统计方式，如按部门统计、按学历统计、按性别统计、按年龄统计。

（二）志愿者管理

志愿者是机构因其成立宗旨与服务需要招募而来的，不计报酬，关心社会福利，本着个人自由意愿，以奉献个人的时间、精力，主动参与各项社会福利服务活动的人。在目前博物馆公共文化服务中，志愿者所发挥的作用越来越大，志愿者数量众多，人员来源复杂，有学生、企事业单位人员、博物馆爱好者等。如何有序高效管理志愿者是当下博物馆要考虑的重点。

志愿者前端功能包括志愿者网上申请、个人信息管理、服务时间查询、活动参与记录、活动信息查询、编辑修改志愿者信息、分享空间、志愿者留言版块。志愿者后台功能包括注册及审核管理、考核培训管理、信息发布管理、岗位班次管理、上岗考勤管理、人员考核管理、资料管理、服务记录管理、留言管理。

（三）观众管理

鉴于博物馆的观众流量很大，实现重点区域的人流密度可控、安全是博物馆面临的重要挑战。建设客流统计分析管理系统，相对准确地统计出入指定区域（通道）的人数（流量）及流速等信息，统计分析当前人数状态和变化趋势，实现实时监测观众位置、客流量和异常情况，查看馆内人员分布，为博物馆制定或调整管控措施提供参考决策依据。同时，针对异常情况，可采取分流疏散、错峰、限流、预警等应对措施，保证参观秩序，预防安全事件发生。

重庆中国三峡博物馆的智能客流数据采集分析系统利用铺设在展厅中的前端采集设备——人脸检测摄像头，捕捉人脸数据。通过人脸检测、边缘计算技术获取游客参观数据，在后台对参观人数、游客性别、年龄、停留时间等数据进行统计和分析，形成大数据直观展示，从而帮助博物馆了解观众对展品的关注度，为博物馆策展提供决策依据[1]。

秦始皇帝陵博物院在陈列展览中引入"博物馆观众数据调查与分析综合管理系统"。该系统综合应用红外热成像技术、RFID 技术、数据挖掘技术等技术手段，建设自动监测、智能感知及带有交流、互动功能的博物馆观众数据综合管理平台，采集观众进出展厅的实时数据，并按照不同时段、时间尺度进行统计分析；对观众参观过程中的停留时间、行走轨迹等行为数据进行采集和综合分析；通过互动平台，实现展览数字化展示以及观众背景信息的采集，为展览的策划与设计、博物馆的管理与运营提供精准的决策支持[2]。

广东省博物馆观众数字化管理系统可分析任一时段的观众到访量、来源地以及任意展厅的观众数量、行为，这些数据全部都由计算机自动记录和统计完成。有了大数据，博物馆未来怎么发展、往哪个方向发展，电脑的分析都能帮上大忙。

第四节　行政管理

行政管理主要是实现博物馆的综合信息化管理和智慧人性化监督，同时也是博物馆实现办公自动化、管理现代化、工作高效率的重要步骤，是博物馆与时俱进、开拓创新的重要途径和必然选择。

---

[1] 刘华成：《智慧博物馆的新实践——重庆中国三峡博物馆智慧管理平台建设记》，《中国文物报》2018 年 11 月 16 日。
[2] 《守护·传承·创新·发展——秦始皇帝陵博物院建院 40 年巡礼》，秦始皇帝陵博物院官网，2019 年 9 月 18 日。

（一）办公自动化

为实现博物馆内部信息化办公，博物馆需要一个高效、便利、智能的现代化信息平台，利用先进成熟的技术和运用体系，构建统一的网络系统，是当今国内外科学管理手段。办公自动化利用现代化设备和信息化技术，代替办公人员传统的部分手动或重复性业务活动，优质而高效地处理办公事务和业务信息，实现对信息资源的高效利用，进而达到提高生产率、辅助决策的目的，最大限度地提高工作效率和质量、改善工作环境。

2014年上半年，山西博物院加入了省政府办公厅公文交换传输平台系统，这是一套以公文管理为核心，实现了各省直单位的上行、下行、平行公文交换共享，要求专网专用，集成CA认证、电子公章、二维条码、手机短信系统，实现了公文实时传送。

（二）博物馆定级评估及运行评估

《博物馆定级评估办法》《博物馆定级评估标准》是衡量博物馆质量的重要指标。评估共设有综合管理与基础设施、藏品管理与科学研究、影响力与社会服务3个一级评估指标，其下分设13个二级指标、78个三级指标以及15个加分项。博物馆可以根据评估办法及标准，随时监测博物馆的指标是否达到等级标准。

《国家一级博物馆运行评估指标体系》是反映国家一级博物馆的总体情况、变化趋势和特征结构，用以评价国家一级博物馆总体发展状况的一整套指标体系。国家一级博物馆要以科学理论为指导，以科学的分析、测量和评估方法为支撑，以深刻把握国家一级博物馆运行的实质、特征和现实表现为依据，确保一级博物馆的持续高质量运营发展，而其他博物馆也可以此为标准促进博物馆发展。因此，博物馆需建设定级评估系统，特别是运行评估监测系统，帮助博物馆根据指标平稳高效运行。

第八章
智慧服务

博物馆智慧服务主要是针对公众服务需求，以多维展现互动形式，实现公众与博物馆藏品交互的高度完美融合，为公众提供无处不在的服务，主要包括展示与体验、教育与研究、分享与传播、宣传与推广等方面。智慧博物馆建设，应该充分考虑到观众各种各样的服务需求，通过现代化技术和多样的展示服务手段，给观众提供全方位的参观导览智慧服务。

第一节　展示与体验

针对非现场观众，基于高清图像技术、三维重建技术、3D 全景技术等先进数字化技术，以及多媒体技术、多元多维输出展示技术、社会门户增设、主题影片制作等，博物馆研究、采集馆内藏品的全方位数字化信息，并通过高速数据处理、相关历史文化关联、历史场景再现、高清和超高清图像互联网站展示、文物三维图像展现、博物馆全景漫游等方式，制作云展览等。观众可以足不出户，观看博物馆藏品及展览，实现"永不落幕的展览"。虚拟式预览服务应用的建设，打破了博物馆传统的时空界限，可远程为社会大众提供博物馆及藏品的丰富信息，提高了博物馆文物的开放力度，拓展了博物馆的公众服务时限和广度。

针对现场观众，博物馆基于传感技术、RFID 技术、虚拟现实技术、增强现实技术、多元通信技术等各类先进物联网技术及交互式导览、移动终端等，建设观众体验与互动服务应用，拉近观众与藏品的距离，提供高质量、沉浸式的文化产品。

（一）博物馆云展览

博物馆云展览是互联网环境下通过资源集成和服务共享方式向公众传播文物数字化信息及相关知识图谱的信息服务系统，是文物数字化信息的可视化呈现，是基于网络环境下共建共享的知识网络系统，是便于使用的、没有时空限制的、可以实现文物信息跨馆共享的知识平台。根据云展览的实现技术与呈现形态，博物馆可建设制作三类云展览：一是图文在线展。即将展览脚本／大纲搬到网上，类似电子的展览宣传册，易于实现，成本低廉，但与观众鲜有互动，因此并不能引起观众太大兴趣。还有藏品信息管理数据库，即将博物馆现有的数据库开放部分权限给公众，可以浏览藏品的信息及图片。二是实景三维展。运用专业相机等将线下实体展完整、细致地拍摄记录下来，然后制作出虚拟空间，让观众置身于三维展厅立体空间里参观。制作过程中加入重点文物详情介绍，以及场景跳转、点赞、分享、评论等互动功能。三是三维虚拟展。基于文物的数字化信息，一个博物馆或多个博物馆跨馆合作，选取某一主题对信息进行组合加工供观众浏览。这类展览并没有对应的线下实体展览，而是按类别或主题汇集了较为丰富的而原本又是十分零散的博物馆藏品信息。

（二）多媒体触摸屏服务

多媒体触摸屏服务主要通过建设多媒体触摸屏设备，为观众提供会员登录、路线推荐、地图导览、线上预约、文物三维环视等互动功能。系统包括客户端系统及后台管理平台，客户端系统主要面向观众提供服务，后台管理平台方便博物馆管理人员及时发布、更新多媒体触摸屏系统中的内容。多媒体触摸屏包括信息发布屏、导视屏、多媒体拼接屏。

信息发布屏服务在博物馆入口处设置 LED 显示屏，实时显示入馆须知、当前在馆人数、当前临展等各种信息，可以为在场外排队进馆的观众简要提示博物馆的当前信息。在博物馆服务台上方设置信息发布屏，进行日常宣传展示，展示场馆介绍、服务信息、展厅及最热展览信息、观众服务大数据信息等，帮助刚入馆的观众及时了解博物馆的场馆资讯信息，方便观众参观游览。

多媒体导视屏为观众参观提供导视和交互服务，在观众参观过程中，在不同展厅之间游览时提供完善导视信息和数据交互的服务规划。同时，导视互动屏具有人脸识别功能，可识别出馆内会员，显示会员信息和会员的参观数据信息。导视屏主要为在馆参观观众提供每一层的展厅导视服务，也可在公共区域提供服务信息查询及青少年活动教育的多样性体验。保证观众到达某一楼层后能够以最便捷的方式了解本层展厅布局和展览主题等信息，突出馆内专题展厅的信息展示，使参观更具目的性。多媒体导视屏提供馆内地图展示及导航、公共区域查询、教育互动、展厅介绍、建议行程等功能服务，并支持观众选择需要的信息推送至手机或智能导览设备。

多媒体拼接屏设置于观众进出经过的公共区域，为观众提供来馆参观信息展示交互及离馆留言分享等功能，能够展示馆内特色展项、内容并提供互动服务。通过多样化、精美的展项内容和展览数据展示，为观众提供丰富的展示交互及导览服务，并且支持观众进行互动。

秦始皇帝陵博物院先后与腾讯、百度等互联网公司开展深度合作。与百度公司合作推出的 200 亿像素 360 度全景兵马俑坑展示、百度 AI 秦始皇兵马俑复原工程等项目，与腾讯公司合作的"互联网＋智慧服务""你好，兵马俑""寻迹始皇陵""秦朝的你""千里驰援"等互动体验和 H5 小程序互动游戏，以其丰富的服务功能、新颖的传播方式在文博界产生了不小的影响。尤其以腾讯地图为依托的"寻迹始皇陵"智慧导览产品的上线，精准地为游客提供了博物馆概况、手绘地图、语音讲解、设施查找、路线规划、馆内导览、VR 全景地图等服务，让秦陵文化遗产保护利用在新媒体时代焕发出新的活力。

南京博物院研制了全国博物馆中首部用于视障和行走障碍观众的全自动导览车。车载计算机控制车辆前进的路径和展示点，可前行、倒退、拐弯、避让，到达展示点后自动触发感应装置，播放展品的讲解语音。

第二节　教育与研究

通过挖掘和整理博物馆及藏品蕴含的历史、艺术、科学、社会等背景信息，建立新型的知识组织方式，推动研究与教育的互动，把博物馆及相关线上平台等打造为学生的第二课堂和公众终身教育的空间。

（一）博物馆云教育

教育是博物馆的首要功能。随着博物馆研学概念的不断发展与深化，新兴的云教育、线上研学模式出现，成为互联网新技术与传统博物馆深度碰撞融合的新产物，研学教育的场所由线下转移到线上，摆脱了传统线下研学规模有限、深受地理情况制约等不利影响，线上研学拓展了受众范围，提升了教育内容标准化程度。

目前，博物馆可以通过直接面向观众或通过与第三方平台、第三方机构合作的方式开展云教育。

博物馆在线课程教育是指博物馆通过互联网建造一个平台，观众通过平台获得相关的在线课程的教育模式。从交互性看，有简单地将内容呈现给观众的方式。例如湖南省博物馆官网的在线课程，面向儿童及家庭、学生及教师和成人这三类观众，为他们提供了适合他们年龄和身份的在线课程。为儿童提供诸如人物故事、手工小作坊、小游戏、动漫学院等服务，通过3—5分钟的视频，辅以小游戏等，吸引儿童的兴趣，让儿童能够感受到在展厅实地参观无法比拟的参观体验。也有让观众参与互动的方式。如2017年5月，四川博物院博教所与四川省电化教育馆确定了四川省教育公共资源平台"文博教育"栏目的设置方案。方案包括博物馆课程在线点播、专家答疑、互动体验、数字文物展示等功能。"文博教育"栏目可以实现全省几百万注册师生共同线上学习与交流。博教所与石笋街小学利用移动教务教学平台系统，首次推出博物馆实景课堂，通过博物馆、学校多媒体教室、户外研学地等实现三地多师共同施教，突出教育内容的综合性、情景性、实践性，实现教育资源多维度的实时注入课堂，提高学生学习兴趣，激发学生学习的主动性与积极性[1]。

博物馆也通过与慕课平台合作、博物馆进驻的形式，向观众提供在线网络教育课程。Coursera是由斯坦福大学教授达芙妮·科勒创立的营利性教育技术公司。平均高等教育资源，让更多人平等、免费地接受教育是她创立该平台的最初目的。美国现代艺术博物馆通过Coursera平台，发布了"透过摄影看世界"系列课程。课程通过介绍影响摄影作品的创意、手段与技术，讨论"看照片与真正理解照片之间距离的问题"。平台会定期发布观看视频、阅

---

[1]《搭建全省"馆校合作"新平台　展望"文博教育"新态势》，四川博物馆官网，2017年5月25日。

读在线教材、完成随堂练习等阶段性学习任务，一般是以一周为一个阶段，在结课前还会有结项任务，总评到达合格标准的观众，平台还将颁发结课证明。再如FutureLearn慕课平台，是英国的第一个慕课平台，由英国公开大学建立。英国莱斯特大学博物馆学系和利物浦国家博物馆合办的"21世纪博物馆的景象背后"课程由慕课平台FutureLearn提供免费在线学习。课程通过介绍博物馆的职责和目的、博物馆观众等内容让观众对博物馆的使命等方面有一定的了解。观众在完成课程后，可以付费申请修课证书或通过实体考试获得结业证书。网易云课堂于2012年上线，是网易公司打造的"在线实用技能学习平台"。国家文物局入驻网易云课堂平台，通过网易云课堂，分别开设"丝绸之路与我们的生活""走进博物馆"以及"长城"系列公开课，还通过"穿越古今，领略文博之美"系列在线课程，拓宽展现文物的渠道，观众足不出户也能感受文物的魅力。天津博物馆专门搭建在线教育平台（http://museum.easyexam.cn/）对此进行线上推广。目前，合作学校的师生可凭借账号登录观看学习，每个账户登录后可在视频下方留言区撰写个人评论，进行互动交流。平台还为教师特别开设了"个人管理系统"，以了解本班学生的学习和观看情况。首期上线的慕课程是天津博物馆宣教部和南开大学合作开发的精品文物系列视频课程，主要介绍天博珍宝馆所藏清乾隆款珐琅彩芍药雉鸡纹玉壶春瓶、《雪景寒林图》、汝窑盘等20件国宝级珍贵文物，以文物为主角，进一步增加趣味性和故事性，从文物本身的制作工艺、历史沿革、艺术鉴赏等角度入手，全面生动地讲述文物背后的故事。每个视频介绍一件文物，时长在3—6分钟不等。页面下方配有同视频内容一致的文字介绍，方便回顾阅读。

博物馆也可以与机构合作，向观众提供在线网络教育课程。故宫博物院和中信出版集团合作推出了《我要去故宫》少儿读本和配套的公益视频课，其中的在线课程专门为孩子系统讲解故宫的文化。《我要去故宫》在线课程通过对故宫宫廷建筑、历史文化、文物精品的介绍和解读，让孩子足不出户就能欣赏故宫建筑及藏品之美，了解故宫的文化内涵。又如"作业帮"面向全国中小学生，是一个专门提供学习辅导服务的软件。"作业帮"下设"作业帮一课直播课堂"，学生可以通过直播课堂进行互动学习和交流。2018年，"作业帮一课"推出"探秘博物馆"精品课，与国内外知名专家和博物馆进行深度合作，多维度挖掘博物馆的价值。课程涵盖国内外知名博物馆，深度发掘每座博物馆的特点，通过富含趣味的方式，为孩子们带来有关历史、人文、科学、自然、天文与艺术等多个领域的知识，丰富孩子的艺术审美情趣，增加孩子的社会生活经验。

2018年9月，"陌陌公益基金"正式成立，旨在通过"直播+"赋能乡村美育教育。2019年，北京网络文化协会指导，途梦教育联合陌陌科技主办的直播公益课"带乡村孩子走近博物馆"，邀请了张经纬、王纪潮等十大知名博物馆的馆员，向来自全国150多所贫困乡村小学的数万名孩子介绍各馆的国宝。陌陌以"云直播"的形式给乡村孩子们带来博物馆课程，让企业在树立自身良好形象的同时鼓励大众参与公益。2020年，博物馆纷纷通过直播等方式智慧化地服务公众。"在家云游博物馆"直播活动由国家文物局指导，中国国家博物馆、敦煌研究院、南京博物院等9家博物馆联合抖音主办。各博物馆均派出优秀讲解员担任主播，将原本只能在博物馆现场才能感受到的文化氛围通过直播加讲解的方式呈现。抖音也通过"云游博物馆"活动从泛娱乐化平台转型为娱乐加教育平台，塑造企业文化形象。大英博物馆在2020年2月通过"博物馆有意思"等快手号，面向中国进行博物馆直播。大英博物馆的讲解员常吉的讲解内容丰富又有深度——从两河文明中的古代亚述，到古希腊罗马文明的帕台农神庙，到古埃及墓葬文化，再到中国青铜与瓷器文化，古往今来、古今中外的文物都囊括其中，让中国的观众在国内就能享受视觉盛宴，了解不同文明的精神内涵。快手直播的技术优势结合大英博物馆的文化底蕴，开辟了足不出户的线上文化新体验，促进了文化传播和交流。

（二）博物馆知识图谱

知识图谱能够实现丰富的知识表达、开放互联和基于知识的服务，它在精确语义检索、知识问答、关联挖掘、可视化呈现等方面展现出来的优势，使其能弥补传统信息流带来的获取信息片面化、角度单一等缺陷，有效打破信息茧房。

从技术角度看，智慧博物馆可以通过深层感知全方位地获取博物馆数据；通过广泛互联将孤立的数据关联起来，把数据转变为信息；通过高度共享、智能分析将信息变为知识；把知识与信息技术融合起来应用到业务中形成智慧。知识图谱具有的特点可为博物馆提供良好的支撑能力。它具有构建跨越部门、机构和国界的博物馆知识库的能力，可以扩展博物馆现有数字资源的广度和深度，支撑智能应用，建立知识图谱，补全因果链条，打破信息茧房。

2011年，大英博物馆将文物数据映射到本体CIDOC-CRM上，共发布了1亿条三元组，并将数据链接到世界范围的知识图谱上，在此基础上开发了语义检索系统。2014年，荷兰国立博物馆以关联数据的形式发布的藏品数量为548 785件，包括2 000万条三元组信息，与盖蒂AAT词表建立了链接。通过关联开放数据，实现了多语言的访问，显著增加了网站访问量和到访参观观众量。Europeana知识图谱整合了来自欧洲27个国家的200多家博物馆、图书馆、档案馆的数据资源，并成功实现了1 500个数据生产者数据之间的链接，发布了3 000万条数据记录，共37亿个三元组、几百万个外部链接，成为知识图谱中最大的文化节点。

第三节　分享与传播

随着社会环境变化、技术革新，博物馆的社会功能及其与公众之间的关系也在不断调整。博物馆与社会大众之间，应该是一种动态的关系，如同一场正在进行中的"革命"。博物馆的"观众典范"显然需要转变，从注重"博物馆对社会大众的期望"转变成"社会大众对博物馆的期望"[1]。博物馆观众远非策展人和博物馆工作人员想象的那样是被动、机械、易被操纵的，大多数观众来到博物馆是主动的、有主见的、有着自己的议程，观众在展览中成为"积极的意义创造者"[2]。观众开始参与博物馆，从文化体验中建构自己的理解及意义[3]。在博物馆展览传播中，公众并非单纯的受众，某种意义上也转化为传播者。博物馆陈列展览由注重知识灌输到注重观众的情感获得，由灌输式的单向传播向平等交流的双向传播转变，观众由单纯的知识消费者变为知识生产者和传播者。

观众是由单独的个体组成的，但也是一个有着共同兴趣爱好的群体。移动网络与终端为社会搭建的虚拟社交网络日益成熟，为博物馆观众服务研究带来新的理念和方式。通过虚拟社交网络，观众可对博物馆与文物参观感受、拍照、点评等互动结果进行"一键分享"；博物馆展览、活动等也可实时推送到用户手持终端；这种泛在式的分享为博物馆文物藏品提供了"病毒式"的传播途径，同时也为博物馆的展陈设计、文物信息阐释、展览评论等

---

[1] 威尔：《博物馆重要的事》，张誉腾译，台北五观艺术事业有限公司2015年，第29页。

[2] Eilean Hooper-Greenhill, A New Communication Model for Museums, In Gaynor Kavanagh, ed., *Museum Languages: Objects and Texts*. Leicester, London and New York: Leicester University Press, 1991, pp.49-61.

[3] 西蒙：《参与式博物馆：迈入博物馆2.0时代》，喻翔译，浙江大学出版社2018年，第2页。

提供真实有效的反馈和参考咨询。例如云展览观众的点击、转发、评论等个别行为集合起来，都可能对信息传播产生影响。特别是观展中的评论，在很大程度上代表着个体的态度并可能形成群体效应，造成很多观众对信息的评价往往不是基于自己的独立思考与判断，而是在传播中通过观看他人评论等互动后形成的一种认识。每个观众都可能参与到云展览的信息传播中，观众成为传播者、甚至引导展览议程话题的形成，云展览平台某种意义上成为观众的虚拟社交空间。

上海博物馆 Smart Muse Kids 亲子教育平台于第七届博博会期间，推出了"郭爷爷的博物馆之旅"在线课程，目的是开拓博物馆亲子教育新路径。在辑录中的每一期都会有固定的主题，根据主题从博物馆的收藏中挑选若干件文物，教授文博知识。"郭爷爷的博物馆之旅"最大的特色是引入在线问答这一互动机制，自此，单向输出的博物馆教育模式转变成为双向互动的教育模式。

"螺俚螺说"是上海自然博物馆创设的一个"揭秘类"教育栏目，旨在通过可视化的手段，直观地向公众展示发生在自然博物馆内的故事，直播馆内专业人员的科研动态和最新发现。首期节目精选了上海科技馆自然史研究中心的五个研究专题，结合馆内已有的展品展项，从科学家的科研工作与日常生活的相关性角度制作纪实视频，挖掘科学领域里鲜为人知的幕后故事，刻画了科学工作者的理性追索，展示科学探索过程。

第四节　宣传与推广

博物馆应探索建立文化产品设计、制作、推介、交易平台，提供丰富、快捷、个性化的博物馆文化产品，满足观众把博物馆带回家的诉求。

（一）融媒体服务

融媒体服务采用多种前端展示的方法，包括官网、移动网站、微信公众号、微信小程序、抖音、微博、头条等不同的媒体手段对博物馆进行宣传展示，让观众在互联网上就可以对博物馆进行虚拟参观游览，带来逼真的参观游览体验。通过对多种媒体进行融合应用，达到资源通融、内容兼融、宣传互融、利益共融的效果。

小程序是一种不需要下载安装即可使用的应用，具有用完即走、触手可及的特点。博物馆参观这种低频需求的应用场景，特别适合小程序应用。最关键的，小程序后面是数据和人工智能，这些大数据融合起来，通过人工智能的手段可以把博物馆的互动体验、参观体验、传播效果做到极致。小程序内容可以包括博物馆介绍、展览介绍、馆藏介绍等模块，按需分类，向用户推荐。互动方面包含导览、客服、商城等部分，方便观众，提升观众体验和满意度。同时，对于博物馆的管理人员来说，强大的管理后台支持自定义栏目分类/名称，可自主上传相关内容文件，并可进行权限管理、数据统计等。

博物馆 App 的功能设计包括馆内文物及介绍、资料查阅、博物馆导航等，保证能够无缝接入票务系统，除了预约门票、预约活动功能，同时接入官网介绍信息等内容，观众可以进行地图导航，了解展厅展品的详细情况，了解文物背后的详细信息，可以自主选择参观游览路线，个性化安排自己的出行计划。观众甚至可以通过 App 查看博物馆周围的地理位置信息，如酒店、餐馆、娱乐等场所位置信息，方便观众全面掌握自己的出行路线。App 内置博物馆介绍，呈现博物馆的布局、文物数量、发展历程、精品文物介绍，观众可以了解重点文物的历史价值、文化价值和社会价值。观众还可通过 App 获得参观的历史记录和藏品信息，提高观众和博物馆之间的黏性。App 满足观众从预约到参观全流程服务需求。

例如，观众在新疆阿克苏博物馆自助导览机前，可点击浏览场馆展览和各展厅重点文物信息。同时，观众可使用智能手机或平板电脑在服务台扫描二维码下载阿克苏博物馆手机App。软件分为5大分栏、18个板块，分别涵盖了场馆介绍、展厅地图导览、参观指南、宣教活动、视频赏析等。通过展馆导览，来到现场的游客可以拿出手机扫描想要了解的文物的二维码，就会有相应的讲解，即便错过讲解员的现场解说，也可自主进行参观。阿克苏博物馆手机App中，录有馆内124个场景、文物及历史背景的解说，用图片、声音进行全方位展示；游客还可打开手机的蓝牙功能，App会自动提示附近文物的具体位置，当参观者走进蓝牙感应范围，便会自动讲解，协助观众第一时间找到相应展品。针对老年参观群体，博物馆还增加了智慧讲解笔，每个展厅都有贴着蓝色的NFC展品标签，游客用笔对准NFC标签轻轻一点，智慧讲解笔会震动提示有语音讲解，将笔举至耳边，即可轻松收听详细的语音信息。

（二）博物馆文创综合管理系统建设

为促进文创相关业务科学管理、有序进行，博物馆需建设文创综合管理系统，对文创IP开发、文创IP版权管理、文创产品的销售与库存进行综合管理。文创IP开发管理主要是针对文创素材的发布使用、文创作品的征集与审核、文创作品的发布与展示。文创IP版权管理包含授权的种类（制造权、销售权、代理权、主题空间授权、促销宣传广告授权等）、授权期限管理（短期授权、长期授权）、授权的权利（著作权、商标权、专利权）、授权区域、授权销售渠道等各种功能细节的管理。文创产品的销售与库存管理包含进货管理、销售统计、订单管理、退货管理、商品管理、库存管理等功能模块。功能涵盖商品编号、商品类别、商品名称、规格型号、进货单价、数量、合计、进货时间、进货人、供应商、备注等信息的管理。同样对应销货单价、销货数量、销货合计、销货时间等信息管理，还包含合作厂家的信息管理、合作方式、对应的过程文档信息资料登记、留存、收银记账、利润统计等功能。

上海博物馆借助互联网大数据的优势，在2007年建立了商场网络销售系统，通过销售数据库可以供后台分析消费情况。数据很详细，包括产品种类、销售额等。哪些产品旺销、哪些产品滞销，都是可以从数据上反映出来的。

第九章
智慧博物馆与文化平权

第一节 智慧博物馆文化平权的理念观点

一、文化平权

（一）文化平权的发展背景

平权，是近现代社会发展的重要主题之一，是公民对享受同等资源、获得平等机会的追求。平等是指消除基于群体成员身份的歧视（如与种族、性别、残疾等有关），并将之广泛用于就业、教育、休闲和保健服务等领域。在不同领域中，不同团体一直在为机会平等而持续努力，争取使之得到法律的承认。平等与多样性紧密相连，多样性包括有形的和无形的差异，涉及文化、社会经济地位、价值观等方面。如果不了解、考虑、重视和利用差异，机会就不可能平等，在倡导文化多元化的当下，文化政策和实践更需要促进尊重和加强对差异的理解[1]。

平权运动起源于 20 世纪 60 年代的美国。当时美国社会的种族和性别歧视问题十分严峻，甚至可以说是传统惯例，在社会生活和各行各业的劳

---

[1] Sandell Richard; Nightingale Eithne, *Museums, Equality and Social Justicenull*, Taylor & Francis. 2012, p.3.

动工作中，少数族裔、女性等弱势群体都饱受不公平对待，由此兴起了一系列非裔美国人群民权运动、妇女解放运动等社会运动，要求在大学招生、政府招标等情况下照顾如少数族裔、女性等弱势群体，保障他们在教育及工作方面不会受到歧视和不公平对待。1964年，美国政府颁布《平权法案》(Civil Rights Act)，规定少数族裔和弱势群体在教育、就业、企业竞争、医疗方案中应受到"优先照顾"。尽管这一法案提到了"少数族裔"，但主要是指非洲裔、拉丁裔和印第安土著，而亚裔、犹太人、东欧、南欧等移民并未受到真正惠及，特别是在入学方面基于种族因素的"优待"饱受争议，甚至引起了"逆向歧视"的指控。如今，有关平权的努力和争论仍在持续。

社会平权，可以理解为社会成员在经济社会发展过程中围绕权利配置在机会获取、程序参与、要素使用、公共服务享受以及收入分配等资格和行为绩效方面的公正与平等，通常首先通过制度基础设施体现出来[1]。

在文化领域中的平权主要指向公共文化资源的无障碍和可及性问题。文化平权，是指提供多元的文化内容，降低各年龄段或身心障碍者参与文化活动的限制，扩大公众对公共文化资源的可及性，鼓励社会成员平等地参与文化活动，促进多元文化发展。尽管要达到完全绝对的公平是理想化的，实现难度大，但有关的文化政策和措施仍应尽可能地降低由体制、人为造成的不公平。

（二）文化平权的核心：以人为本

自欧洲文艺复兴开始，作为核心思想的人文主义精神倾向于对人的个性关

---

[1] 孙凤仪：《社会平权：全面深化改革的重要基础和动力》，《宏观经济管理》2014年第2期。

怀，致力于反对暴力与歧视，宣扬个性解放，崇尚理性，维护人性尊严，提倡宽容的世俗文化，追求自由平等和自我价值，主张一切以人为本。文化平权的核心亦是以人为本，尊重人的个性和群体的多样性。既然是以人为本，那么就应该对人本身有一定深度和广度的认知。在谈及如何为社会提供平等、公平的公共文化资源服务之前，应该对当代社会人口的组成、性质、群体需求进行全面、深入的了解和评估。下面以中国的人口现状为例分析。

1. 人口构成：整体增速放缓，老龄化程度加深

据国家统计局 2021 年 5 月发布的第七次全国人口普查统计数据：全国人口中，14 岁以下人口占 17.95%，15—59 岁人口占 63.35%；60 岁及以上人口占 18.70%，其中 65 岁及以上人口约 1.9 亿人，占 13.50%。与 2010 年第六次全国人口普查相比，14 岁以下人口的比重上升 1.35%，15—59 岁人口的比重下降 6.79%，60 岁及以上人口的比重上升 5.44%，65 岁及以上人口的比重上升 4.63%[1]。从总体上看，过去的十年间我国人口增长出现的放缓趋势，主要原因有三个方面：第一，育龄妇女特别是生育旺盛期妇女数量持续下降；第二，人们的生育时间推迟；第三，生育养育成本提高。同时老年人口比例上升较快，老龄化已成为今后一段时期我国的基本国情[2]。

2. 人口素质：受教育水平提高，文化需求加大

我国人口受教育水平明显提高，人口的素质不断提升。15 岁及以上人口的平均受教育年限从 2010 年的 9.08 年提高至 9.91 年，16—59 岁劳动年龄人口平均受教育年限从 2010 年 9.67 年提高至 10.75 年，文盲率从 2010 年的 4.08%下降为 2.67%[3]。人们受教育水平的整体性持续提升，意味着人们的文化生活需

---

[1] 国家统计局：《第七次全国人口普查公报（第五号）》，2021 年 5 月 11 日。
[2] 国家统计局：《第七次全国人口普查主要数据结果新闻发布会答记者问》，2021 年 5 月 11 日。
[3] 国家统计局：《第七次全国人口普查主要数据结果新闻发布会答记者问》，2021 年 5 月 11 日。

求将会持续加大。

3. 人口分布：城乡人口差距大，公共文化服务地域差距明显

全国人口中，居住在城镇的人口约为 9 亿人，占 63.89%，居住在农村的人口约为 5 亿人，占 36.11%。与十年前相比，城镇人口增加 2.36 亿人，农村人口减少 1.64 亿人，城镇人口比重上升 14.21%[1]。但是，城乡公共服务水平差距较大，农村的文化教育、医疗、社会保障等公共服务仍比较落后。

二、博物馆的文化平权

随着平权运动的发展，其影响不可避免地涉及博物馆领域。今天来看，博物馆已经成为推动和实现文化平权的重要空间，博物馆之所以能够担负起这样的使命，与其性质与发展历史是密不可分的。

（一）博物馆自身性质与文化平权

博物馆的自身性质决定了博物馆必然成为文化平权的追求者和推动者。

国际博物馆协会对博物馆的定义是"一个为社会及其发展服务的、向公众开放的非营利性常设机构，为教育、研究、欣赏的目的征集、保护、研究、传播并展出人类及人类环境的物质及非物质遗产"。我国现行的对博物馆的法规主要是 2015 年由国务院颁布的《博物馆条例》，明确规定博物馆是指"以教育、研究和欣赏为目的，收藏、保护并向公众展示人类活动和自然环境的见证物，经登记管理机关依法登记的非营利组织"，并且提到"博物馆开展社会服务应当坚持为人民服务、为社会主义服务的方向和贴近实际、贴近生活、贴近

---

[1] 国家统计局：《第七次全国人口普查公报（第七号）》，2021 年 5 月 11 日。

群众的原则，丰富人民群众精神文化生活"。从国际博物馆协会及我国对博物馆的定义中可以看出，"向公众开放"和"非营利机构"是博物馆的两大重要性质，这样的性质使得博物馆必然肩负文化平权的使命。

博物馆作为非营利性公共文化服务机构，其服务对象是所有公众。博物馆所收藏的人类活动见证物，亦由人类共同创造。因此，所有人都应当拥有自由、平等参观博物馆的权利。博物馆作为一个主题、内容包罗万象的场所、空间，也需要不同层次、不同角度、不同领域，甚至不同目的的观众。让公众享受文化事业发展带来的福利，也是中国博物馆事业的内在要求。事实上，助力文化平权不仅是博物馆的重要使命，更业已成为博物馆界的共识，2020年国际博物馆日的主题便是"致力于平等的博物馆：多元和包容"。

博物馆的定义、性质和功能并不是一成不变的，在博物馆事业发展的数百年间，关于博物馆的定义、性质和功能的讨论几乎从未停止，其概念、内涵也几经修订，正是在博物馆性质不断演变、丰富的过程中，博物馆助力文化平权的功能被逐渐重视，并最终成为博物馆的使命之一。因此，厘清博物馆的发展历史，对了解博物馆与文化平权的关联有着重要意义。

（二）博物馆发展历史与文化平权

博物馆事业的发展，本身就深受文化平权运动的影响。近代以来，博物馆的诞生和开放，是文化平权运动最好的证明之一。不过，博物馆对文化平权的追求经历了十分漫长的过程，在这一横跨数个世纪的漫长时间中，博物馆实现了从文化平权的产物到文化平权有力推动者的角色转变。

1. 早期博物馆的雏形

15世纪以来，随着新航路的开辟，欧洲新兴资产阶级逐渐兴起、完成资本原始积累的同时，也从全球各地搜集而来无数此前从未见过的珍宝、矿物、动植物标本。与此同时，文艺复兴解放个性、唤醒人们对知识渴求的同时，天文学、生物学的新发现也为早期博物馆的诞生提供了一定的理论基础。在这样的背景之下，以乌菲奇画廊为代表的一大批珍宝阁、收藏室诞生了。这些遍布欧洲、数量众多的珍宝阁被视为博物馆的雏形。它们存续时间悠久，发挥着博物馆部分收藏、展示文化遗产的功能，且为近代博物馆的诞生奠定了基础。虽然它们在博物馆史上意义重大，但无法否认的是，此时的珍宝阁与平权并无关联，甚至与文化平权的追求完全相反。因为此时的珍宝阁并不向公众开放，只是少数贵族收藏、鉴赏以及炫耀自身财富的场所，是特权阶级掠夺财富的产物。值得注意的是，时代略晚于此的法国卢森堡宫东翼虽然在1750—1770年间每周向公众开放两天，展出油画、雕塑等艺术品，但这些藏品仍然归属于法国王室，其展览的目的也并非令公民享有欣赏这些文化遗产的权利，而是显示王室的富有和慷慨，这种情况下的参观在当时更多被视为一种恩赐而非权利。

2. 近代博物馆的开端

世界上公认最早的具有近代博物馆特征的博物馆是英国阿什莫林艺术和考古博物馆。它的建立具有划时代意义，开启了私人收藏转设为公共博物馆的先河。不过其隶属于牛津大学，主要为牛津大学的师生服务，并不无差别地向公众开放。因此虽然阿什莫林艺术和考古博物馆不再是特权阶级享乐、炫耀的场所，向文化平权的目标迈进了一大步，可与平权仍然有着很长一段距离。与欧洲相类似，北美的第一座博物馆同样诞生于大学，即始建于1750年的哈佛大学珍品收藏室，其藏品主要为化石。这座博物馆主要用于哈佛大学的教学工作，并不对公众开放。

18世纪下半叶，第一次工业革命爆发，资产阶级的力量空前壮大。与此同时，以启蒙运动为核心的资产阶级民主文化运动席卷欧洲。在这样的时代背景下，法国大革命爆发了，受此影响，卢浮宫博物馆对外开放，这是世界上第一座无差别开放的博物馆，标志着博物馆事业进入了一个新的时代。

值得注意的是，卢浮宫博物馆在开放之初，并非全年无差别对公众开放，每十天中的前五日仅对艺术家开放；其后两日闭馆，用于展品的保养和博物馆的清洁；最后三日对公众开放。之所以会有这样的安排，是因为此时的卢浮宫博物馆继承了学校的教育功能，延续了皇家美术学院的传统。但是自1794年开始，卢浮宫博物馆不再对观众区别对待，而是无差别地对所有公众开放。

卢浮宫的开放对博物馆事业的发展有着里程碑式的意义。作为第一个公开宣布对所有共和国国民开放的公共博物馆，文化平权第一次在博物馆得到了彻底的体现。从1682年英国阿什莫林艺术和考古博物馆首次对公众开放到1794年卢浮宫博物馆对所有公众无差别开放，此间历经112年。博物馆终于对所有观众无差别地打开大门，第一次做到了博物馆面前人人平等。

法国大革命开创了博物馆社会化的起点。过去仅供宫廷和封建贵族赏悦的珍藏室，转变成为社会公众服务的博物馆。博物馆工作逐渐成为一种独立的社会职业，博物馆事业成为国家文化教育事业的一个组成部分[1]。这一变化不仅是社会平权运动发展的产物，更是博物馆走向平权的重要一步。不得不提到的是，法国大革命以来，民族国家诞生，博物馆的性质也发生了变化。在此之前的博物馆藏品或属于私人，或属于某一机构，而在此之后，博物馆的藏品开始属于国家、属于全体公民，这样一来就从所有权的角度赋予了公民平等享有博物馆文化的权利。

法国大革命的爆发、卢浮宫的开放犹如吹响了博物馆事业冲锋的号角，在

---

[1] 王宏钧：《中国博物馆学基础（修订本）》，上海古籍出版社2003年，第66页。

此之后，近代博物馆如雨后春笋般接连诞生。这些博物馆的诞生既是平权运动在文化事业中的体现，同时也促进了文化平权事业的发展。也正是在这样的时代背景下，博物馆这一服务于全体公民的社会机构，被赋予了追求文化平权的内在基因与天然使命。此后贯穿于19—20世纪博物馆专业化的主轴，便是彰显博物馆社会功能和加强公共意识，这与现代社会公民主体意识的加强同向而行。20世纪下半叶以来，新博物馆学运动的兴起、社区博物馆的诞生以及参与式博物馆概念的提出，无不显示出博物馆愈发重视"人"在博物馆中的作用，愈发关注公众的参与和平等。

如今的博物馆已经从平权运动下的产物，转变成为推动文化平权乃至社会平权的重要力量，不仅是平权运动的见证者，更是平权运动的参与者。今天的博物馆正以更加积极主动的姿态参与文化平权。从最初的有差别对待博物馆观众，再到无差别开放，现如今的博物馆为实现更加充分的文化平权，开始不断探索为观众提供分众化服务，而更加细致的分众化服务，有赖于智慧博物馆建设的推进。

（三）博物馆文化平权的主要表现

在过去的30多年里，对平等、多样性、社会正义和人权的关注从博物馆思维和实践的边缘走向核心。吸引不同的观众走进博物馆，为不同类型的观众创造更加公平地获取博物馆资源的条件，这在世界各地达成了较为广泛的共识[1]。

博物馆的文化平权主要集中在如何实现平等和无障碍这两个方面。以英国为例，许多博物馆都设立有"平等与无障碍"部门，以专门解决博物馆的文化平权问题。英国自然历史博物馆无障碍与文化平权部门经理简·塞缪

---

[1] Sandell Richard; Nightingale Eithne, *Museums, Equality and Social Justicenull*, Taylor & Francis. 2012.

尔指出英国博物馆推行无障碍工作是以英国政府 2010 年开始推行的《平等法》(Equality Act)作为法律基础的,该项法律由此前的《种族关系法》(Race Relations Act)、《性别歧视法》(Sex Discrimination Act)、《残障歧视法》(Disability Discrimination Act)整合而成,意在更有效地处理弱势群体与歧视问题。《平等法》规定,年长者、残障者、变性者、不同性取向者、孕妇及哺乳期妇女、不同种族的人群、不同宗教信仰的人群、不同性别的人群等都受到法律保护。另外,该法还规定公立机构有"尽全力"满足残障人士需求的责任。根据简·塞缪尔的总结,无障碍可以从感官、实体环境、智识、情绪与态度四个方面来理解[1]:

(1)感官无障碍:从视觉、听觉、嗅觉、味觉、触觉等方面为观众提供多种感官体验,使观众能够通过多重感官了解展览内容。

(2)实体环境无障碍:安装无障碍设施,包括展品设置、解说牌高度、参观路线规划等方面都要充分考虑残障人士的需求。

(3)智识无障碍:博物馆要通过不同的服务手段使残障观众能通过其他方式轻松了解展览内容,参与博物馆的活动。

(4)情绪与态度无障碍:博物馆在各种软硬件服务上表现出对残障人士的友善。

第二节　智慧博物馆文化平权的具体措施

互联网对社会生活的渗透为智慧博物馆的文化平权打下了基础。截至

---

[1]《什么是博物馆文化平权——听听英国博物馆的经验》,弘博网,2016 年 10 月 12 日。

2020年12月，我国网民规模达到9.89亿人，占全球网民规模的五分之一，近10亿人的网民规模构成了全球最大的数字社会，互联网普及率达到70.4%，网民增长的主体由青年群体向未成年和老年群体转化的趋势日趋明显。博物馆中的平权，是让每一位进入或者想要进入博物馆的人都能均等地获得使用公共文化资源、享受公正平等的服务的权利，拥有广泛用户基础的互联网是推行博物馆文化平权的重要渠道。

在智慧博物馆的建设中想要更好地实现文化平权，首先要做到以人为本，对不同人群的特征、需求进行立体分析，并依此选用合适的技术手段和智慧理念来实践文化平权。

一、针对不同人群的智慧措施

（一）根据年龄层次划分

1.老年人

据第七次全国人口普查数据显示，我国60岁及以上人口的比重达到18.70%，其中65岁及以上人口比重达到13.50%，老年人口规模庞大。随着出生人口规模缩减，老龄化进程明显加快，人口呈现负增长是工业化、城镇化发展到一定阶段的客观结果，也是目前发达国家普遍面临的问题。国家统计局2019年8月发布的统计数据显示，我国人口年龄结构从成年型进入老年型仅用了18年左右的时间，2018年我国65岁及以上人口比重为11.9%，人均预期寿命达到77岁[1]，至2020年65岁以上人口已达1.9亿人[2]。据专家预

---

[1] 国家统计局：《人口总量平稳增长 人口素质显著提升——新中国成立70周年经济社会发展成就系列报告之二十》，2019年8月22日。

[2] 国家统计局：《第七次全国人口普查公报（第五号）》，2021年5月11日。

计，到 2050 年我国老龄人口将达到总人口数的三分之一 [1]。与此同时，老龄化水平的城乡差异明显，从全国看，农村 60 岁、65 岁及以上老人的比重分别为 23.81%、17.72%，比城镇分别高出 7.99% 和 6.61%。

老年人口质量在不断提高。60 岁及以上人口中，拥有高中及以上文化程度的有 3 669 万人，占老年人口比重的 13.90%。近十年，我国人口预期寿命也在持续提高，2020 年 80 岁及以上人口有 3 580 万人，占总人口比重的 2.54%。人口老龄化促进了"银发经济"发展，扩大了老年产品和服务消费，还有利于推动技术进步。在我国 60 岁及以上人口中，60—69 岁的低龄老年人口占 55.83%，这些低龄老年人大多具有知识、经验、技能的优势，身体状况尚可，发挥余热和作用的潜力较大 [2]。

文化遗产对老年人而言既是文化知识，也有他们的亲身经历、经验记忆，他们甚至还掌握着迫切需要传承下去的技艺，因而文化遗产对老年人具有天然的亲切感和吸引力。在步入空闲的老年期之后，时间上的巨大空白使他们精神文化上的需求更为凸显，"老年大学"的出现部分实现了老年群体接受教育的权利，而文化遗产承载的历史文化信息可以填补理性的学校教育之外的感性教育，让"终身教育"的理念更加全面得以实现。老年人与文化遗产的主观亲近，使文化遗产在提高老年人的文化生活质量、推广"文化养老"方面具有先天优势。然而，数字信息时代的到来使老年人成为认知上的弱势群体，文化遗产数字化保护和应用、虚拟空间的出现等与老年人的主观意愿形成了巨大冲突，老年群体与文化遗产的关系面临新一轮的磨合 [3]。

目前，博物馆在智慧化过程中仍未能很好地解决这一问题，部分博物馆适

---

[1]《中国人口老龄化速度加快 "未富先老"国情未变化》，中国新闻网，2015 年 11 月 3 日。
[2] 国家统计局：《第七次全国人口普查主要数据结果新闻发布会答记者问》，2021 年 5 月 11 日。
[3] 曹辰星：《老龄化社会拓展文化遗产虚拟空间的路径探索——以电子游戏形式为中心》，《东南文化》2020 年第 3 期。

时发现了老年群体的数字融入问题,对此做出了一些弥补性措施。比如,上海博物馆为了应对老年人不适应网上预约的问题,推出了"适老化"服务,及时加设现场预约服务,前后用了两个月时间,在博物馆商店边建造了一个遮风避雨的现场预约服务点,配备工作人员帮助老年参观者现场预约,帮助"银发族"跨越"数字鸿沟"(图9-1)[1]。然而,这是短期之内以"人工"弥补"智慧"的必要举措,从长远角度看并不能真正有效匹配博物馆的智慧化发展需求。

2020年11月,国务院办公厅印发《关于切实解决老年人运用智能技术困难实施方案》,明确指出要坚持传统服务方式与智能化服务创新并行、普遍适用与分类推进相结合、线上线下服务渠道共存等,切实解决老年人在运用智能技术方面遇到的困难,强调要便利老年人文体活动,提高文体场所服务适老化程度,"探索通过虚拟现实、增强现实等技术,帮助老年人便捷享受在线游览、

图9-1 上海博物馆的"适老化"现场预约服务

---

[1] 图片来源:《忘了预约就不能进博物馆了吗?上海博物馆跨越"数字鸿沟"暖人心》,潇湘晨报官方百家号,2020年12月5日。

观赛观展、体感健身等智能化服务"[1]。

2020年12月,文化和旅游部办公厅、国家文物局办公室印发关于落实《关于切实解决老年人运用智能技术困难的实施方案》的通知中强调了保留传统预约方式、允许他人代为预约、保留免预约名额、提供人工帮扶、做好信息引导等具体工作安排,从长远角度提出要面向老年人组织培训、开发适老智能应用、扩展智能化渠道等下一步建议。

事实上,老年群体的数字融入现状并不完全如想象中那般消极,老年网民的"触网"势头持续抬升,2014—2020年,60岁以上的网民数量从1 557万人上涨到1.1亿人,互联网连续六年向中老年群体渗透,这说明老年人融入数字化生活的意愿正在逐步增强,但是相应的智能应用的确应该与老年人的生理条件、使用习惯相匹配。

20世纪80—90年代,彩色电视代替黑白电视在中国普及,此后电视更成为人们获取信息、生活娱乐的重要媒介。尽管现在互联网、智能手机普及,改变了人们的生活、娱乐、社交方式,但对于许多60岁以上人群而言,电视仍然是一个主流的获取信息渠道。此外,电视又经历了新一轮的革新,电视视频技术突飞猛进,全面进入数字电视和高分辨率时代。

自20世纪90年代开始,文物高清影像采集成为博物馆数字化工作中的重要环节,扫描精度不断提升,比如荷兰阿姆斯特丹国立博物馆的伦勃朗名画《夜巡》修复项目,采用多种成像技术对该画作进行了高清扫描,最终使扫描版画作的清晰度达到448亿像素,修复扫描的过程也以视频的方式进行了记录。世界各地的博物馆经过数十年的努力,不仅拥有了大量的文物高清数字图像、视频、三维模型资源,而且都陆续实现了线上资源共享,让用户可以在线

---

[1]《国务院办公厅印发关于切实解决老年人运用智能技术困难实施方案的通知》,中国政府网,2020年11月24日。

观赏、下载收藏。例如北京故宫博物院通过"数字文物库""名画记""故宫多宝阁"等多个线上平台，陆续公开了数万件文物的高清图像、高精度三维展示数字资源。然而，这些数字资源大多依赖电脑、手机等平台，如果能够开发更多依托于数字电视平台的文物展示资源，则有可能发挥出高分辨率显示器的效果并使老年电视观众以更熟悉的方式获取文物信息。

体感操作是另一种让老年群体易于习得的方式。体感技术是指用户通过肢体动作与周围环境的装置进行交互，无须使用其他控制设备就能完成指令或获得反馈的一种技术。体感技术主要可以分为惯性感测、光学感测以及惯性及光学联合感测三种不同原理的体感感测方式，并已在多个领域投入使用，目前比较知名的体感设备有微软 Xbox360 的 Kinect、任天堂 Wii 游戏主机、索尼 PS Move 动态控制器等，通过家用主机游戏市场在全球拓展，面向 PC 和 Mac 端的则有 Leap Motion 等。

2. 青少年

青少年群体是精力、学习能力、求知欲各方面都比较强的群体，他们对数字产品的熟悉程度最高，乐于接受新鲜事物。同时，正是由于精力旺盛、处理信息能力强、学习工作繁忙，其注意力也容易被分散。青少年群体是博物馆重要的受众群体，也是目前数字社会生活中最为活跃的人群，多数数字产品都易于被这一群体接受和使用，一些具有实验性的项目可以在这一人群中最先尝试开展。特别是在观众参与上，青少年群体在知识储备、机能操作、创造性、表达欲等方面都要更丰富，也更希望能够主动参与展览、活动的策划实践，以参观者以外的身份加入博物馆活动中，因此这一群体适合使用新兴技术进行实验性探究，包括微信、微博、虚拟互动体验、数字游戏等新媒介方式都可以纳入考虑范围。

中央美术学院推出的"虚拟策展实验项目"，于 2019 年正式开放进行测试。该项目旨在通过还原度高、操作性强的虚拟策展课程，为学生提供感性认知艺术作品和策展理论的机会，搭建还原策展过程的平台，在信息时代为学生和专业人士提供线上策展与传播交流渠道，实现自由策展，完成教学目标，扩大教学成果影响力。在线上策展过程中可以选择在"美国现代艺术博物馆"或"中央美术学院美术馆"的某一具体展厅举办展览，也可以选择自己喜欢的艺术品、材质、展具、灯光等，还能设置临时展览墙、设计动线（图9-2）[1]。

图 9-2　中央美术学院的"虚拟策展实验项目"界面

3. 儿童

儿童通常是指 12 岁以下人群。博物馆是儿童群体非正式学习的重要场所，在许多父母的亲子旅游中都会安排与孩子一同参观博物馆的活动。今天，儿童出生之后的环境就充满了数字产品，他们对数字设备、互联网、社交媒体、游戏等接触很早，在数字化学习方面拥有天然的优势。儿童求知欲强、好奇心重，但认知能力尚未健全，需要以趣味性的方式进行引导。因此，数字游戏是

---

[1] 图片来源：《来，当一次"策展人"吧：中央美院美术博物馆虚拟策展实验室开放啦》，中央美术学院官网，2019 年 11 月 14 日。

针对这一人群的重要媒介。

故宫博物院官方网站"文创"板块设有"故宫游戏"项目,面向12岁以下儿童,收录了"故宫大冒险"系列11个网页小游戏(图9-3)。这一系列以故宫收藏的文物和相关历史为素材,结合常见的填字、找碴、九宫格拼图等经典益智游戏类型,游戏设计针对儿童群体,美术风格明快,结合文物

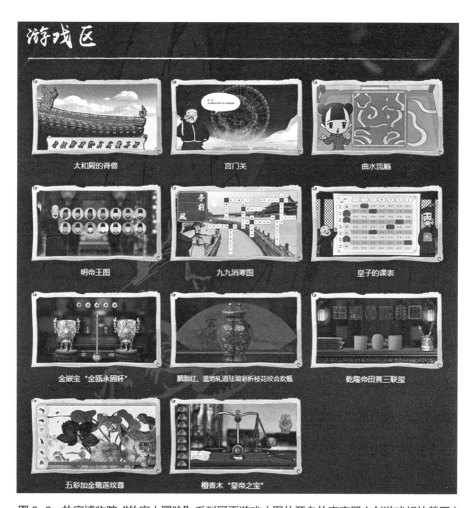

图9-3 故宫博物院"故宫大冒险"系列网页游戏(图片源自故宫官网文创游戏板块截图)

实拍、三维模型与动漫卡通形象，交互界面简易、规则简单，对于所采用的文化遗产元素没有详细的文字内容介绍，更多的是对儿童群体感性认识故宫历史提供趣味辅助。但由于该系列都是单个关卡的小游戏，流程简短，游戏性稍显不足，没能形成一定的游戏时间累积，文物元素与游戏玩法之间的割裂也影响了传递知识的效果。这种以青少年儿童为目标群体的博物馆网页游戏是早期博物馆线上游戏的主要类型之一。随着青少年儿童手机使用率的提高，针对这一群体的文化遗产游戏开始从网页小游戏转向手机游戏开发。故宫博物院于2014年推出的手机游戏《皇帝的一天》在游戏性、功能性和代入感上更进一步（图9-4），设计了养心殿、乾清宫、御花园等多个卡通场

图9-4 《皇帝的一天》游戏中的紫禁城地图和御花园场景（图片源自游戏截图）

景,将皇帝一天中起居饮食、学习工作、娱乐休闲的细节融入游戏玩法之中,玩家扮演小皇帝,在游戏任务的指引下能够熟悉各个重要建筑的地理位置和具体功能,通过内嵌的骑射、拼图、连线、试毒等小游戏展现清代的"小历史",让玩家在玩游戏的同时记住历史细节。游戏中还内置了"文物"手册(图9-5),记录了20余件清宫文物。根据受众特征有针对性地开发游戏,获得的传播和记忆效果会更加明显。总体而言,这类游戏旨在让玩家从游戏中获得历史知识。由于其大多专门服务于青少年儿童,在美术风格和游

图9-5 《皇帝的一天》游戏中内置的"文物"手册(图片源自游戏截图)

戏玩法上都有鲜明的动漫风格特征，虽然其也会直接展示数字复原的文物、修复工艺等，但为了更易于科普，在再现历史细节时会做出一些取舍，并通过增添非玩家操作角色等方式来引导游戏流程，辅助再现和重构历史。与大多数青少年儿童受到的关注相比，残障儿童则是被忽略的，博物馆也鲜少为老年人、残障儿童提供相应的文化遗产游戏，这是未来需要填补的空白[1]。

（二）根据身体机能划分

根据人群的身体机能划分，一般分为身体健全人群和身体残疾人群。身体健全人群的应对措施主要从年龄、性别、职业、受教育程度等方面来考虑，身体残疾人群的应对措施则需要根据具体情况作具体分析。

20世纪下半叶，英美两国的残疾人权利运动开始兴起，影响也越来越大。残疾人与主流社会的隔离以及他们被公共领域内的许多机构和环境排斥的现象受到了挑战[2]。在中国，身体残疾人口的总量并不在少数，2010年末我国残疾人总人数约8 502万人。各类残疾人的人数分别为：视力残疾1 263万人，听力残疾2 054万人，言语残疾130万人，肢体残疾2 472万人，智力残疾568万人，精神残疾629万人，多重残疾1 386万人。各残疾等级人数分别为：重度残疾2 518万人，中度和轻度残疾人5 984万人[3]。

需要注意的是，身体健全的人群随着年龄增长、身体机能老化，也会出现不同程度的行动、听说、视觉方面的障碍，因此智慧博物馆的平权设计，并不仅仅是服务于身体残疾人群的，也可能需要为老年群体服务，应该将自然衰老的方面考虑在内。

---

[1] 曹辰星：《历史再现与重构——基于文化遗产数字游戏的类型分析》，《科学教育与博物馆》2020年第3期。
[2] Sandell Richard; Nightingale Eithne, *Museums, Equality and Social Justicenull*, Taylor & Francis. 2012, p.59.
[3] 中国残疾人联合会：《关于使用2010年末全国残疾人总数及各类不同残疾等级人数的通知》，2012年3月5日。

1. 行动障碍人群

这里的行动障碍，主要指因肢体缺陷、机能退化而无法进入博物馆或抵达展品展示处的障碍。安全导航技术通过多传感器融合和定位分析为导航提供可靠依据，为肢体残障人士挑选最优路径，保证其安全准确抵达目标展示处。

南京博物院博爱馆除了针对视障人士进行的一系列无障碍改造以外，还研制了全国博物馆中首部用于视障和行走障碍观众的全自动导览车。车载计算机控制车辆前进的路径和展示点，可前行、倒退、拐弯、避让，到达展示点后自动触发感应装置，播放展品的讲解语音。

眼控，又称为视线追踪、眼动追踪，是基于角膜反射原理，以近红外光源发出的光在用户眼睛角膜上形成高亮度反射点作为参考点，当眼球转动注视屏幕上不同位置时，眼球近似球体，光斑不动，瞳孔相对光斑发生偏移，利用瞳孔中心和光斑的位置关系即可确定视线方向。眼控技术，就是通过控制眼球来发出指令，完成指定操作。通过控制眼球完成特定操作，大体上可以分为"眼球追踪""做出指令"两个阶段。在追踪阶段，摄像头会辨认计算机前的用户，追踪其眼球的运动，并把获得的数据传送到控制器中；通过事先设定好的算法，系统判断用户的用眼行为，做出对应的反馈。这项技术对于行动不便的人群有很大的帮助。

在目前的应用场景中，眼控技术主要针对无法自由行动的残障人士，尤其是"渐冻人"群体，由于他们丧失了语言能力，眼动操作能够帮助他们与外界交流，执行自己需要的行动指令。眼控技术也在逐渐走向大众和更多的应用场景，丹麦技术公司 The Eye Tribe 早在 2011 年就展示了他们开发的一款眼球跟踪软件系统，这是一种能通过智能手机或者平板电脑的前置摄像头获取图像并利用计算机视觉算法进行分析的眼控技术。该系统能定位眼睛的位置，估算出用户所看屏幕的位置，可精确到非常小的图标，以取代手指，控制平板电脑或手机[1]。此外，近年兴起的可穿戴设备也引领了眼控技术在更多领域的应用，比如利用眼控仪操作计算机、拍照、玩游戏等。国内外许多企业投入了这项技术的开发之中，Tobii 公司是眼控追踪技术的引领者，陆续推出了多款眼动仪，适用于多种应用场景，此外还有 PredictGaze、三星等公司也致力于此。国内方面，眼控技术比较成熟和较为系统化的有北京七鑫易维公司等。

2. 听说障碍人群

有听说障碍的人群无法通过听声和口述来接收或传达信息，因此一般的语音导览、语音识别都不能使用，需要从他们健全的视觉、触觉、嗅觉等方面入手，通常是利用图片、视频、手语等手段。手语讲解视频的应用已经开始得到部分博物馆的重视，采用手语讲解，预先将其录制为视频。

（1）上海博物馆手语导览视频。在 2021 年全国助残日到来之际，上海博物馆面向听障人士推出系列线上手语导览视频，探索无障碍服务能级提升新模式。首批上线五集视频，首集《如何参观博物馆》通过展馆实景拍摄帮助参观者快速熟悉上海博物馆的空间和基本服务设施、无障碍设施等，增加参观的安全感和舒适感；并通过回答"我们为什么要参观博物馆""参观博物馆的方法""参观博物馆需要怎样准备"等问题，讲述参观博物馆的一般方法，打消参观者的顾虑，鼓励残障人群走进包括上海博物馆在内的各类文化场馆，以期帮助特殊人群更好地融入社会生活。不同于传统博物馆导览以单件文物讲解为主的模式，该系列无障碍导览视频更加突出主题性，选取目前开放展厅内的文物精品，通过"一定要看的十件文物""青铜器上的神秘纹饰""古代陶瓷烧造的奥秘""唐代人的生活"等主题组成参观路线。以手语导览配合文物细节展示，使听障人士也可以用双眼"听懂"文物和文化，均等共享博物馆的历史文

---

[1] 赵云、王少华、严绍军、王喆：《文化遗产数字化展示研究》，中国地质大学出版社 2016 年，第 156—158 页。

化资源和公共文化服务[1]。

（2）重庆中国三峡博物馆"手说史物"手语讲解视频导览。自2020年下半年，重庆中国三峡博物馆正式启动文物手语讲解项目，第一批上线14个手语讲解视频，包括4个基本陈列和10大镇馆之宝介绍，采用专业聋人手语团队，每个视频时长约5—7分钟，片尾设置趣味竞答环节[2]，此后又上线第二批视频共21个，包含博物馆总体介绍1个，精品文物20个。

3. 视觉障碍人群

根据中国盲人协会公布的信息，截至2019年，中国视障群体有1 731万人，其中23.5%是30岁以下的年轻人。视觉障碍通常分为两种类型：一类是视力低下，依据其视觉障碍程度分为全盲和弱视，这一类型的视障群体需求开始受到关注，少数博物馆已推出应对措施；另一类视觉障碍是色觉识别障碍，也就是"色盲"，这一类型群体目前被关注得比较少。色盲人群并非完全看不见颜色，色盲主要包括红色盲、绿色盲、蓝黄色盲和全色盲，其中绝大多数是红绿色盲，因此实际上大多数色盲人群是可以看到颜色的，但是存在一定规律的色觉识别差异。

（1）南京博物院博爱馆。在南京博物院博爱馆是一个专门为视障人士设计的展馆。展馆面积近200平方米，馆内中心区域布置着6个展台，这是国内博物馆在无障碍化方面的首创。首先，在位置选择上，博爱馆位于艺术馆一层，避开了人群拥挤的主入口，降低了声音对信息获得的干扰；其次，在采光方面展馆采用玻璃顶的天空，并安装了多个射灯，光线更通透明亮，可满足弱视群体需要。馆内盲道铺设呈"凹"字形，令路线规划更加清晰。高低两层扶手上的盲文，在介绍展品的同时兼具引导功能。

---

[1]《全国助残日上海博物馆推出系列手语导览》，澎湃新闻，2021年5月16日。
[2]《服务听障观众，重庆中国三峡博物馆推出手语讲解视频导览》，弘博网，2021年5月24日。

展馆中以原材料 1∶1 复制文物,视障人士通过触摸复制品,触发语音播放器,展品的介绍便会通过语音播放,展品旁边还有"盲文点显器",介绍展品的历史背景、构造功能等信息。在展厅的不同区域,展品类型、现场布置、光线明暗等均有所不同。在弱视区和怕光区,展品以书画为主,观众可以扶着护栏,贴近细看。当有人经过书画前,语音讲解就会自动播放,每幅画下方还有一小段盲文介绍。在全盲区,展品则以造型类文物仿制品为主,观众在触摸展品时,也能同步听到讲解词。

为了改善服务,博爱馆完善了意见反馈机制,听取参观者的建议。听障观众扫描二维码可观看手语讲解视频;针对视障观众,除语音讲解和盲文介绍外,采用了纳米增效技术的可触摸地图,让山川河流体现高低厚度的不同;通过识别动物叫声,可以了解其在地图上的分布;新增设的嗅觉盒,则让与农产品有关的知识更立体[1]。

(2)"触摸普拉多"展览。2015 年,西班牙普拉多博物馆推出的"触摸普拉多"展览,使用高清数字摄影和 3D 技术制作了包括《蒙娜丽莎》在内的六幅名画的复制品(图 9-6)[2],视力障碍人士可以通过用手触摸的方式来欣赏这些作品,同时搭配语音导览和盲文说明[3]。

图 9-6　视力障碍人士在"触摸普拉多"展览中触摸《蒙娜丽莎》复制品

---

[1]《视障也能"看"展览》,《人民日报》2020 年 1 月 15 日。
[2] 图片来源:《普拉多博物馆推出可触摸的画展:盲人的福利》,新华网,2015 年 7 月 21 日。
[3] 赵云、王少华、严绍军、王喆:《文化遗产数字化展示研究》,中国地质大学出版社 2016 年,第 167—168 页。

（3）"国宝全球数字博物馆"小程序[1]。2021年5月21日，腾讯正式上线了全新升级的"国宝全球数字博物馆"小程序，这是全国首个数字国宝无障碍体验小程序。2020年春节，腾讯联合光明日报社正式上线"国宝全球数字博物馆"小程序，其中近300件"数字化回归"国外馆藏中国国宝引发文博圈内广泛关注。这次无障碍体验升级是为呼应5月的"全国助残日""国际博物馆日"和"全球无障碍宣传日"主题，让观众无障碍体验国宝。

小程序看似是简单升级，其背后却是为了打破观众对国宝文物"高冷"知识的偏见，打通文物知识信息传播的技术壁垒，打造国宝文物信息传递的"无障碍应用"，对文博行业思考数字化发展和文物知识信息传播都有重要借鉴意义。

在腾讯智慧景区业务的支持下，"国宝全球数字博物馆"开展无障碍升级"同屏计划"，突破了线下场馆硬件限制和障碍，利用线上手段和科技应用，依托信息无障碍技术，打破物理空间的障碍，提升用户了解国宝的体验，打造了一条"互联网盲道"，让所有人都可以"云游览"国宝，开启了打破知识传播和信息传递的障碍的新方式。

内容解读上，小程序对"数字回归"的近300件国宝文物信息进行重新梳理，增添解读内容，确保信息准确性、专业性和易接受性。语音导览上，邀请专业团队针对视障人群，通过"细节写真+妙趣历史+场景音效"相结合的形式，配合小程序适配手机读屏功能，打造沉浸式文物参观体验。视觉感官上，小程序通过自带放大镜、让文物内容和知识解读重点突出显示和屏幕光线自动适配等功能，让低视力者及老人获取更清晰的信息。操作界面上，大量使用滑动操作方式，简化内容层级，降低用户上手难度，更易于观众增加对文物的了解，各年龄人群都能轻松探索国宝。

---

[1] 根据微信公众号"文博圈"内容整理而成。

某种程度上来说,"国宝全球数字博物馆"并不是只为"有障人士"打造的"无障碍"产品,小程序在内容、导览、视觉和操作上进行的全面优化,对于身体健全的观众提高使用体验,提升对文物的兴趣和知识获取都有很大的推进。

(4)色盲色觉模拟。对色盲色觉模拟的设计将有助于改善色盲色弱人群在博物馆中的观览效果。在日常工作的一些图形工具中也带有色觉校样设置,比如 Adobe 的 Photoshop CS4 和 Illustrator CS4 提供了模拟红色盲和绿色盲的校样设置,选择"视图—校样设置—红色盲型/绿色盲型",即可在设计工作中校验配色。除此之外还有一些在线工具可以提供模拟色盲色觉的校样,如:① Color Oracle: http://colororacle.org/,② Color Blind Web Page Filter: http://colorfilter.wickline.org/。

在日常生活中这样的应用十分有效,比如,高德地图在地图设置中增加了色觉无障碍路况功能。用户开启这项功能之后,路况会采用色觉无障碍配色显示,但色觉无障碍地图在红绿色盲模拟视图中显示与原始视图并无差别,这样红绿色盲人群就能与色觉正常人群一样使用实时路况功能,完美适配红绿色盲人群的使用需求。

(三)根据生理性别划分

一直以来性别平等都是平权运动中的重要组成部分,如今对于性别的认识已经远不是过去绝对的二元对立性别,而是以更多元的角度去看待性别的建构和组成。即使是针对传统的生理性别,也应该有更加细分的群体差异认知。

1. 特殊生理阶段的女性群体

女性群体在不同时间、不同年龄阶段可能会面临不同的身体条件变化,从日常的生理期到特定的孕期、哺乳期,在公共场合都会有不同的需求。特别是孕妇与哺乳期妇女,由于身体承受的负担较重,心理上也会更趋于敏感。据《中国统计摘要(2021)》统计,近五年全国出生人口数分别为:2016

年 1 786 万人，2017 年 1 723 万人，2018 年 1 523 万人，2019 年 1 465 万人。此外，据公安部户政管理研究中心发布的《2020 年全国姓名报告》披露，即使在出生人口率较低的 2020 年，出生并已经到公安机关进行户籍登记的新生儿也有 1 003.5 万人，这一数字的背后意味在此前一年中至少存在过千余万名孕产妇，并在此后的一段时间中存在着至少同样数量的哺乳期妇女。由于我国生育政策调整，孕产妇、哺乳期妇女在未来一段时间里可能会有所增长。随着数十年来女性群体受教育水平的整体提高，在社会工作中参与度更深更广，现在孕妇群体的整体知识水平和年龄都处于上升趋势，她们对于精神文化的需求也更高。

博物馆作为一个服务大众的公共文化机构，具备一定的治愈心灵、陶冶情操的功能，参观博物馆展览对于处于特殊生理时期的女性观众是一种减压方式。因此，在智慧博物馆建设中应采取更多人性化设计理念，尽可能消除孕妇与哺乳期妇女的不舒适感，提供更多适应于她们实际需求的服务。

2. 男性 / 女性群体

不同的年龄阶段或受教育背景的男性和女性，都会有情绪、兴趣等方面的差异，这些身心条件的不同也会影响他们作为观众在参观博物馆展览、购买博物馆文创产品等方面有不同的偏好。

以博物馆文创产品购买力分析为例，《2019 博物馆文创产品市场数据报告》指出，购买力水平较高的都市年轻女性为消费的主力人群。从年龄层来看，购买博物馆文创产品的 90 后和 00 后人群达到 50.4%，是最主要的消费力量。从性别分布来看，女性占比 79.2%，男性占比 20.8%，女性对文创产品的购买力远远超过男性。从城市分布来看，文创产品的主要消费群体来自二线及以上的城市，消费人群占比达到了 74%。在智慧博物馆建设过程中，要重视大数据分析，上述数据一方面体现了女性群体购买力的增强，也说明目前博物馆文创产品更符合年轻女性观众的偏好，另一方面也反映出博物馆文创开发中对男性观众的购物偏好的分析尚不到位。此外，各个博物馆对观众性别比的分析十分重要，可将此作为智慧博物馆建设的一个要素。

（四）根据心理健康程度划分

"健康"的概念并不仅限于身体状况，也包括心理状况。据《中国国民心理健康发展报告（2019—2020）》，我国国民心理健康状况的差异表现在多个方面，东部地区人口显著优于其他地区人口，城市户籍人口显著优于农村户籍人口，低收入、低学历、无业与失业人群的心理问题更为突出；男性和女性之间的心理健康状况差别比较微小，但年龄差异显著，特别是18—34岁青年的焦虑平均水平高于其他年龄段的成人。从具体数据看，2020年青少年的抑郁检出率为24.6%，其中，轻度抑郁的检出率为17.2%，高出2009年0.4个百分点，重度抑郁为7.4%；女性有抑郁倾向的比例为18.9%，高出男性3.1个百分点，重度抑郁的比例为9%，高出男性3.2个百分点。非独生子女青少年有抑郁倾向的比例为17.3%，与独生子女相当，重度抑郁的比例为7.7%，高出独生子女1.4个百分点[1]。可见，心理健康问题不容忽视。博物馆作为提供精神文化服务的公共机构，在抚慰观众心理创伤方面可以有所作为。

二、针对不同地域的智慧措施

（一）我国博物馆资源区域分布不平衡

我国城乡公共服务水平差距较大，农村的文化、教育、医疗、社会保障等

---

[1]《心理健康蓝皮书：中国国民心理健康发展报告（2019—2020）》，皮书数据库，2021年3月3日。

公共服务仍比较落后。

事实上,我国博物馆资源区域分布不平衡的现象十分显著。经济发达地区博物馆发展水平普遍高于经济欠发达地区,城市博物馆发展水平普遍高于农村。表9-1统计了截至2019年我国各省市博物馆数量前十名的情况[1]。

表9-1 全国各省市博物馆数量排行情况表(前十名)

全国各省市博物馆数量		
排　名	省　市	博物馆数量(家)
1	山东省	567
2	浙江省	396
3	河南省	348
4	陕西省	307
5	广东省	293
6	江苏省	292
7	四川省	242
8	安徽省	232
9	甘肃省	227
10	湖北省	226
合计		3 130

结合2019年我国各省市GDP排名情况来看,博物馆数量排行前十名的省市中,只有陕西、甘肃以及安徽三省的GDP不在前十名内。安徽省的GDP排在全国第十一名,与排名第十的上海市仅仅相差数十亿元。由此看来,经济

---

[1] 该表格根据国家文物局公布2019年度全国博物馆名录整理而成。

欠发达地区博物馆数量能够跻身全国前十的只有陕西、甘肃两省，且这两省都是文物大省，博物馆数量与经济发展的关联度可见一斑。

除此之外，博物馆数量排名前十的省份拥有博物馆3 130家，占2019年全国博物馆总数5 535家的56.55%。换言之，这十个省份拥有了全国半数以上的博物馆。

事实上，博物馆发展水平的差异不仅直观地体现在博物馆的数量分布不均衡，更体现在博物馆质量不均衡上。表9-2统计了自1997年第一届全国博物馆"十大陈列展览精品"评选活动开展以来至今的精品奖项目获奖单位的地区分布情况，希望借此分析我国博物馆发展质量的地区差异。从表格中可以看出，全国博物馆十大陈列展览精品评选精品奖项目获奖单位的地区分布极不均匀，且经济发达地区相较经济落后地区的优势十分明显。

从省份分布来看，获得十大精品奖前五名的省份（含直辖市）分别是北京（23项）、浙江（18项）、江苏（13项）、河南和陕西（均为12项）。其中河南与陕西属于文物资源十分丰富的地区，有着得天独厚的历史优势，北京不仅拥有历史资源优势，更是经济发达的全国政治中心，其博物馆无论是数量还是质量都在全国处于领先地位。浙江、江苏相较于其他省份的文物优势并不十分明显，但其凭借强大的经济优势，有能力获得更多文化资源的同时，也有能力运用更多新的技术和形式提升展览质量，从而斩获十大精品奖。

从区域分布来看，华东和华北地区获奖数量最多，甚至占到了总颁奖数量的一半以上，而华东与华北地区都是我国经济较为发达的地区。从这些数据来看，经济发达地区博物馆发展水平普遍高于经济欠发达地区。这一状况为经济不发达地区和偏远乡村的观众参观博物馆造成了阻碍，来自经济欠发达地区的观众参观博物馆的成本相较经济发达地区更高。这是短期内难以改变的现状，也是经济发展的必然规律。

表 9-2 历届精品奖获奖项目地区分布情况统计表

地理区域(个)	行政区划	第1届	第2届	第3届	第4届	第5届	第6届	第7届	第8届	第9届	第10届	第11届	第12届	第13届	第14届	第15届	第16届	第17届	第18届	总计
华北地区(39)	北京市	2	2	1	3		2				2	2	4	2	1			1	1	23
	天津市		1							1	1		1		1	1				6
	河北省	1		1		1	1	1					1		1			1	1	9
	山西省					1	1	1												4
	内蒙古自治区	1		1	1												1			4
东北地区(15)	辽宁省					1	1	1	1	1						1				6
	吉林省					1	1									1		1		4
	黑龙江省		1			1	1	1	2	1	1									7
华东地区(43)	上海市	1	1			1	1	1	1		3			1			1		1	10
	江苏省	1	1	1	1	1		1	1	2		2		1	2	1		1	1	13
	浙江省						1				3		1	2	1			1	1	18
	安徽省										1			1			1			4
	福建省		1						1			1								3
	江西省										2					2		1	1	8
	山东省										1									2
华中地区(18)	河南省		1			1		1	1	1	2	2			1	1	1	1	1	12
	湖北省			1														1	1	5
	湖南省	1	1				2					1					1			6

（续表）

地理区域（个）	行政区划	第1届	第2届	第3届	第4届	第5届	第6届	第7届	第8届	第9届	第10届	第11届	第12届	第13届	第14届	第15届	第16届	第17届	第18届	总计
华南地区（11）	广东省	2		1					1	1		1		2						8
	广西壮族自治区				1								1							2
	海南省	1									1					1				3
西南地区（10）	四川省			1	1	1			1								1		1	7
	贵州省																1			1
	云南省							1										1		1
	重庆市												1		2		1	1		5
	西藏自治区			1																1
	甘肃省							1		1	1									3
	青海省																			0
西北地区（14）	新疆维吾尔自治区			1											1					1
	宁夏回族自治区																		1	2
	陕西省							1	1	2	1	1	1	1		1	1	1		12
总计		10	10	10	10	10	10	10	10	10	20	10	10	10	10	10	10	10	10	190

（二）智慧博物馆助力不同区域平等共享博物馆资源

在智慧博物馆建设过程中，互联互通的互联网和全面感知的物联网越来越成为博物馆信息传播的重要渠道。在智慧博物馆建设的大背景下，藏品数据化和"云展览"得到了极大的发展，这为不同区域平等共享博物馆资源创造了条件。

1. 藏品数字化带来的文化平权

智慧博物馆藏品管理下的藏品数字化，使得原本尘封于博物馆库房或仅仅展示在博物馆展厅的藏品资源得到了共享，既可以让普通观众共享，也可以是馆际间的共享。这种形式使得馆藏文物资源被最大化利用的同时，也使得公众可以更加平等地享受博物馆文化资源。

（1）观众。观众可以直接欣赏到这些人类文明的见证物。特别针对那些不轻易展出的展品，如故宫博物院藏《清明上河图》等书画类藏品，出于藏品保护的目的，展出的时间和次数都有着严格的限制。2015年，故宫博物院举办"石渠宝笈特展"时曾展出著名国宝——《清明上河图》，观众人数一时暴增，甚至出现了"故宫跑"的文化现象。面对以《清明上河图》为代表的特殊藏品，即使观众的住所就在博物馆附近，没有了地域上的限制，实际上也是难得一见的。因此从这一层面上来看，地域并不是决定观众能够欣赏到展品的决定性因素，而博物馆藏品的数字化处理和传播，使得观众有平等的权利欣赏博物馆藏品，地域的差异进一步被消弭。

此外，藏品数字资源的共享使得对藏品有特殊参观需求的观众拥有了平等的权利。部分观众出于兴趣爱好、学术研究、观赏临摹等原因，对藏品的颜色、纹理、图案等细节有着特殊的要求，而这类特殊要求在展厅中由于灯光、展柜、安保等因素的影响往往不能全部得以满足。在这种情况下，无论身处何方的观众都可以通过使用藏品数字资源的方式平等利用博物馆藏品资源，不同区域的观众在这一需求上实现了平权。

荷兰国立博物馆是荷兰标志性的博物馆，始建于1798年的巴达维亚共和国时期。2013年，荷兰国立博物馆新版官方网站投入使用，并正式上线了其著名的 Rijksstudio 板块。这一板块涵盖了荷兰国立博物馆主要藏品的高清图片，观众可以免费下载使用。虽然此前也有博物馆为观众提供数字化资源，但如同荷兰国立博物馆这般全面开放藏品数字资源并且授权观众免费使用的情况在博物馆界尚属首次。这一行为引领了世界博物馆开放自身藏品数字化资源的风潮，此后数年间，包括纽约大都会艺术博物馆、故宫博物院在内的多家知名博物馆亦跟随其脚步逐步开放藏品数字影像供免费下载使用[1]。

2019年7月16日，故宫博物院数字文物库正式上线。数字文物库是故宫在公开馆藏26大类文物186万余件藏品基本信息的基础上，首批精选了5万件高清文物影像进行公开，并且后续还将不断增加，满足观众博古赏新、学习研究的需求。观众可以直接点击文物的种类、名称，进入文物的页面，页面上有文物号、分类、年代等信息介绍。尤其值得一提的是，数字文物库中还有一个"相关推荐"栏目，它会推送与用户打开的文物页面同类别、有可比性的文物，可以进一步了解该类别的文物信息。这些产品上线后，立即引来粉丝们的热情回报，很快就登上了社交媒体的热搜榜，阅读量迅速达到了300余万次。不少赶着"尝鲜"的粉丝还陆续晒出了自己体验的截图，以《韩熙载夜宴图》为例，打开其详情页，可以逐级放大欣赏纤毫毕现的细节，画中人物的表情、动作、神态等都能看得清清楚楚[2]。

（2）博物馆。不仅观众能够通过博物馆数字化藏品更加便利地欣赏到难得一见的珍宝，博物馆也可以通过藏品数字化实现数字资源的共享。

---

[1] 《"先天不足""偏居一隅"的荷兰国立博物馆如何通过数字化建设"刷屏"》，搜狐网，2019年4月25日。
[2] 根据故宫博物院官方微博、《中国收藏》等有关内容整理。

虽然藏品在馆际间的共享已是中国博物馆界的常态，但多是以实物展品的借用为主，这样一来难免产生高昂的借展、保险以及运输费用。这样的费用往往不是经济欠发达地区博物馆能够承受的，反倒是经济发达地区博物馆能够通过这种方式为当地观众提供更为优质的展览服务。这种馆际间的实体文物共享反倒在某种程度上加剧了文化上的不平权。

而今，在智慧博物馆建设的过程中，这一问题有望得到解决。随着博物馆智慧化的全面推开，越来越多的博物馆建立起藏品信息数字管理系统，并且在探索数字藏品资源共享的可能性。通过这种方式，使用珍贵藏品办大展不再是大型博物馆的"专利"，中小型博物馆也能够利用其他博物馆共享的数字藏品资源主办精品数字展览，并通过配套活动为当地居民提供更加优质的文化服务。这样的展览有赖于全国智慧博物馆建设的开展，相信随着智慧博物馆建设的全面铺开，馆际间数字藏品资源的共享和利用程度、方式都会得到进一步加强。届时，博物馆中的文化平权将会得到长足的进步，其意义甚至不亚于1794年卢浮宫博物馆的无差别开放。1794年，观众开始被允许无差别地进入博物馆，而在不久的将来，观众可以做到无差别地欣赏博物馆的藏品和展览。曾经，法国大革命为观众争取到了博物馆内的平权；而今，智慧博物馆建设开始实现博物馆之外的平权了。

2."云展览"发展带来的文化平权

"云展览"是近年来博物馆界的热门话题，所谓"云展览"，指的是将互联网的"云端"概念引入博物馆中，即通过网络"云端"参观博物馆的一种形式。对于中国的博物馆而言，"云展览"不是一个新鲜的话题。20世纪90年代末，文博界就开始了数字博物馆的建设。与"云展览"配套的博物馆信息化之路更是早早启动。早在1998年，故宫博物院便提出建设"数字故宫"的口号，开启了故宫的数字化建设。2003年10月，故宫博物院联合日本凸版印刷株式会社共同成立了故宫文化资产数字研究所，旨在应用最先进的数字化技术，存留、保护和展示故宫珍贵的人类文化遗产。2004年，出于文物保护的需要，敦煌研究院与中国科学院计算技术研究所合作，对莫高窟最具代表性的第45窟进行三维数字化重建，并提供给游客具有现场沉浸感的互动漫游功能。以故宫博物院和敦煌研究院为代表的早期博物馆数字化探索，为"云展览"的产生和发展奠定了基础。当互联网飞速发展，博物馆数字化建设与互联网深度结合，"云展览"便应运而生。随着"互联网+"概念在中国的普及和智慧博物馆建设的兴起，"云展览"更是得到了飞速发展，特别是近几年来，大型博物馆制作与实体展览配套的"云展览"已趋于常态化[1]。

以有无实体展览为依据，"云展览"可分为两大类：一类是基于博物馆已有的实体陈列展览，通过拍照、测量、三维扫描等方式获得数据，对展厅进行真实"三维重现"的全景虚拟展览；另一类则是脱离展厅的限制，根据展览的结构框架，填充展品信息和文字解释的网展。这两类"云展览"都为推进博物馆文化平权提供了助力。

对实体展览进行数字化处理，再将其"搬上云端"的"云展览"拓宽了实体展览覆盖的范围和时间。虽然现阶段受制于技术、形式等因素，其展陈质量无法与实体展览相媲美，但是这种类型的"云展览"为受制于地域、经济等各种因素而不能进入博物馆参观的观众提供了一种参观展览的解决方案，这一方案或许还不甚完美，但这是从无到有的突破，更是推动博物馆文化平权的重要一步。

脱离实体展览，专为线上展示而生的"云展览"对文化平权的推动作用更加明显。因为脱离了实体展览，参观这一类型的"云展览"也就摆脱了地域的

---

[1] 梅海涛、段勇：《质与量——新冠肺炎疫情背景下博物馆"云展览"观察》，《中国博物馆》2020年第3期。

限制。无论身处何地的观众，在参观这一类型的"云展览"时都处于平等的地位。这类展览有赖于博物馆藏品数字化、馆际资源共享和博物馆"云展览"的发展。虽然现阶段受制于技术原因，"云展览"还很难获得和实体展览相同的参观体验，会在很长一段时间内成为实体展览的补充和调剂，随着5G、云计算、大数据、VR等技术的发展和普及，"云展览"必将有着质的变化。在更久远的未来，随着新兴技术在博物馆行业的不断应用和观众移动终端的更新发展，"云展览"定会大有可为，届时，"云展览"与实体展览之间的差距会进一步缩小，为博物馆文化平权的发展提供巨大助力。

"丽人行——中国古代女性图像云展览"是浙江省博物馆主办的线上女性题材绘画展，与传统展览不同的是，本次展览没有举办地点，而是在电脑端与手机端同步上线。展览穿越数千年尘封岁月，汇聚千余幅佳品珍藏，通过数字化手段铺展古代丽人生活画卷，让观众随时随地"漫步云端"，品赏画里千秋[1]。

目前涌现的"云展览"大多以实体展览为基础，通过技术手段延伸到线上。"丽人行——中国古代女性图像云展览"则是一次超越时间与空间的探索，本次展览的展品汇聚了来自上海博物馆、南京博物院、浙江省博物馆、苏州博物馆、天津博物馆等32家博物馆的1 000余件画作，让展品的排布突破了收藏方与地域的限制。这其中的许多展品皆是参展博物馆的镇馆之宝，如果想要在线下汇聚如此多博物馆的丰富展品，其困难程度难以想象，而在线上则能够相对容易地集齐这些资源。该展览策展人蔡琴在接受专访时就表示："我认为'云''互联网'这类技术的意义应该是实现更大程度的资源整合和共享，将原本不可能的事情以较低的成本变为可能。比如散落在各国的梵高名画，我们原

---

[1] 根据浙江省博物馆官方网站有关内容整理。

本不可能在同一时空看到，如果要看到，我们要动用多少的资源、经费，才能将这些名画放在同一空间，而通过互联网，这件事情就可以用很低的成本实现。"除了永不落幕的展厅，"丽人行——中国古代女性图像云展览"还在不断更新展品库，展览开幕后，相关展品数据仍将不断增加。

为贯彻落实中央五部门《"互联网＋中华文明"三年行动计划》的有关要求，国家文物局委托中国文物报社依托国家文物局政府网站搭建了"博物馆网上展览平台"[1]，其建设目标是：推动新一代互联网技术发展成果与中华优秀传统文化的传承发展相互融合，创新博物馆陈列展览的传播渠道和形式，建设基于互联网环境的虚拟化"云展览"，集中整合各博物馆陈列展览内容IP，实现跨馆际的线上展览交流互动，进一步提升博物馆的公共文化服务能力。

"博物馆网上展览平台"通过国家文物局政府网站和国家文物局官方微信分六批推送了300个博物馆网上展览，被国务院办公厅嵌入"全国一体化在线政务服务平台"，一个月的总浏览量超过100万人次，获得了包括美国有线电视新闻网（CNN）在内的多家海内外媒体的关注和报道，"全国博物馆网上展览"项目入选国家新闻出版署2020年中国报业深度融合发展创新案例。

通过智慧博物馆建设，广大基层博物馆可以与大型博物馆共享数据资源，利于数字展品原创展览，这无形中在一定程度上消弭了各个博物馆之间由于馆藏差距带来的展览质量差距。通过这种方式，小型博物馆也能够为本地观众提供优质展览服务。此外，大型博物馆举办的"云展览"，也可以辐射更多的观众，令不同地域的观众足不出户就可欣赏精彩的展览。通过这样的方式，博物馆提供的文化服务扩大了服务范围，在一定程度上消弭了地域之间的不平等。

---

[1]《"博物馆网上展览"平台上线》，见中国博物馆协会：《2019年中国博物馆文集汇编（上）》，2019年，第128—129页。

在智慧博物馆的建设中，文化平权是需要被置于顶层架构之内的，许多问题在数字技术融入场馆建设、后台系统搭建、展览服务之前就应该被列入考虑。立足公众需求，利用大数据收集、分析观众数据，博物馆有意识地建立收集观众信息的数据库，及时分析、反馈，根据情况的变化做动态调整，特别是针对老人群体、残障群体、孕产妇群体等可能被忽视的群体收集有效信息，有针对性地助力特殊群体"乐享"博物馆；加强公共文化资源使用平权，特别是线上资源共享方面，包括藏品数字资源的公开获取、云展览、云课堂等；助力公共服务平等，努力使线下服务能够服务到每一位来到或希望来到博物馆的观众，需要保持基础设施的更新，导览服务中导览解说设备、智慧轮椅等的配备充足等。加强博物馆与智能终端设备开发方的合作，许多平权问题的解决有赖于博物馆之外的技术、设备的更新，比如老人线上预约难，其问题在于老年群体对手机等智能设备的使用困难，因此需要与各界通力合作，共同解决文化平权问题。

第十章
智慧博物馆与空间建构

2019年9月，国际博物馆协会在日本京都召开全体大会，对由博物馆定义、展望与前景委员会提出的新博物馆定义进行阐释并提交大会表决。此次大会表决新的博物馆定义为"博物馆是用来进行关于过去和未来的思辨对话的空间，具有民主性、包容性与多元性。博物馆承认并解决当前的冲突和挑战，为社会保管艺术品和标本，为子孙后代保护多样的记忆，保障所有人享有平等的权利和平等获取遗产的权利。博物馆并非为了盈利。它们具有可参与性和透明度，与各种社区展开积极合作，通过共同收藏、保管、研究、阐释和展示，增进人们对世界的理解，旨在为人类尊严和社会正义、全球平等和地球福祉做出贡献"。

最终大会有70.41%的代表表决推迟对"新的博物馆定义"进行投票。之所以此次博物馆新定义未能通过投票，是因为各国代表认为其中存在较多争议，而最具有争议的问题之一，便是首次将博物馆定义为"空间"，从而彻底打破了传统定义中的博物馆形态。

虽然新的博物馆定义未能在此次京都国际博物馆协会全体大会通过，但也反映出博物馆与"空间"这一概念之间逐渐密切的联系。回溯博物馆数百年的发展历程，博物馆"空间"这一概念的范畴不断变化，随着智慧博物馆的发展，博物馆的空间建构又有了新的变化。

第一节　智慧博物馆与实体空间

长期以来，针对博物馆空间的研究一直存在。建筑空间是博物馆的实体空间，也是传统意义上的博物馆空间。过往数十年来，在讨论博物馆空间时，往往讨论的都是博物馆建筑空间。而今，智慧博物馆事业的发展促使博物馆建筑空间的建构发生新的变化。

一、建筑空间的文化概念：建构主义

建构主义最早可以溯源至18世纪维柯的观点，经由杜威的经验性学习理论、维果茨基教育思想以及皮亚杰的建构主义观点等思想铺垫，演化出认知建构主义、社会建构主义、个人建构主义、激进建构主义、语境建构主义等多种流派，并在文化、政治、市场等领域均有所运用[1]。尽管各分支观点纷纭，但其建构指向的意义仍较为一致，即创设某一情境，通过协作与会话环节重新搭建"事物之间的性质、规律以及事物之间内在联系"[2]。

在讨论智慧博物馆空间的内涵、意义之前，回顾世界博物馆空间的发展，其作为承载内容的场所，各阶段遵循的要义各有不同。博物馆1.0时代，多以"集装箱式"的空间进行呈现，该时期的贡献在于强调建筑空间的"位移"作用，即颠覆博物馆"奢侈浮华的皇宫"或"破旧无用的收藏所"的定位，将其

---

[1] 温彭年、贾国英：《建构主义理论与教学改革——建构主义学习理论综述》，《教育理论与实践》2002年第5期。
[2] 何克抗：《建构主义——革新传统教学的理论基础（上）》，《电化教育研究》1997年第3期。

认为是"汇聚人类文明精华的殿堂",收藏是重中之重。到了博物馆 2.0 时代,空间建构会考虑到具体文物的展示效果,甚至将其景观本身变为一种"艺术品"。伴随体制观念和文化经济的不断发展,满足观众需求成了博物馆 3.0 时代空间建构"决胜"的关键[1]。

博物馆作为一种介绍完整文化架构的体系,技术的发展促使其形态不断升级。在博物馆 4.0 时代,智慧博物馆已成为大势所趋,每个博物馆都在以物联网、云计算、大数据、移动互联等新式技术为驱动力,积极探索各项业务的智能融合。立足于功能划分的空间布局,智慧博物馆指向的建筑空间不再只有收藏空间、展品空间、研发空间、教育空间等,还包括融合空间的搭建与多维空间的营造。这些海量数据和系列软件系统构成的模型,通过对现有一些建筑区域进行复制与增强,搭建出一个超链接的技术场域,进而实现各个空间的有机联系。

这么来看,博物馆建筑也不再是对于历史空间、文化空间、物理空间的记载,而是更多转向了历史空间与当下空间、文化空间与娱乐空间、物理空间与心理空间之间关联的建立,进而强化人们的对话、体验与思考的方式[2]。智慧博物馆所倡导的自动性、实时性、透彻性、开放性、整合性、协同性等特征,也与建构主义强调的理念不谋而合。若将学习环境四个要素同智慧博物馆环境进行对比,可以得出以下对应关系(如表 10-1)。有人在智慧博物馆建设条件的论述上,提出其应该处理纵向与横向两个方向上的问题,纵向是指"从基础数据采集获取判断的基本依据,并将知识库中的相关信息抽取出来,根据规则库的各种推理原则进行推导、判断并得出结论",横向是指"各类数据之间的

---

[1] 林少雄:《博物馆 4.0 时代的物质叙事与空间融合》,《美育学刊》2018 年第 4 期。
[2] 林少雄:《博物馆 4.0 时代的物质叙事与空间融合》,《美育学刊》2018 年第 4 期。

存在关联性影响"[1]，牵一发即动全身。于是在"建筑—身体"体系下，根据对应的议程设置，可以细分为三个层面的空间，分别是高效秩序的功能层面、拟态体验的感知层面以及资源延伸的服务层面。

表 10-1　建构主义学习环境与智慧博物馆建筑空间的对应关系

要素	建构主义学习环境的建构	智慧博物馆建筑空间的构建
情境	利于人们摄取新内容的环境，既包括外界塑造的社会、文化等背景，还需考虑到人的内在情绪、心理状况等	随着时代发展与观念演变，多种新型技术共同支持的"超链接"环境
协作	学习者在建构主义不同教学模式之中与其他人或物发生影响，有但不限于设问、印证、反思、自评等	观众和博物馆工作者可以和博物馆任何收藏保管、展示研究、保护教育活动相关的"物"进行交互、双向传输与共享
会话	强调方法论，即学习过程之中各成员以群体形式彼此配合	参观前、参观中、参观后，观众和博物馆工作者之间、博物馆工作者之间、观众之间均能随时自由沟通
意义建构	在达成既定学习目标的基础上，使旧知识与新成果共同皆为所有人共享	通过自主融入与合作交流的方式，个体之间的智慧串联由此激发集体智慧

二、建筑空间的特征：人本性

建筑承载了某一时期的风格印记，是影响空间形式的重要因素；而空间作为建筑的主体，又会随着人们的活动赋予其不同的"性格"。人本主义的崛起正对建筑形态的转型不断提出新要求。在多元的智慧化技术介入建筑之后，建筑空间原先以个体为单位的空间，出现了消亡、升级、拓展及合并的迹象，封闭性、断片式的空间组织逐渐消解，系统性、开放化的布局思路占据上风。

---

[1] 张小朋：《论智慧博物馆的建设条件和方法》，《中国博物馆》2018 年第 3 期。

于是，在这样一个过渡阶段中，空间要素更像是处在一种游离而不确定的流动状态。空间与空间之间既存在功能上的界限，又能够保持相互交融、彼此渗透的状态。有人将其称为"空间状态的不确定、空间形态的连续性以及空间属性的均质性"[1]。正是在这种混沌的境况之下，各个博物馆建筑都试图以各富个性的创意表征，最大限度激发观众与空间之间的联结。

值得注意的是，无论是功能层面、感知层面还是服务层面，这种联结应该是由"身体"参与完成的。参与的程度与质量越高，越是能让智慧化进程不断朝着良性的方向发展。尽管对于学界或业界来说，一套理性的质量评估体系往往是判断空间建构是否成功的主要根据，然而，身在其间的观众是最有发言权的。对于同一种建筑空间，不同的观众会有不一样的感情倾向，也会发出不同的话语，类似于"节奏的""运动感的""时代性的"这样的主观性评价，而这些抽象的内容能够一并加入对于建筑空间的诗意建构中。

因此人本性可以看作是"建筑—身体"之间建立双向互动的初衷，也是最终的结果，它从头到尾贯穿始终，同时，该特征也是区别于传统博物馆建筑空间建构以及其他空间建构最为显著的特征。

三、"建筑—身体"体系下的空间建构

（一）高效秩序的功能层面

以常规的博物馆建筑设计为前提，适当结合新技术，通过智慧的手段率先优化以往低效、混乱、粗放的工作方式，实现建筑空间高效性、节能型、秩序性的整体调控。

---

[1] 王龙：《数字时代大学图书馆空间建构方式研究——厦门大学马来西亚分校图书馆设计》，厦门大学硕士学位论文，2014年．

楼宇自动化、办公自动化的引入，使得建筑空间不仅可以自行检测温度、湿度、流量、压力、压差、液位、照度、气体浓度、电量、冷热量等实时信息，还能自动评价并匹配恰当的数值，确保无论内部人员所在工作区还是公共区域整体状况运转良好。在此过程中，数据通信程序充当了中介的至关重要作用，即对博物馆内外相关的语音、数据、图像和多媒体等形式的信息予以接受、交换、传呼、处理、存储、检索与显示[1]。如广东省博物馆计算了文物在建筑空间中占据的所有信息，并设置了环境监控系统与文物保护信息管理系统。当数据变化突破了标准的极限，智慧形态的建筑空间将联动报警系统。展览相关的工作人员也可以通过系统个别了解作品适宜的光照度和湿温度等特性，重新调整建筑空间各个定点的数值环境[2]。首都博物馆对于各展厅内用于多媒体展示的设备也集中在同一个传感网络之中，做到"一键开关机、故障一次性排查、内容统一更换"，有效收缩了管理与维护的所需成本[3]。

这种结合数据库技术与物联网技术的手段，也能经由一些载体应用在人身上。观众方面，该手段能够有效完善"预约—参观—导航"的一体化对外服务模式。从传统纸质博物馆门票，升级为具备感应性能的RFID标签式门票，不仅便于检票排队、防止拥挤逃票等现象，也能实时统计观众流量，甚至在观众离场返回或误入禁止区域时发出警示[4]，大大节省了保安、运营、物业等部门

---

[1] 王龙：《数字时代大学图书馆空间建构方式研究——厦门大学马来西亚分校图书馆设计》，厦门大学硕士学位论文，2014年。
[2] 广东美术馆编：《美术馆：数字化与典藏研究》，岭南美术出版社2017年，第53页。
[3] 李晓丹：《基于物联网的博物馆观众服务新模式》，见北京市科学技术协会、北京市文物局、北京市经济和信息化委员会：《创意科技助力数字博物馆》，2011年，第4页。
[4] 潘志鹏：《智慧博物馆初探》，见北京数字科普协会、首都博物馆联盟、中国博物馆协会博物馆数字化专业委员会、中国文物学会文物摄影专业委员会：《融合·创新·发展——数字博物馆推动文化强国建设——2013年北京数字博物馆研讨会论文集》，2013年，第5页。

的人力资源。博物馆工作人员方面，南京博物院引入了人员排班系统，研发了一套包括安保、文创销售、志愿者在内的全员排班系统，结合参观人数波动、集中聚集区域以及运营人手情况进行科学化提前部署，这种"对症下药"式的调度降低了特殊区域、时间段潜在的风险，极大提升了管控的效率[1]。

综上所述，以"建筑—身体"的视角，一方面，建筑空间内部启动的一套相当于人体般运作的系统，能够覆盖设备设施、藏品库房及观众与博物馆工作者，让"建筑"成为"人"的一部分；另一方面，高密度的网络定位与精细化的数据融合体犹如一个人的"大脑"，协助博物馆工作者稳定地、持续性地布局、导流各种信息，建筑也实现自动化工作，某种程度上是"人"逐渐融为"建筑"一部分的表现。

（二）拟态体验的感知层面

所谓拟态体验，即是运用先进电子设备，对观众一般难以领会的信息进行模拟、仿真和叠加，再以"复原"甚至"复活"的现象呈现在建筑空间内部。一旦观众加入之后，此处将转换为一个能被深入感知的现场。

在互联网技术的支持下，虚拟与现实结合、传统与现代结合、接触与非接触结合可以为建筑空间添加更多细节。为了区分拟态、体验的感知层面与资源延伸的服务层面之间的区别，这一层议程设置往往同博物馆的展览业务关系紧密。以苏州博物馆的"云观博AR博物馆智慧观览平台"为例，其通过空间渲染云施工系统实时构建环境地图，将实体建筑中的展品、云中的采集对象点以及三维空间的信息方程进行一一测量、识别与匹配。于是，当观众在博物馆的建筑空间随意移动时，就能利用移动设备浏览计算机图形的再

---

[1] 张苡坤、张立红：《博物馆数据可视化平台初探——以南京博物院特展为例》，《东南文化》2020年第4期。

现，同时聆听语音讲解、观看专家讲解视频、欣赏高清大图及三维动态模型，沉浸在一个被虚构的半景式世界[1]。一批实体建筑构造的三维场景，更是引入互动类游戏操作，比如模拟放大镜、手电筒、灯光中照射观察、硬度测试等，在"无墙世界"中试图唤起另一重意义上"建筑—身体"的交流。2020年首都博物馆举办的"文物的时空漫游"，展览全程没有使用任何一件实体的"物"，而是将近百件文物IP纳入数字展演之中。建筑空间中线性走势设计的传统做法被完全推翻，策展方将每一个仿真的环境称作"时空舱"。"'天人相合'致力于带领观众了解青铜器背后蕴藏的礼制与祭祀文化，'美善合一'讲述古人生活的智慧与艺术，'文以化之'让观众感受到丝绸之路上的文化融合。"[2] 由此可见，"见物见事见人"的传统展览形态正在被重新书写，伴随那些"被建立的"虚拟的、现实的或增强的成分也越来越多，一种与感官充分关联的"物"化空间出现了[3]。它的诞生将改变人们对建筑空间形态的传统认知。

在对建筑空间进行智慧化改造中，一些外部指标反映的行为及心理状况，能够被可视化解析出来。以南京博物院"世界巨匠——意大利文艺复兴三杰"为例，其程序能够精密计算不同展品前观众的停留时长，以及各时间段某一个展品停留人数的最高峰值[4]。相较于以往展方人员只能尾随观察观众，如今，一些数据模型即能生成一张可视化的热点地图。芝加哥艺术博物馆尤其重视对观众群的细分，他们试图从数据中了解观众的行动驱动因素、区域类型观众的行为对比、观众对于个别展品的偏好倾向等，并将这些洞察而出的结论作为各

---

[1] 张璐：《浅析互联网+超级连接的博物馆教育——以苏州博物馆AR教育展示为例》，见《影博·影响》编辑部：《影博·影响（2019年第1期）》，2019年，第4页。
[2] 陈硕：《领略"文物的时空漫游"："互联网+中华文明"展览开幕》，新华网，2020年9月27日。
[3] 李红艳、冉学平：《"场景复制"时代博物馆的"社区性"探析》，《新闻与传播评论》2021年第3期。
[4] 张苤坤、张立红：《博物馆数据可视化平台初探——以南京博物院特展为例》，《东南文化》2020年第4期。

部门决策的参考，以此获悉对机构未来发展可能有效的策略[1]。南京博物院甚至以勘测到的数据统计得出女性观众比例较大的结论，提醒有关部门调整厕所以及哺乳室设施的供给数量[2]。

因此，在这个意义上说，"去实体化"的建筑空间与"去肉体化"的身体成了组成该空间的主要材料。虽然博物馆是以轻量化、模块化的思路处理着各种各样琐碎的信息，但观众通过体验接收的信息会根据个人状况自行构建。在"建筑—身体"体系的引导之下，智慧技术的多样化推动组织空间媒介的进化。"以特别的形式将空间上的远与近连接一起"之后[3]，我们身体之中潜在的"情境性"与"社会化"也会不断被激发，从而创设"人—人"之间意义共建的情感网络。

（三）资源延伸的服务层面

当代形态博物馆最大特点在于"博物馆发展外化"[4]。如果将博物馆建筑空间整体看作一个地理坐标，其正试图通过自身力量或借助他者力量，以"资源互依"[5]的方式建立集群化的服务体系。这些一个个资源的"点"，相当于博物馆与其他行业之间合作互惠的黏合剂。它们最终以"面"的形式，纳入该区域整体的文旅发展方案中，进而优化服务层面的各种空间配置。

比如在海北州博物馆进行群落建设时，就尤其注意博物馆与相关支撑、配套产业的对接。它不仅将周边的文化旅游项目、餐饮、住宿、交通、医疗等配

---

[1]《应用数据为芝加哥艺术博物馆赋能》，湖南省博物馆官网，2019年1月28日。
[2] 张莅坤、张立红：《博物馆数据可视化平台初探——以南京博物院特展为例》，《东南文化》2020年第4期。
[3] 吉登斯：《现代性的后果》，田禾译，译林出版社2000年，第123页。
[4] 苏东海：《博物馆演变史纲》，《中国博物馆》1988年第1期。
[5]"资源互依"理论是指机构在发展过程中缺乏所需的主要资源，试图开始寻求合作伙伴，借由其他机构的资源弥补其不足，实现自身的发展。出自王小明、宋娴：《重构与发展：博物馆集群化运营研究》，上海科技教育出版社2015年，第10页。

套资源皆收入 App 终端，而且建立了自驾游服务调度信息中心，让观众能够通过新型技术自由地进行信息查询、遥感定位及全景浏览。这些内容显然已涉及建筑馆外的服务供给。这条以建筑空间为中心辐射全产能的开发链，也考虑到"参观前"以及"参观后"观众的各项需求，起到良好的引流效果，让博物馆实现自我造血[1]。

在如何发挥服务协同效应的话题上，有学者指出"许多新建博物馆往往位于城市新区大广场，周边缺少完善的配套服务设施"[2]，于是一种"泛博物馆"的延展范式流行开来，这也促使博物馆建筑空间形态发生改变。具体来说，博物馆开始致力于营造一种类似商场、超市、购物中心的消费氛围，场馆及展览的外观、内部结构、展览路线的建筑设计也都更加接近于消费空间的标准。譬如，巴黎卢浮宫在保证童车与轮椅出借区域、寄存区域、医务区域、货币兑换区域、公共电话区域之外，新开辟了书店、商店、餐厅、咖啡馆等时尚化、休闲型消费空间。上海玻璃博物馆主张将文化、艺术、设计、观光、亲子休憩与美学生活方式集于一体，在空间利用上，其不仅根据展品的类型方向设计了多个场馆，还有住宿空间、商务办公空间、餐饮空间、创意活动空间、文创商店等。

之所以能完成这样巧妙的融合，是因为博物馆的时间感赋予单向性的走线设计所谓"合法性"，而这一特点又与消费场所通用的单行道十分吻合。有学者在对消费场所进行评析时，认为寻常情况下"它（单行道）以一种强制性的方式规定整个叙事的内在秩序……只有当游荡者踏上这条蜿蜒曲折的小路时，整个叙事才开始蠢蠢欲动"[3]。当我们将"游荡"的概念移植进博物馆，我们会

---

[1] 昝胜锋：《泺尚·创意中国调研报告 2016 版》，山东大学出版社 2016 年，第 295 页。
[2] 段勇：《当代中国博物馆》，译林出版社 2017 年，第 71 页。
[3] 蒋原伦、张柠：《媒介批评（第三辑）》，北京师范大学出版社 2008 年，第 17 页。

发现，观众的身体只有在建筑空间中不断"游荡"才能建构自我的体验。如此一来，休息、娱乐、餐饮、住宿项目参与博物馆也就不足为奇了。

四、建筑空间建构的未来趋势

技术革命，是打破博物馆"只有一种形式的现实"及"只有一种固定的模式"[1]的运动，进而引发博物馆在社会使命、功能组织、程序方法上的一系列更新。

在对未来趋势的预测上，一方面非标准化与复杂性的建筑空间会越来越多，其规模、形制、墙体组合关系以及更多特殊空间的改变，将会不断促使更多新建筑形态的孵化。无论管理观念先进化还是项目类型多样化都是可以被预感到的趋势。

另一方面，"博物馆化"是从原初情景的解构与新情景再建构的过程，建筑作为一种"载具"，其发展前景也可能遭遇危机。美国博物馆研究者史蒂芬·康恩曾发表文章《博物馆是否还需要实物》指出，"不管是主动还是被迫，博物馆放弃对物的执念已是大势所趋"[2]。这个争论中所指向"物"的含义如稍作联想，也可以改写为"博物馆是否还需要建筑"，并且，在对于建筑空间的争辩中，这个问题似乎更加难以回答。人们对于本真性的执念，是因为他们认为复制品冲淡了原件的宝物价值，而建筑作为一个纯粹意义上的"载具"，它是不具备绝对的"排他感"的[3]。

在那时，我们或许会对建筑空间建构的层面重新进行区分，而不仅仅是功

---

[1] Hooper Greenhill Eileen, *Museums and the Shaping of Knowledge*, Taylor & Francis, 1992.
[2] 康恩：《博物馆是否还需要实物？》，傅翼译，《中国博物馆》2013 年第 2 期。
[3] 徐坚：《博物馆还需要"物"吗》，《光明日报》，2019 年 9 月 10 日。

能、感知与服务这三个简单的层面。当"建筑"与"身体"两者指向的内涵不断演变，并由更多其他学科理论探析出更多丰富的意义时，它们之间强有力的关系始终是存在的。"人"将会是维系这股关系的核心力量。

第二节　智慧博物馆与虚拟空间

信息化的发展促进了虚拟空间的诞生，以"数字博物馆""云展览"为代表的博物馆虚拟空间的发展，直接使博物馆界对博物馆的概念作重新思考。随着智慧博物馆事业的发展，博物馆虚拟空间的概念和实践都有了新的变化。

一、虚拟空间的文化概念：联通主义

联通主义是基于互联网时代的结构所产生的一种新学习理论，由慕课课程模式缔造者之一的乔治·西门思最早提出。他在《联通主义：数字时代的学习理论》（*Connectivism: A Learning Theory for the Digital Age*）一文中系统地指出学习不再是个人活动，而是一个以知识网络化联结为基础，联结节点与信息源的过程[1]。

基于联通主义，以个人为起点，学习的控制权由学习者自己掌握。个人的知识交织在不同的组织和机构中，从而形成一个联通的学习网络，每个组织和机构的知识又反过来反馈到个人的网络中，为他们继续提供学习的机会。这种知识发展的循环确保学习者能及时掌握新的知识。该理论还认为学习是一个过

---

[1] 王志军、陈丽：《联通主义学习理论及其最新进展》，《开放教育研究》2014 年第 5 期。

程，发生于模糊的环境中，被定义为可以存在于我们自身之外的动态知识。这种建立于复杂网络与自我组织之上的知识发展循环体系，能让我们接收到比现有知识体系更广泛、更即时的知识。

联通主义带来的不只是知识，更是一种由网络、情景和其他实体相互影响、构建所形成的新的学习方法，比起管道中的内容物，西门思更强调做构建的高度交互、高度网络化的知识的管道。由于知识正在不断进化，建立一个相应的获取知识的途径已经变得比知识本身更为重要。

联通主义基于"关系中学"和"分布式认知"的观念，为信息时代的知识学习带来了新的媒介。在联通主义下，人们的知识空间打破了传统隔阂，以虚拟社区、协作网络课程、分布式多媒体、虚拟协作、浸润式环境和泛在计算等形式，共享知识空间。智慧博物馆建立在"云空间"上的数据、资源、知识传播的体系显然是联通主义的应用。智慧博物馆以一个或多个实体博物馆为载体，基于不同尺度范围，通过"物""人""数据"之间的多元交互，为观众搭建一个智慧化的知识学习网络，打破信息孤岛，扩展智慧博物馆的知识学习空间。

观众作为学习者，通过智慧博物馆这个知识交互的场所，发生学习行为，并再次反馈给学习系统。智慧博物馆以其丰富的信息资源，创设学习情境，为观众提供"物""人""数据"多方向的学习，基于这种学习与反馈同时进行的机制，观众能在智慧博物馆中完成信息知识的联通与交换。

二、虚拟空间的特征：信息化

由"物""人""数据"搭建的智慧博物馆空间拓展了博物馆作为信息中心的作用。在广义信息论视角下，信息被分为自然信息与文化信息，自然信息指物质运动的状态和结构及事物的内部联系，而经过人类的语言、文字、图像等符号处理的信息，则被称为文化信息。博物馆作为向观众传播信息的公共文化服务机构，自然信息与文化信息在博物馆中无处不在，博物馆的物是信息的载体，博物馆本身是信息的中心。

对于博物馆与信息的关系，邓肯·卡梅隆引入香农的信息论，最早构建博物馆的信息传播模式。在卡梅隆的博物馆信息传播模式中，策展人员是传播者，观众是接收者，通过实物作为媒介，信息传递给观众，又由观众反馈给策展人，达到信息的双向传递，作为信息传播渠道的博物馆，为受众带来的是基于"物"的体验。随着博物馆对"物""人"关系认识的深入，观众获得了博物馆信息传播的主动权，博物馆信息传播由"传者本位论"向"受者本位论"转变。

智慧博物馆作为"物、人、数据"的交互中心，改变了传统博物馆信息传播中的线性模式，在"物、人、数据"之间建立了一个动态的信息交互模式，多维度共同构成的多元协作关系加快了信息在博物馆中编码、通信、解码的速度，让博物馆作为信息中心的渠道变得更为开阔。

智慧博物馆基于物联网、云计算、大数据分析、人工智能等新技术，形成了自动、实时、全面、透彻的信息感知和交互的方式。博物馆中的"人"即包括线上和线下的观众、博物馆工作者以及相关机构和管理部门，博物馆中的"物"即包括藏品以及各类硬件设备。智慧博物馆中信息通过传感器被获取，并在云计算与大数据分析支持下，通过移动终端、多点触摸、体感控制、语音识别等交互技术，实现"人—数""数—物"之间的信息交互。

智慧博物馆信息交互模式的改变，大大减少了博物馆中观众信息的流失，传统博物馆信息的交互大多以由"物"到"人"为主，观众只有实地参观时，才能面对面地与藏品产生信息通信，信息的传递受到了时间与空间的限制。数字博物馆的出现，部分解决了这一问题，通过"物—数字—人"的信息传递模式达成了线性信息交互方式,但数字博物馆的信息交互方式割裂了"物—人"之间的直接联系,也缺少对"物—物"之间、"人—人"之间协同关系的处理,使得信息在传递过程中,缺乏真实性和时效性,让数字博物馆的体验远不如传统博物馆。

智慧博物馆在数字博物馆的基础上,打破了线性交互的藩篱,以关联、发现、比较、学习和再创造等方式,实现对博物馆信息的智慧化利用。基于信息性的特点,智慧博物馆的知识空间得以打破"物""人""数据"的界限。

三、虚拟空间的构建途径

虚拟空间的概念最早来自科幻小说,以社会科学与计算机科学领域的交叉视角,用于称呼一个基于计算机技术且不同于现实空间的虚拟而复杂的交感空间。目前对于虚拟空间主要有三类理解:一是基于 VR 虚拟现实技术的虚拟空间,这类空间研究主要针对 VR 技术形成的微观空间视角,是狭义的虚拟空间;二是基于网络技术的互联网空间;三是虚拟社会层面的虚拟空间。第二和第三种都是更为广义的理解,但不同点在于,第二种虚拟空间更注重建立空间的技术层面,而第三种则关注的是空间的社会属性[1]。

智慧博物馆的虚拟空间是基于第三种虚拟空间的理解,也就是研究智慧博物馆如何建立起新的虚拟文化空间范畴,打破时空界限,突破固定场景,拓展文化空间的内涵,改变观众的文化参与方式。

智慧博物馆的虚拟空间建设目前还在探索尝试的阶段,以云展览、虚拟博物馆等作为目前智慧博物馆建构虚拟空间的主要途径。

---

[1] 陈波、陈立豪:《虚拟文化空间下数字文化产业模式创新研究》,《中国海洋大学学报(社会科学版)》2020年第1期。

近年来博物馆对信息化、数字化、智慧化的探索可见于多个方面，在实际的陈列空间中也多有运用虚拟技术。不过此处的云展览，主要介绍完全依托于虚拟空间的展览形式，在这一形式下，观众无论位于何地，都可以在完全虚拟的展示空间中欣赏展览。基于博物馆整体虚拟空间的尝试也已经展开，卢浮宫最早进行了这方面的实践，2009年推出了"卢浮宫在线"，以360度全景画面展示卢浮宫的主要展厅及藏品历史背景的文字介绍。国内也多有尝试，诸如故宫博物院、中国国家博物馆、上海博物馆、敦煌研究院等博物馆都推出了云展览的相关形式，2020年推出的"云游故宫"与"云游敦煌"获得了不错的观众反馈，以下将就两者作为案例介绍智慧博物馆虚拟空间的建构。

（一）"云游故宫"的虚拟空间建构[1]

"云游故宫"以"数字故宫"的理念为依托，集合故宫博物院自2000年来的文化遗产数据资源，以三维数据可视化为主要技术支持，全景拟真故宫全貌与所藏文物资源，从数据资源库、云展览、全景复原、知识图谱、传播媒介多方面构建故宫的虚拟文化空间，共分为六个板块，分别是"看文物""看古建""看展览""看期刊""看视频""看漫画"。

"看文物"即建立于故宫文化基础上的数字资源库，包括数字文物库、故宫名画记、数字多宝阁三部分。数字文物库基于故宫庞大的文物收藏，建立数字化资源与可检索的资源库，观众可以自行搜索浏览某件馆藏文物的相关信息与高清图片。故宫名画记收录了631幅馆藏名画，通过超高清数字影像的无极放缩功能最大限度满足书画艺术数字化的信息呈现要求，可智能适配各主流终端和浏览器的功能让观众更方便使用。数字多宝阁精选了部分馆藏珍品进行

---

[1] 根据"云游故宫"网页内容整理而成。

3D 建模，便于观众全方位观赏文物，是线下参观所不能得到的体验。

"看古建"即对故宫整体的全景复原，包括全景故宫与 V 故宫。全景故宫涵盖了故宫所有开放区域，通过全景模拟技术，全面复原故宫整体与各展厅陈列，观众可以直接获得云游览故宫的体验，不受时间与空间的限制。V 故宫以三维技术可视化为依托，将养心殿、灵沼轩、倦勤斋的现存状况与历史复原场景相比对，带给观众穿越时空的虚拟空间以及沉浸式的体验。

"看展览"集合了故宫云展览与故宫展览 App。通过 24 小时的线上展厅，将宫廷原状、常设专馆、专题特展展览的展品信息全方位呈现，展厅支持 VR 技术，以全景虚拟漫游，为观众带来深度的虚拟空间交互体验。

"看期刊"上线了故宫故博物院主办的社会科学综合性学术期刊《故宫博物院院刊》《故宫学刊》《紫禁城》的电子资源，以数字化学术资源存储系统为有需要的观众提供学术上的支持，同时支持数据检索，为"云游故宫"虚拟空间的建构带来学术支撑。

"看视频"包括故宫媒体资源库"视听馆"以及与腾讯、北京卫视等合作的文化创意衍生节目《上新了·故宫》《故宫贺岁》。以文化为主导、创意为内驱的多种媒体形式丰富了"云游故宫"虚拟空间的建构，且不再是数字化复原，而是以故宫文化为主题进行二次创作，赋予了智慧博物馆虚拟空间新的生命力。

"看漫画"以故宫国宝南迁与西迁为主题，与腾讯动漫合作打造故宫文化 IP 的漫画故事《故宫回声》，针对年轻观众群体激活社群文化的同时，实现了"产业价值 + 文化价值"的双向发展。

"云游故宫"通过多种形式的交互满足了观众各方面的需求，建立起一个故宫博物院的 App 矩阵。它以故宫文化为主导，深度挖掘故宫的文化资源，将文物的呈现方式从单一化变为多元化。以"数字故宫"为技术基础的管理模式、展示手段和应用开发，保障了故宫文化的保护、共享与利用，对故宫文化做了数字资源的转化与整合，利于数据的共享和文化交流，打造集合社群生态、文化空间、交互体验、娱乐游戏于一体的智慧博物馆虚拟空间新形态。"云游故宫"不再只是依靠自身力量进行文化资源开发，而与多个社会机构深度融合，以"博物馆+"思维实现产业融合与空间建构，逐渐形成一种社区化的发展理念，以多功能、多应用、多媒体、多渠道的综合文化云平台，实现"物、人、数据"的多端交互。

（二）"云游敦煌"虚拟空间建构 [1]

敦煌石窟是集建筑、彩塑、壁画艺术于一体的世界文化遗产，为了壁画的保护与利用，2016年"数字敦煌"资源库平台正式上线，陆续发布了洞窟的高清数字内容和全景漫游，包括洞窟的高精度数据采集、图像拼接处理、空间结构重建、雕塑和遗址的三维重建、洞窟的虚拟漫游程序等。

基于"数字敦煌"的建设，2020年敦煌研究院联合华为河图平台，又推出了"云游敦煌"服务，构建起"智慧敦煌"初步的虚拟空间。"云游敦煌"采用全新的莫高窟洞窟窟外展示游览技术，聚合敦煌学研究成果、数字敦煌高精度壁画图像和洞窟三维模型制作的虚拟数字内容，将其与真实的莫高窟实景实时融合在一起。AR效果在真实场景中实时无缝叠加，实现了"云游敦煌"虚拟空间建构的立体化与沉浸式游览体验，让所有游客随时探索洞内细节，不仅提供了逼真的景区导览，还开创了数字体验洞窟的新方式。

不同于"云游故宫"的社群化模式，"云游敦煌"更积极地赋予虚拟空间本土文化色彩，在文化资源数字采集与利用方面，运用数据资源积极尝试"视

---

[1] 根据"数字敦煌"网站内容整理而成。

觉重构"与数字化保护；通过动画、壁画填色、丝巾定制等文创活动，为参与者提供自我表达，共同构建虚拟空间；与各行业跨界合作，实现博媒融合，扩大虚拟空间的传播网络，例如和《王者荣耀》《梦幻西游》等游戏的合作。

敦煌石窟基于其自身的特点建构的虚拟空间场景以独特的风格、超越物理现实形象的特点，形成了良好的文化品牌效应与创意表达，赋予敦煌石窟新的文化活力。

四、建构虚拟空间的未来趋势

虽然智慧博物馆的虚拟空间建构可以彻底摆脱实体空间，但不能脱离实际的物。进入虚拟文化空间后，博物馆摆脱了其作为机构的功利性，其文化性更加凸显。超脱了时间与空间限制的智慧博物馆虚拟空间对观众来说更亲近，也更自由。但这也有隐藏的忧患，当实体空间中的物经由多重信息转化后以数据形态出现，其作为符号的意味强化，如何避免在虚拟空间建构中信息的流失，同时强化观众的交互体验，是智慧博物馆虚拟空间建构未来需要努力的技术方向。

基于物联网、大数据分析、虚拟现实、AI技术的发展，未来智慧博物馆的虚拟空间将会更加智慧化，这种智慧化体现在技术的便利上，更包括以观众为中心建立的智慧。随着智慧化的提升，智慧博物馆将赋予观众更多的主动权。参观前，观众可以通过虚拟空间获取信息，自由地安排参观的行程，包括时间、方式、参观路线等；参观中，观众通过智慧博物馆的虚拟空间建构，实现与"物"和"数据"的动态交互，在智慧博物馆中建构专属于自己的文化知识空间，获得更私人也更智慧的学习体验；参观后，根据观众的反馈，智慧博物馆将为观众持续提供衍生服务，同时作为自我学习的空间，在下一次提供参观体验时，改善上一次的缺点。这是智慧博物馆自我学习的功能，也是其智慧化的体现。

智慧博物馆的虚拟空间同时会更具真实化，在虚拟现实技术的发展下，虚拟空间蕴含的信息将更加丰富真实，逐渐逼近原本的"物"，但这种真实化也会产生迷惑性，让人忽略了对原本的"物"的重视，这是需要我们更加警惕的。

智慧博物馆的虚拟空间将更加开放化，多种技术与表达形式并存，发挥各自的功能，空间更为开放地向外拓展，打破传统博物馆的功能，向着社群化、一体化的智能形态发展。在未来，智慧博物馆除了参观与学习功能，可能还会担负社交媒介、文娱中心、创意孵化中心等角色。

第三节　智慧博物馆与公共空间 [1]

就博物馆整体而言，博物馆的发展经历了由私人空间转向公共空间的过程；从博物馆内部来看，其空间又可分为展览空间、库房以及公共空间。随着博物馆智慧化建设的兴起，智慧博物馆开始在更加广阔的范围和更加多元的纬度中对公共空间进行建构，极大地丰富博物馆公共空间的内涵与外延。

一、公共空间的文化概念：公共理论

（一）博物馆发展史中的"公共"概念

传统博物馆常给观众留下高高在上、严肃而又充满学术意味的印象，它与

---

[1] 本节根据王思怡相关博物馆课程内容整理而成。

"公众"是割裂的。从公共职权的角度来看,传统博物馆代表着知识权威、公权力和知识教化。这样一个空间,充满了矛盾双重性,既用于展示权力也用于教化公众。

但是从阿什莫林艺术和考古博物馆、卢浮宫博物馆向公众开放,再到新博物馆运动的兴起,博物馆的性质与功能都在发生着重要的转变。当博物馆重新审视成为公共机构的意义时,"公共职权"这个词被要求反映更多的包容性和多样性。新博物馆学运动认为博物馆应该由以物为主转变为以人为主,博物馆不再是私人的博物馆或者是某国家、某地区的博物馆,而是属于社区的、属于全人类的博物馆,因此博物馆由一个高高在上的"缪斯"神殿逐渐成为一个面向公众的空间,其知识领域也逐渐扩大为公共知识领域。

因此,公共知识理论是博物馆作为公共空间的基础,在数字时代公共知识的理论也有着重要意义。公共知识的存在显示出博物馆文化功能的扩大化,也为智慧博物馆的发展提供了理论支撑,而在这一发展过程中,公共知识的体现是多方面、多层次、多形式的。

(二)公共知识的内涵与外延

公共知识是指在一定的社会公众范围内,所有人都知晓并形成共识的知识。在博物馆语境下,展览及博物馆活动都是一种形成或者传播公共知识的途径,其目的是完成博物馆知识向公共知识的转化。智慧博物馆必将是一个重要的转化手段,也反过来丰富公共知识的内涵与外延。

在智慧博物馆语境下,公共知识理论主要体现在三个方面:内容层面、表达层面、参与层面。在内容层面,智慧博物馆可以推动以往博物馆中的碎片知识信息向更完善的信息集成结构发展,并且通过更合理的大数据处理方式最大限度地利用信息资源,从而助力学术研究,推动公共知识的产生。"公共知识"

的概念本身便包含着从"以人为本"到"以物为主"的理念转向,因此博物馆生产的公共知识在一定程度上摆脱了固定展览主题的限制,具有更强的公共性,将更多自主权交予公众。在表达层面,智慧博物馆通过一定的技术手段为公众提供更加多样化的展示方式、展示渠道,更加有利于公共知识的传播。在参与层面,智慧博物馆引入智慧管理理念,更加人性化,为公众创设更好的观众友好型博物馆环境,使观众体验成为博物馆的重要导向。技术的发展也促进博物馆学习的方式发生巨大变化,博物馆通过创新的方式和公众建立接触,甚至获得一定的反馈,使公众成为生产公共知识的重要一环。公众通过更丰富的平台和空间与博物馆建立线上线下的多样接触,而不是仅仅局限于展览实践。不同群体的不同需要也被更加关注,博物馆得以辐射更广泛的受众面,向观众甚至"非观众"更好地传递公共知识。

二、公共空间的特征:开放性

(一)空间功能增加、公共空间区域比例增加

智慧博物馆背景下的博物馆公共空间较之传统博物馆,在各方面都实现了公共职能上的跨越。一方面,公共空间占博物馆建筑空间比例增加,许多博物馆都拥有高高的穹顶、空旷的前厅,配有大量的休息座椅。另一方面,博物馆公共空间的功能类型不断更新,并且照顾到公众的不同需要。一些博物馆附近的居民尤其是老年人甚至将博物馆作为"纳凉圣地",一些观众进入博物馆的目的也不仅是为了参观展览,更是为了学习、交流、娱乐、休闲,博物馆能够为他们提供一个满足多样需求的公共空间。当下博物馆的公共空间一般包括休息区、文创区、商业区、信息查询区等传统区域,也出现了剧场、画廊、儿童活动区等新兴功能区域。在公共空间之外,开放式库

房、开放式工作区也逐渐出现，更加凸显博物馆作为公共空间的文化职能。

在物理公共空间的层面上，智慧博物馆通过完善的理念推动了智慧应用系统，满足博物馆服务、经营、管理等各种要求[1]。使用多媒体技术与大数据管理技术在公众区域设置多媒体信息显示、信息查询和无障碍信息查询终端；针对语音导览系统，智慧博物馆力求做到多语种、全面性、个性化服务，支持数码点播或自动感应播放的功能；在藏品信息管理方面，近几年兴起的云计算和大数据，对信息的存储、处理和分析水平有了显著提升。云计算作为大数据的基础，能够把大量数据集中采集存储。大数据强调的是快速地从各类数据中获得信息的能力，这十分符合博物馆藏品管理与展示的需要。博物馆的藏品和展品实施电子标签并可以进行相应的管理[2]。

此外，数字信息技术的发展为博物馆公共空间的扩展提供了有力的技术支持，博物馆也不再囿于固定的物理空间，而是寻找更多作为公共空间的可能性，线上公共空间成为博物馆拓展公共空间的重要方向。云展览、虚拟博物馆、微博、微信、博物馆网站等平台形成了博物馆的线上公共空间，跨越了物理空间的距离障碍，使公众与博物馆更加亲近。

（二）受众更广泛、包容性增强

以互联网为基础的线上空间营造使博物馆公共空间具有更强的可接触性。博物馆主要面向博物馆观众，狭义的博物馆观众指在博物馆参观、学习的人，博物馆提供服务的对象，是博物馆的顾客、消费者。在传统博物馆语境下，人们需要来到博物馆的建筑空间中，才可以享受博物馆提供的服务，因此博物馆

---

[1] 陈波、陈立豪：《虚拟文化空间下数字文化产业模式创新研究》，《中国海洋大学学报（社会科学版）》2020年第1期。

[2] 童梦琳：《信息时代博物馆内部体验性空间设计研究》，华南理工大学硕士学位论文，2015年。

真正服务到的人群是有限的，如何吸引不喜欢参观博物馆的人群即无关观众是博物馆十分重视的问题，这对博物馆的发展十分重要。

在智慧博物馆语境下，通过互联网的信息传播方式，博物馆的内容不再仅仅依附于物理空间，可以通过更加便捷的传播方式面向更多群体，使更多人不到博物馆也能成为博物馆观众，打破了时间、空间的限制，使博物馆观众的概念被扩大到关注博物馆的人及其集合体，也就是公众，因此博物馆的受众变得十分广泛。目前，智慧博物馆开辟了更广阔的线上公共空间，开展了丰富的线上服务活动，以另一种形式向公众开放，取得了很好的社会效益。

（三）信息传递途径的多样化及交流互动

近年来，博物馆展览越来越重视"观众体验"，《博物馆经验》中提出的"相互作用的体验模式"，强调个人、社会和环境条件的相互作用，它将成为帮助博物馆确定工作目标和完善博物馆教育工作的有力工具。因此，观众的参与对于博物馆的展览与教育活动至关重要。智慧博物馆线上空间的开放性，使每个人可以畅所欲言，发表自己对于博物馆的看法，通过多样的网络社区，每个人被串联起来，实现了使博物馆行为"从我到我们"的模式转变，从而增强了观众的体验感。

智慧博物馆的一大特点便是构建了广阔的线上博物馆公共空间，这些空间借助网络媒介，依附于各种网络平台，使公众从多方面、多角度获取博物馆信息，增进对博物馆的认识。譬如许多博物馆都在各个网络平台开设官方账号，利用网络信息传播的特性，更好地传播本馆理念，增强本馆文化影响力。这些社交网络上的信息虽然具有碎片化的特点，但是公众获取信息的途径扩大到整个网络平台，具有获取便捷、存储全面、损耗量小的特点，体现了智慧博物馆时代在信息传播中的便捷性。

三、公共空间的建构途径

从功能来看,传统博物馆的空间可以划分为展览空间、库房及公共空间。回顾公共博物馆的发展史,博物馆的公共空间也经历了一定的变化。

新博物馆运动兴起后,博物馆不再是精英阶层发声的平台,而是更多为"公众"创造文化交流的平台。在这样的背景下,博物馆公共空间的重要性日益凸显。这里的"公共空间"也并不局限于传统博物馆的功能分类,而是侧重于博物馆空间所具有的"公共性",因此公共空间有可能包括展览空间甚至库房,只要这一空间是面向公众的。

公共空间的建设与智慧博物馆建设联系密切,公共空间功能的实现需要借助智慧博物馆的技术手段。智慧博物馆的信息传递媒介——网络本身就是一种公共空间,因此公共空间的性质与特征也将影响智慧博物馆的建设。

智慧博物馆语境下博物馆公共空间的建构体现在以下三点:

(一)"以人为本"的空间构建策略

博物馆向公共空间的转变根本性上体现了"以人为本"的博物馆建构理念,也指明了智慧博物馆技术手段的服务方向与服务目的。博物馆"公共空间"的概念是以博物馆"以人为本"的转向为发展基础的,博物馆早已不再是高高在上的严肃的学术研究机构,而是提供文化交流、空间的"联系区域"。所以在智慧博物馆语境下,博物馆的公共空间建设也体现着"以人为本"的理念导向,智慧博物馆尽管涉及许多先进的技术集成,但是技术的发展并不是最终目的,技术为博物馆发展做出实质突破才是发展智慧博物馆的初衷。

以用户为中心,关联人、物、数据三大要素,集成物联网、互联网、大数据和云计算四大技术,突出感知度、交互性、体系化和决策力,推进服务、管理和保护三大业务智慧运转是智慧博物馆的核心理念[1]。由此可以看出,智慧博物馆应用系统是以人为中心着手创建观众友好型的功能公共空间,兼顾多样化的观众群体及多样化的观众需求。

譬如利用虚拟现实技术,在博物馆各展厅关闭或者不能接触到实物展品的情况下,博物馆仍然可以通过营造虚拟空间来提供参观服务。博物馆参观群体呈现很大的差异化,因此博物馆在运营过程中,可运用大数据分析技术,对于不同年龄阶段、不同职业领域、不同消费需求的参观群体作有效区别,提供个性化服务。如此一来,博物馆的参观效能与吸引力水平均可得到显著的提升[2]。

在"以人为本"的空间构建策略之下,智慧博物馆的公共空间建设的要求可以归纳如下:为公众提供更多公共空间,包括线下空间和线上空间;使博物馆管理更加人性化、智能化;给公众提供更便捷的信息获取方式、途径;更加注重公众体验感,营造亲切和谐的空间氛围。

(二)公共空间概念的扩展

在博物馆的公共空间层面,智慧博物馆带来最大的革新便是公共空间概念的扩展,使博物馆公共空间形成了线上空间与线下空间两个部分。

1. 线下空间

线下空间主体仍然是博物馆物理层面上的建筑空间,从宏观层面来说,整个空间都在智慧博物馆应用系统的管理之下,这种情况下的空间不再仅仅具有物理属性,而是通过智慧博物馆手段形成信息的集合体。智慧博物馆通过大数

---

[1] 李慧:《博物馆智慧应用系统思考》,《建筑电气》2021年第3期。
[2] 黄芮:《构建"以人为本"的智慧博物馆》,《炎黄地理》2020年第11期。

据处理、云计算等手段监控管理博物馆环境，包括人流量信息、温湿度、观众参观行为、安全防范等影响公共空间状态的要素，将观众、展览、展品与信息置于相互联系的网络之中，形成完整的管理系统，从而实现博物馆公共空间的智慧化管理。

在这种背景下，也出现了开放式库房和开放式工作区，它们都被赋予了新的功能特性，成为一个展示的窗口，也使公共空间的概念进一步扩展。如美国欧本海默探索馆设置有开放性的工作间。这些工作间是馆员的工作区域，对公众开放。馆员会在工作间修理出现问题的机器，作为一个科学性博物馆的馆长，欧本海默想通过这一区域传达给公众"科学是在日常环境中创作出来"的理念。在这一案例中，开放性工作区从本质上来说是一种展示性公共空间，观众可以随意走近工作人员，观察他们的工作，在这一过程中公共空间的概念被创造性地拓展了。公共空间的存在并不依靠预先的功能分区，而是由这一区域中活动者的权力状态决定的。

2. 线上空间

线上空间主要是借助网络平台，打破时空限制，建构多种形式的开放性网络公共空间，网络空间的开放性、交互性和即时性也很大程度上丰富了公共空间的内涵。

开放性。网络的开放性意味着以智慧博物馆为基础构建的线上空间将更多信息直接暴露在公众视野中，公众能更便捷地获得信息并且获取更多信息，使线上公共空间成为了解博物馆的最直接途径。

交互性。网络平台的存在使用户可以和信息发布者实现双向互动，在很大程度上改变了观众单向接收信息、博物馆通过观众调查获得信息反馈的状态。在互动性网络平台上，不同知识水平和社会背景的公众都可以向博物馆畅所欲言，并且这些互动多是主动发出的，使以智慧博物馆为基础的线上公共空间成为联系博物馆与公众的重要桥梁。

即时性。网络信息平台的存在为信息传播提供了极大便利,信息的传递速度往往超乎想象。通过快速的信息传播,博物馆可能在短时间内获得大量关注甚至形成话题性讨论,这种即时性的信息集合可能随时创造出博物馆的一个线上公共空间。在这一公共空间中,公众可以接触到大量信息并且即时进行互动,完成对于特定博物馆的不断认识与再认识过程。

博物馆在线上公共空间方面与智慧博物馆相关的尝试主要有以下几类:

博物馆网站。博物馆开设官网是十分普遍的方式,在现阶段,很少有博物馆不开设官网的。博物馆的官网往往代表着一个博物馆的整体形象,影响着公众对于博物馆的认知。官网上的内容一般包括博物馆简介、展览信息、博物馆教育活动、重点文物信息、学术研究、线上预约等。博物馆官网是较为成熟的获取博物馆相关信息的线上公共空间,智慧博物馆也为博物馆官网的制作注入了新的发展活力。以大数据、云计算等为基础的藏品数字化管理系统,结合博物馆官网这一公共空间,将使文物藏品资源得到更充分的利用。线上预约系统的智能化发展趋势也使博物馆线上空间与线下空间更好地结合,有利于进一步发挥博物馆的文化功能。

博物馆社交账号。当下比较主流的信息传播平台主要是微信公众号和微博。微信公众号主要表现为推送博物馆信息或者发布知识普及类内容,微博账号的内容基本与此类似,但是微博可以发布更短的图文,对于大规模的互动较为有利,容易形成社区性的粉丝群体,而公众号则有利于在短时间内形成大规模的转发,有利于信息的快速传递。博物馆社交账号在线上公共空间为博物馆设置了发声的窗口,是博物馆宣传和发布信息的重要工具,并且不同博物馆社交账号的风格与设置目的各不相同。中国国家博物馆的微博账号"国家博物馆",除了发布展览信息、精品文物图片外,也会积极与粉丝互动,点赞与本馆相关的微博，在网络空间塑造了易亲近的形象，在一定程度上会吸引更多观众参观。卢浮宫博物馆也在微博设有账号"卢浮宫博物馆"，其账号的意义更多在于打破时空的限制，在微博上开辟属于卢浮宫博物馆的线上公共空间，成为卢浮宫线下空间在线上的拓展。

博物馆直播。博物馆直播有多种形式：一种是通过直播的形式带领观众线上欣赏展览，这种形式其实与传统博物馆展览讲解员一对多的形式并无区别，仍然是主播带领线上的多位观众沿着既定路线进行参观。但它突破了时空限制，将网络与技术手段作为媒介，使公众通过智能终端便可以轻松游览博物馆，是一种便捷的参观形式。另一种形式更类似于卖货直播，有些博物馆会进行直播卖货，大多是博物馆文创产品。因此博物馆直播最直接地体现了线上公共空间的便捷性，而智慧博物馆就是为了更好地建设线上空间，使其更好地发挥功能。但现在的博物馆直播也存在千篇一律、关注度偏低的问题。在智慧博物馆发展的趋势下，如何在使线上空间发挥传统博物馆功能的基础上开发新的应用方式，也是智慧博物馆建设中值得关注的问题。

（三）更广泛的公共知识范围

在新博物馆学运动下的博物馆已经开始面临这样的问题，即如果遭遇争议性话题，博物馆应该采取怎样的立场，博物馆的话语权力已经不单单局限于文物藏品的研究与展览主题的阐释，而是转向了更广泛的社会议题，因此也会给公众带来更丰富的公共知识。

许多博物馆都会开设与本馆主题相关的学术讲座，体现了博物作为公共机构的社会文化使命。但是传统的学术讲座可以容纳的人数是非常有限的，因此只有很少一部分人能够成为讲座的受众。因此，在智慧博物馆理念的影响下，线上博物馆公开课应运而生。这种公开课一般是一个或几个博物馆与媒体机构合办,通过网络直播的形式向公众开放,最大限度地扩大了受众的群体和范围。其内容一般也都是博物馆领域的相关议题,对博物馆的发展有着重要的意义,也起到了很好的知识普及作用。

2020年6月,"中国博物馆公开课"(2021年6月,升级更名为"中国GLAM公开课")系列课程由新华网客户端、上海大学和南京艺术学院共同主办,刘海粟美术馆、上海大学博物馆和国际博物馆信息中心共同承办,相继在上海、南京、北京三地正式"开课"。课程全程公益直播,围绕博物馆、美术馆相关的话题,从场馆管理、藏品研究、展览策划、教育活动等领域进行专家解读,呈现给公众一个更为多元、立体、活态的博物馆群体,取得了十分良好的传播效果。这样的尝试凸显了博物馆作为公共文化机构所承担的社会文化职能。博物馆公开课是一种线上课堂,脱离了传统展览范围,构建了更广泛的知识体系与知识传播方式。同时,它也是一个具有多种功能的公共空间;学者可以在这个空间中进行学术讨论,激发新的学术思想;广大博物馆工作者可以交流对于博物馆的看法,互相促进;对博物馆感兴趣的社会公众也可以在这一公共空间获得对博物馆的认识。博物馆的公共知识早已超越了博物馆本身藏品与展览的限制,用更多样化的线上活动形式为社会文化引领潮流。

四、建构公共空间的未来趋势

在中国博物馆的研究与发展背景下,智慧博物馆的名称是在国家文化改革政策与公共制度背景下诞生的,国家的政策是一以贯之的。从2008年博物馆免费开放之后,中国博物馆的功能更加偏重于公共服务与文化引领。2017年2月,《国家文物事业发展"十三五"规划》发布实施,要求在全国范围内"运用物联网、大数据、云计算、移动互联等现代信息技术,研发智慧博物馆技术支撑体系、知识组织和'五觉'虚拟体验技术"。规划要求推进文物信息化建设，推动文物保护、利用、管理、研究信息化整合共享工作，建设国家文物大数据库。智慧博物馆成为博物馆建设的发展方向。可以说，智慧博物馆的发展趋势离不开国家政策的导向。

智慧博物馆的理念也使空间的形式从简单的物理空间分化为更多功能的线上空间与线下空间，给公众提供了更加丰富的内容与更加多样化的接触途径，使博物馆变为更加亲切更易接近的公共空间。博物馆逐步营造了平易近人、包容开放的社会形象，使公众更愿意走进博物馆，将参观博物馆变成一种生活方式，形成身体上的亲近性；博物馆通过构建智慧博物馆应用系统，运用先进的技术手段更好地顾及不同参观人群的身份、社会背景、年龄、性别、知识程度等差异性，使公众形成知识的亲近性；智慧博物馆也提供更多的线上公共空间，一定程度上消弭了物理空间。

智慧博物馆的建设使得博物馆空间概念得到发展。短期来看，智慧博物馆在博物馆空间建构方面带来的变化大多偏向辅助性和增益性。但是，科技的进步和智慧博物馆建设的进一步发展，可能会使博物馆的底层逻辑和形态出现巨大变化，博物馆的空间形态也极有可能随之受到颠覆性改变。届时，智慧博物馆空间或许会与传统博物馆空间大相径庭。

第十一章
智慧博物馆与文旅融合

第一节　智慧博物馆与文旅融合的价值原则与实践

一、文旅融合与智慧博物馆发展背景

西方关于文化与旅游的认识起源于 1966 年，联合国教科文组织《信使》杂志在其第一个以旅游为主题的"世界国际旅游年"活动专刊中，发布的头条文章《文化旅游：尚未开发的经济发展宝藏》(*Cultural Tourism: the Unexploited Treasure of Economic Development*) 中首次提及了文化旅游发展的经济意义，引发了各国学者对于文化旅游的关注。1977 年，美国学者罗伯特·麦金托什和夏希肯特·格波特于《旅游学：要素·实践·基本原理》一书中首次提出了"旅游文化"的概念[1]，同样引起了学界关于文化旅游的思考和讨论。1999 年 10 月，世界旅游组织发布的《全球旅游伦理规范》中涉及如何在旅游发展的过程中保护和融合文化的相关内容[2]。

我国第一次提到"文旅融合"这一概念是在 20 世纪 80 年代，提出要以文旅融合来促进旅游事业发展的思路，要将文化和旅游两大产业相互融合，既需

---

[1] 麦金托什、格波特：《旅游学：要素·实践·基本原理》，蒲红等译，上海文化出版社 1985 年。
[2] 张广瑞：《文化旅游可以跨界合作，增强空间竞争力》，中国网，2019 年 4 月 21 日。

要重视文化内核，也需要提升旅游体验。国内关于文化和旅游的关系尚未形成统一共识，目前比较集中的观点有：一是"灵魂载体说"，即认为"文化是旅游的灵魂，旅游是文化的重要载体"；二是"诗和远方说"，如《文旅融合：奔向诗和远方》；三是"资源市场说"，如"从经济和产业角度讲，文化是旅游最好的资源，旅游是文化最大的市场"等[1]。尽管学界观点众说纷纭，但无法否定的共同点在于文化和旅游两者天然联系紧密，正如已故著名经济学家于光远先生所言，"旅游不仅是一种经济生活，而且也是一种文化生活""旅游是文化性很强的经济事业，又是经济性很强的文化事业"[2]。随着我国经济不断发展，以及相关政策的推动，文化和旅游的结合开始由弱转强。在加快新旧动能转换、推动经济高质量发展的背景下，文旅融合成为当前经济社会转型发展的新动能。

1993年11月，国务院办公厅转发国家旅游局《关于积极发展国内旅游业的意见》（国办发〔1993〕75号），首次在国家层面的政府文件中提到旅游业的发展对满足人民群众文化需求、带动文化事业发展的重要意义；2009年8月，《关于促进文化与旅游结合发展的指导意见》中明确了文化和旅游的关系，"文化是旅游的灵魂，旅游是文化的重要载体"；同年12月国务院颁布《关于加快发展旅游业的意见》，明确提出要利用文化资源开发旅游产品发展旅游业，大力推进旅游与文化等相关产业和行业融合，培育新的旅游增长点。从2009年开始的十年间几乎每一年在相关政策中都出现涉及文化和旅游融合发展的政策文件。但因当时的旅游和文化产业各自从属不同部门，在政策制定与后续落地执行中很难真正实现两者的融合发展。

直到2018年4月，文化和旅游部正式挂牌，将文化部、国家旅游局的职

---

[1] 范周：《文旅融合的理论与实践》，《人民论坛·学术前沿》2019年第11期。
[2] 田侠：《旅游与文化如何真正实现融合发展》，《学习时报》，2018年5月18日。

责整合，作为国务院组成部门。机构上的重组赋予新部门新职能，由此开启了文化和旅游融合发展的大幕。2018年也因此被称为文旅融合元年，"宜融则融、能融尽融、以文促旅、以旅彰文"的文旅融合重要特征逐渐得到体现与实践。

2019年，首次全国文化和旅游厅局长会议在北京召开。关于旅游界关心的如何推进文旅融合，会议提出了"尊重规律、因地制宜、稳中求进、鼓励创新"四点意见[1]。同年，为推进文化和旅游规划工作科学化、规范化、制度化，充分发挥规划在文化和旅游发展中的重要作用，5月，文化和旅游部制定《文化和旅游规划管理办法》，从总则、立项和编制、衔接和论证、报批和发布、实施和责任等方面对文化和旅游规划体系进行统一，对规划管理进行完善，以提高规划质量；8月，科技部联合文化和旅游部等六部委联合印发的《关于促进文化和科技深度融合的指导意见》提出，到2025年，基本形成覆盖重点领域和关键环节的文化和科技融合创新体系，实现文化和科技深度融合；12月，国家发展和改革委员会等七部委联合印发《关于促进"互联网+社会服务"发展的意见》，提出"鼓励沉浸式运动、数字艺术、演艺直播、赛事直播等智能化交互式创新应用示范，引领带动数字创意智慧旅游、智慧文化等新产业新业态发展。深入推进'互联网+中华文明'行动计划"。在多部门合力推进下，产业发展格局全面提升，优质数字文旅产品和服务供给进一步扩大，数字文旅消费潜力不断释放[2]。

文化是旅游的灵魂，旅游则是文化的重要载体。文化和旅游是一种双向的互动，文旅融合发展的重要前提，是文化和旅游两端的充分发展。文化丰富了旅游的内涵，旅游为文化的传承提供了市场与平台，文旅融合发展肩负着中国

---

[1]《文旅融合什么时候提出来的？全国文旅厅会议四点意见很关键！》，搜狐网，2021年5月8日。
[2]《文旅融合元年 把脉政策高质量发展再出发》，中国经济网，2019年12月26日。

社会转型、经济高质量发展的历史使命。行业监管的日益完善，对于打破文化和旅游两大产业间壁垒起到切实可行的效果。在互联网科技的驱动之下，文化旅游不但突破了有限的物质资源展现形式，而且能够借助科技创新之力，使文旅融合事业的"智造"属性得以不断彰显。文化与旅游的相互渗入、互为支撑、协同并进、深入融合不仅成了新时代条件下满足人民追求高品质旅游和美好生活需求的必由之路，并且能够通过溢出效应进一步促进其他相关产业的发展，不断激发其发展活力[1]。

博物馆作为重要的文化机构，在文旅融合的背景下必然会起到关键作用。随着现代信息技术的进步，博物馆逐渐演化出了全新的形态——智慧博物馆。在传统博物馆之外，智慧博物馆也将加入文旅融合的大趋势中得以发展，在文旅融合背景下，智慧博物馆的建设也将推动博物馆在服务、展览、保护、营销传播、文创产品开发等方面发生质的飞跃，打造出有智慧、有人文、有创新的文旅融合新路径，为游客带来智慧化的参观体验。

二、智慧博物馆与文旅融合的结合范畴

文旅融合与智慧博物馆的结合，可从智慧服务、智慧保护和"博物馆+"三方面去实践。

（一）智慧服务与文旅融合

智慧服务是文旅融合与智慧博物馆结合的第一个范畴，是现代化技术和观众多元需求对传统博物馆服务提出的新要求和新挑战[2]。智慧服务的重点是围

---

[1] 望庆玲、孙军、顾敏：《文化产业与旅游产业深度融合的动力机制与发展路径》，《科技和产业》2021年第5期。
[2] 燕煦：《博物馆智慧服务述略》，《中国文物科学研究》2015年第4期。

绕文物的陈列和人与物互动，利用新技术，实现全方位的展品活化与展示创新，为观众创造方便快捷、身心愉悦的参观体验[1]，更能充分发挥博物馆在资源优化整合、共享创新、实时教育等方面的公共服务功能。博物馆服务是观众进入博物馆最先体验到的，贯穿了整个参观过程，是检验博物馆参观体验的关键指标，因此智慧博物馆中的智慧服务建设尤其重要。下文从文旅融合的角度，根据观众参观流程，从参观前、参观中、参观后三个方面来介绍博物馆给游客提供的智慧服务。

1. 参观前

从 2016 年《我在故宫修文物》引爆网络之后，相关电视单位纷纷联合各大博物馆推出《国家宝藏》《如果国宝会说话》等一系列文博类综艺节目，突破原有的博物馆传播方式，拉近博物馆与观众的距离。这一营销方式刺激了观众探索博物馆的兴趣，人们开始回顾历史、重视文化，掀起了博物馆参观热潮，使得博物馆成为当下旅游热门景点。据统计，2019 年故宫博物院接待观众数量突破 1 900 万人次，其中 80 后和 90 后群体成为参观故宫博物院的主力。参观前的智慧服务主要体现在下列三方面：

（1）门户网站。门户网站是博物馆面向广大观众的一道大门，观众能够在门户网站上了解到博物馆发布的基本概况、展览咨询、教育活动、文物收藏、学术讲座等信息，对博物馆形成初步的了解。

（2）微信公众服务。博物馆微信公众号及小程序能够让游客在微信客户端一键享受预约、票务、导览、教育课程等服务，主要板块有官网入口、参观或活动预约、智慧导览、展品扫码讲解、特展回顾、教育活动介绍、文创、志愿报名及风采等；还可以提供博物馆的交通导向和周边各项服务信息。因此，观

---

[1] 李慧：《博物馆智慧应用系统思考》，《建筑电气》2021 年第 3 期。

众在参观前就可以通过这些平台有效规划好自己的行程，从而大大提高参观效果，获得更佳的观展体验。

（3）票务服务。针对博物馆门票、收费展览、活动和讲座等相关票务的设置、预约、支付、打印、校验、查询和统计的应用系统，其主要功能包括票务管理、阈值设置、在线预约、自助取票、人工取票台、检票管理、流量监控、统计分析、检票闸机、自助票务终端、手持检票机及门票打印机。为解决老年人在智能化社会的技术困难问题，上海博物馆、中国国家博物馆等先后推出了"适老化服务"，专门为无法线上预约的老年观众设置了现场预约点，或针对老年群体推出了一批操作简单、使用方便的导览设备，为老年人提供贴心服务。

2. 参观中

参观过程中的智慧服务包括：

（1）智慧导览。过去的博物馆导览多出现路线单一、讲解内容乏味、导览设备租借不方便、馆内路标指示不明等问题，使得观众参观兴趣大大降低。当今，智慧博物馆以 Wi-Fi 室内定位技术、i Beacon 定位技术、RFID 定位技术等多种室内高精度定位技术为基础[1]，发展出了以博物馆信息为核心、用户需求为导向的智慧导览系统，降低了用户的学习成本，大大提升了观众的观展体验和质量。智慧导览通常分为展览咨询、路线导航、藏品讲解三大模块，包括展览推介、位置定位、路线导航、个性定制、智能检索、藏品展示、语音讲解等功能。讲解是博物馆观众参观过程中体验程度较深的服务内容，湖北省博物馆结合新技术和基础调研数据，开发了以顾客感知为中心的博物馆解说系统，创造性地将解说系统分为核心层[2]、附加层和扩展层，三个层次解说的划分不仅让观众可以最大化运用博物馆资源，更重要的是引导观众拥有了更好的参观体

---

[1] 杜静宜：《智慧博物馆的展陈模式创新探讨》，《大众文艺》2020 年第 9 期。
[2] 钱兆悦：《文旅融合下的博物馆公众服务：新理念、新方法》，《东南文化》2018 年第 3 期。

验。对于特殊人群也有特殊的导览方法，如"玩转故宫"2.0微信小程序，推出AI趣味导游"福大人"，利用图像、声纹识别等技术，为视障、听障、读障等人群提供无障碍导览服务。

（2）展示与体验。博物馆可以基于传感网络、VR、AR等技术，打造新型展览品牌，形成多元的展览网络，利用展厅空间和展览主题，让观众有不同的沉浸式体验，与文物零距离接触，感受不同氛围的历史场景。例如金沙遗址博物馆利用虚拟成像技术来展示金沙制玉的全过程，利用游戏和三维影视技术打造4D电影，为观众带来全新的体验与感受。对于线上观众，博物馆利用数字资源，将文物进行数字化展示，超越时间、空间的限制，同时也能够改善博物馆展出藏品数量有限的情况，向观众提供更多的文物信息。山西博物院依据馆内资源，推出了主馆中央大厅精品查询系统"魔墙"，该系统作为观众了解山西博物院精品文物的第一个窗口，展示了山西博物院12个展厅的近400件精华文物，文物类别涵盖瓷器、玉器、青铜、书画、钱币、佛像，数字资源种类包括文字信息、高清图片、三维展示、视频展示。

在智慧博物馆时代，"云展览"不是简单地将实体展厅和藏品搬到互联网上展示，而是创新展陈思路，跳出让观众"浏览"展品的传统模式，而是使观众成为主角，采用360度全景展示、VR、AR、3D建模、图像识别等技术以及图文词条、语音讲解、动画视频等多媒体呈现展品、展厅，给观众带来主动参与式、沉浸式的"云观展"体验[1]。如山西博物院将"壁上乾坤——山西北朝墓葬壁画艺术展"结合360度全景展示、数字化技术，把该展搬到线上，让观众足不出户享受文化盛宴，提升参观体验感。

（3）教育。2007年，国际博物馆协会对博物馆的定义进行局部修改，把

---

[1] 杜静宜：《智慧博物馆的展陈模式创新探讨》，《大众文艺》2020年第9期。

教育放在了三大功能之首，足以见得教育对于博物馆的重要程度。博物馆的藏品资源研究终究是要运用到博物馆的教育中，通过对博物馆藏品资源的系统性挖掘和整理，运用新型知识整合方式，形成文物知识图谱与知识平台，让博物馆数字化资源和网络平台的建设成为除学校教育外的第二课堂与公众终身教育的场所。例如，故宫发布了具有典型教育功能的应用程序：《韩熙载夜宴图》，让人们在手机上就能体验到韩熙载夜宴场景，不再走"萌萌哒"路线，而是回归"高大上"，用虚拟平台将知识传送到观众手中。湖南省博物馆配合不同的展览推出各式各样的教育活动，例如家庭导览App、儿童有声电子书、网络课程等教育项目。

3. 参观后

观众可以将对展览、文物的参观体验感受、照片、参观建议等以打卡的方式分享到社交平台，积极发言交流或是参与博物馆调研，这类信息经整合分析后能够进一步获取观众需求，让博物馆审视自身不足，这成为博物馆未来服务公众的发展方向。观众完成参观，并不代表观众的博物馆之旅到此结束，博物馆后续的新展览、活动、学术咨询等也可以实时推送到用户端，让观众保持对博物馆的关注度。

利用数字化技术和信息网络技术，将静态博物馆资源动态化，将隐性历史文化资源还原，以多维展现互动、新型知识组织、多渠道信息实时推送、文创产品制造分享等形式，实现公众与藏品的高度交互融合[1]。还有一些博物馆通过物联网、大数据、云计算等技术精准推送符合观众兴趣的博物馆资讯、推荐服务、博物馆文创产品等内容，形成博物馆与观众之间的良性交互。例如，湖南省博物馆深入挖掘藏品资源，并创造性地将其与科技手段融合，打造了众多

---

[1] 贺琳、杨晓飞：《浅析我国智慧博物馆建设现状》，《中国博物馆》2018年第3期。

系列的文创衍生品，如运用从汉代养生与服饰等元素研发的"马王堆"子品牌文创产品。

（二）智慧保护与文旅融合

智慧保护是文旅融合与智慧博物馆结合的第二个范畴。通过由物联网、云计算、大数据、移动互联等新技术构建的智能化系统对文化遗产（主要是物质文化遗产）进行保护，一方面以高清摄影技术等手段采集文物资源的数字化信息，作为文物的数字档案留存，另一方面采用虚拟现实、增强现实等手段将数字档案衍生出更为多样的文物展示效果。

从20世纪80年代起，敦煌研究院就着手开始了其洞窟数字化的过程，并且在科技水平的更新换代中也不断更新其所收集数据的精度。最初进行数据采集时，其清晰度仅为72 DPI，只够作为档案保存。随着科技水平的进步，目前敦煌研究院所采集的数字图像清晰度可达到600 DPI，在原有尺寸的基础上放大8倍也不会失真[1]。

"数字敦煌"于2011年建成，2014年莫高窟数字展示中心建成并对外开放，这是莫高窟保护利用工程的核心项目，其主体由数字影院和球幕影院组成，分别播放莫高窟数字影片《千年莫高》与《梦幻佛宫》。球幕电影通过数据采集、建模、贴图、渲染、后期制作这五个步骤制作完成，其中的关键是要处理好贴图和渲染两个步骤，需要解决超大数据量管理、图像和模型的精确映射、图像色彩的融合以及高精度、180度球幕鱼眼镜头场景渲染等问题[2]。《梦幻佛宫》是全球首部以石窟艺术为表现题材的超高清8K数字球幕电影，其以180度超广视角画面及全方位立体声对莫高窟最具历史艺术价值的七个经典洞

---

[1] 管鹍鹏：《博物馆"数字化"科技时代下的古代文物保护》，《科学大观园》2018年第15期。
[2] 樊锦诗：《敦煌石窟保护与展示工作中的数字技术应用》，《敦煌研究》2009年第6期。

窟进行全方位展示。

2016年5月,敦煌研究院正式上线"数字敦煌"资源库,将其多年来收集到的洞窟、壁画、造像等的数字资源与公众共享。2017年9月还上线"数字敦煌"资源库的英文版,再一次扩大了数字资源的分享范围。截至目前,"数字敦煌"已收集了跨越10个朝代的30个洞窟的数字资料,其中包括4 430平方米的壁画。其所展示的数据采集精度为300 DPI,完全满足观众在线使用要求。此外,观众也可穿戴VR装备,通过"数字敦煌"获得身临其境般的体验。

莫高窟数字展示中心一方面将一部分馆内的游客分流,缓解了洞窟的实时压力,长远来看这有助于莫高窟的永续保护;另一方面囿于文物保护的需要,洞窟中受到照明条件的限制,实际参观体验并不十分良好,观众很难细细地观赏,而数字展示中心的电影汇集了莫高窟代表洞窟的精彩部分,再加上高科技展示手段,其为观众提供的观赏效果实际上要好于实地参观。"数字敦煌"资源库汇集了众多莫高窟的数字资源,其既能作为保存壁画信息的媒介,又能将敦煌研究院的研究成果普及化,惠及公众。

文旅融合背景下对文化遗产的智慧化保护是必要的,其发展依托于以物联网、移动通信技术等为代表的高科技技术。随着科技日新月异的发展,对文化遗产智慧保护永远没有终点。以敦煌研究院等为代表的文博机构引领着文化遗产智慧保护的风向,在日后,文化遗产智慧保护的理念和实践会在文博系统中遍地开花。

(三)"博物馆+"模式下的文旅融合

"博物馆+"模式是文旅融合与智慧博物馆结合的第三个范畴。近年来,随着社会经济的发展,人民精神文化需求的升级以及博物馆自身发展的转型,出游参观的"博物馆热"持续升温。人们对于博物馆的关注和参与程度越来越强,各大博物馆在文旅产品的开发中也扮演着越来越重要的角色。与此同时,博物馆旅游领域仍存在着一些问题:基础理论研究起步晚、发展慢;博物馆旅游价值发挥不明显,现代化程度不够高,信息化建设不够完善,大数据资源欠缺;产品开发良莠不齐,缺少宏观整体的合理规划;博物馆旅游资源丰富,但缺乏有效的资源配置手段,资源梳理和利用效率整体不高;博物馆领域发展不平衡不充分;城市建设与城市旅游吸引力和服务能力较差,博物馆品牌效应不明显,对于都市旅游业的整体贡献率较低等问题[1]。

针对这些问题,博物馆可以利用"互联网+"模式,主动跨界寻求融合。只有博物馆不断地向外开放和对外兼容,才能够突破自身发展的局限和瓶颈,助力文旅融合事业,打造"宜融则融,能融尽融,以文促旅,以旅彰文"的文旅精品。

当前不少博物馆已经采取与传媒行业进行跨界合作的尝试和创新,为博物馆文化旅游宣传起到了相当大的营销传播作用,使得越来越多的游客在旅行中将当地博物馆作为必打卡的景点之一。"博物馆+"模式主要有两种:

一是"博物馆+媒体"模式,首先以"两微一抖"(微博、微信、抖音)为代表的新媒体平台,消除了博物馆与公众之间的隔阂,贴近大众生活,从而引发全民参与。如2018年抖音与中国国家博物馆、湖南省博物馆、南京博物院、陕西省历史博物馆、浙江省博物馆、山西博物院、广东省博物馆合作,推出的"博物馆文物戏精大会"火爆全网,不仅一改博物馆严肃、沉闷的传统形象,吸引了大批年轻人的目光,甚至激发了人们的创作热情,疯狂更新文物表情包。2021年5月18日,第45个国际博物馆日,抖音发布了首份博物馆数据报告。报告显示,截至2021年5月,抖音上博物馆相关视频数量超过3 389

---

[1] 苗宾:《文旅融合背景下的博物馆旅游发展思考》,《中国博物馆》2020年第2期。

万个，播放超过 723 亿次，获赞超过 21 亿个。通过抖音线上看展、亲近文物、感受人类文明精粹，正在成为一种生活方式[1]。其次，博物馆也与传统媒体平台碰撞出新的火花，《我在故宫修文物》《国家宝藏》《如果文物会说话》等一系列博物馆综艺节目、纪录片深入挖掘文博从业人员背后的故事，用扎实的内容、深厚的文化底蕴，讲好故事积极回应观众，使得博物馆再度"出圈"，产生更大的"流量"。

二是"博物馆+大数据"模式。数字技术为博物馆在管理、服务、开发旅游商品等方面提供了帮助。互联网时代博物馆要积极利用数字技术，实现线上预约、交通、参观、学习、餐饮、纪念品购买，最后把经历分享至线上以吸引更多游客的封闭式生态系统。以上海中国航海博物馆的官方程序为例，游客将程序下载到移动设备后就可以获取博物馆的场馆地图、参观路线、文物介绍并提前进行票务预约；同时智慧导览也为不同需求的游客人性化地设计了三种不同时长的游览路线；当游客参观完毕后，系统还会自动生成行程回顾，游客们能清楚地看到自己当天的游览时间、路线和参观展品件数；如果想要购买纪念品的话，游客们可以直接从移动端进入博物馆的纪念品商店，上面有所有文物商品的图文介绍及价格[2]。封闭式生态系统一旦形成之后，博物馆还能够从中不断获取游客的参观数据，通过大数据信息分析，获取不同类型游客的参观习惯、兴趣点以此定制个性化的参观路线或体验形式；甚至还可以对游客进行消费需求研究，在充分了解游客需求后加以精准定位，开发有针对性的文创产品。这些拥有丰富文化内涵并能够满足游客精神文化需求的文创产品，既可以向游客传播普及知识，也能极大地提高博物馆自身的产品附加值，帮助人们实现"把博物馆带回家"的基本诉求，由此打造独具自身特色的博物馆文化

---

[1]《抖音发布首份博物馆数据报告：文博内容获赞超 21 亿》，央广网，2021 年 5 月 18 日。
[2] 李文娟：《"互联网+"时代的博物馆》，《文物鉴定与鉴赏》2021 年第 2 期。

IP，大幅提升博物馆的知名度和影响力，从而实现社会效益和经济效益平衡发展[1]，同时这也能实现通过文化旅游促进文化消费的政策目标，成为当地社会经济高质量发展的动力之一。

三、文旅融合与智慧博物馆结合的价值原则

文旅融合为智慧博物馆的发展带来机遇，但我们不能盲目地进行智慧博物馆的发展，始终要将文化为本、保护第一和体验为主作为文旅融合大背景下发展智慧博物馆的价值原则。

（一）文化为本

文化为本是文旅融合与智慧博物馆结合的第一个价值原则。随着文旅融合的不断深入，各地文化机构也越来越重视游客的体验服务，培育了一大批利用文物保护单位、博物馆、非物质文化遗产保护资源来进行体验旅游、研学旅行和传统村落休闲旅游的文旅融合实践。同时随着信息科技的普及，线上互动、实景复原、感官体验等在博物馆这类文化机构中越来越常见，如所谓的"网红打卡点"引得大批游客趋之若鹜。文旅融合作为一种文化和旅游的双向互动，不仅要重视旅游的体验，更要重视文化内涵。文化绝不能在融合之后被淡化，相反文化应该是旅游产品开发的重要内容支撑。文物保护单位、博物馆等文化机构是文化展示和文化服务的重要载体，更应践行以文化为本、避免过度娱乐化的文旅融合的价值原则，坚持以内容为核，扩大个性化供给，有效提高文化消费品质，满足多元化文旅需求。

---

[1] 苗宾：《文旅融合背景下的博物馆旅游发展思考》，《中国博物馆》2020年第2期。

上海因历史原因拥有一大批优秀的近现代历史建筑，素有"万国建筑博览会"之称，既有与重大历史事件、革命运动或者著名人物有关的优秀历史建筑，也有具有重要纪念意义、教育意义或者史料价值的近代及现代重要史迹，更有中西合璧、风格独特、具有极高科学艺术价值的历史风貌建筑，由此缔造了"海纳百川、追求卓越、开明睿智、大气谦和"的上海城市精神。历史建筑的存在，是城市的文化脉络所在，也是城市文化特征的载体。对于生活于此的市民来说，能够在这些历史建筑中找到自己在城市中的影子和回忆；而对于来此参观的外地游客来说，富有当地特色、包含文化信息的历史建筑为他们打开了了解这座城市的第一扇窗。

在近现代历史建筑的保留保护方面，上海较早地开展了探索和实践。作为1986年公布的第二批国家历史文化名城，上海于1991年编制完成了历史文化名城保护规划。2001年国务院批复的《上海市城市总体规划（1999—2020年）》明确了上海市历史文化名城保护的原则、方法、框架等内容，确立了历史文化名城保护在城市总体发展中的重要地位，明晰了历史文化名城保护工作不仅是上海建设现代化国际大都市的重要内容，而且是上海"海纳百川"的城市文化特色得以延续的必要手段[1]。

从2017年开始，上海城市更新和历史建筑保护工作方针发生了转变，强调旧区改造从"拆、改、留并举，以拆为主"转换到"留、改、拆并举，以保留保护为主"的思路。历史建筑的保护工作不只是保留保护历史、艺术、科学、社会与文化价值突出的精品建筑，更是保留保护更加量大面广地体现城市历史文脉和发展变迁的历史性建筑，更要创造"建筑可阅读，城市有温度"的上海[2]。上海市政府于2018年启动了"建筑可阅读"工作，出台《上海市标志

---

[1] 徐继荣：《上海成片风貌保护的规划探索》，《上海城市规划》2017年第6期。
[2] 计文浩、顾育青：《上海近现代历史建筑保护修缮现状及策略》，《住宅科技》2019年第3期。

性建筑智慧导览服务质量要求》，规定加大老建筑的开放力度，为老建筑设置的二维码标志应该醒目、易扫读，不得触发下载与导览服务无关的信息，确保游客能获得"建筑可阅读"的良好体验。三年来，上海对外开放的历史建筑从近百处增至1 037处，设置二维码2 437处，范围拓展至全市16个区。各城区还配套建立了志愿者和专业讲解团队，在二维码中增设英文导览、语音、视频播放、VR等功能，游客们只需拿出手机扫一扫，建筑的年代、风格等都能一目了然，基本实现了建筑的"可读""可听""可看""可游"，方便市民游客更快捷地了解其前世今生[1]。

要进一步推进"建筑可阅读"这项工作，就必须跳出传统思维模式，用旅游产品的意识来构筑"建筑可阅读"相关文旅产品。由于老建筑数量众多、分布位置也较为分散，难以形成具有整体性的旅游产品开发。因此要抓住当前数字文旅的机遇，用移动互联网消弭地理空间上的分散，整合形成一个统一的数字入口，让人们一站式了解上海有哪些历史建筑，哪些历史建筑会在近期举办相关活动，甚至能够基于游客的定位主动把附近历史建筑的二维码推送给市民游客，从而构成一个体系化的文旅产品。此外，"建筑可阅读"的解读方式是多种多样的，可以有文学、摄影、绘画、音乐上的解读，展现形式可以有音频、短视频等，甚至还可以联动第三方开发"建筑可阅读"盲盒、手办等文创周边促进文化消费[2]。

上海市文旅局还立足于细分市场，注重文旅产品的创意，打造针对不同人群、不同季节的微旅行活动，各具特色和不同文化氛围的打卡线路，在有价值、有趣味、有参与性、有仪式感上下功夫，致力于让"建筑可阅读"成为时

---

[1]《上海"建筑可阅读"3.0时代开启，2021年春季打卡》《推荐榜单来了！》，央广网，2021年2月4日。
[2]《"建筑可阅读"：上海文旅融合的有效抓手》，《文汇报》2021年1月7日。

尚，构成绚丽多彩的文旅风景线[1]。上海市文旅局还借助"乐游上海""上海发布"微信公众号等线上平台官方发布"建筑可阅读"打卡推荐榜：如2021年2月发布的《2021年"建筑可阅读"春季打卡推荐榜单》，涵盖了红色记忆、古风古韵、新晋网红等6个榜单共60处打卡点，能够满足不同年龄段、不同兴趣爱好、不同消费习惯的游客的文化旅游需求，并以"文化上海云"为依托，对于全市范围内的文化场所、设施服务及相关活动进行大数据集成与整合，开展文化场馆、服务平台智慧化建设和公共文化多元化服务，打造以上海全市为范围的智慧导览，从而促进城市文化与旅游紧密融合，真正实现"以文促旅，以旅彰文"。

所有城市的形成与发展都来自时代的激荡与碰撞、市民记忆的累积、人文历史的积淀，也恰恰是这些独具魅力的城市景观、市民的生产生活以及由此而形成的文化情感联系，促使远方的旅客产生了造访这座城市的出游冲动。上海"建筑可阅读"工程让游客不仅能够欣赏到历史建筑的优美造型和精妙工艺，还能深入了解到其背后的历史故事，感受这座城市的文化脉络和人文情怀，从而获得高质量的文化旅游体验。这样的实践探索可以为其他城市文化旅游的产品设计和供给侧改革提供大量的可借鉴之处。

（二）保护第一

保护第一是文旅融合与智慧博物馆结合的第二个价值原则。在文旅融合的大背景下，曾经不被游客重视的冷门文化机构有的变成了炙手可热的文化打卡点，这对于文化机构特别是博物馆来说是喜忧参半的事情。一方面蜂拥而至的游客带动了旅游业的发展，以美食、住宿为主的产业形态纷纷涌入文化机构周

---

[1] 杨劲松：《上海的"让建筑可阅读"为文旅融合提供有益借鉴》，《中国旅游报》2019年10月28日。

围，为文化机构带来了收入和活力，使文化机构焕发生机。另一方面，这也催生出许多问题：大批游客的到来加重了文化机构的运营压力，如博物馆面临着前所未有的文物保护压力——大量的观众会对文物保护的微环境造成影响，不利于文物的长久保护；部分游客的不文明参观行为也会对展出的文物及遗址本体造成破坏；新的产业形态不规范，影响文化机构的对外形象等。

发展和保护似乎是一对矛盾，但在文旅融合背景下对于智慧博物馆的建设一定要做到"保护第一"。文物保护是文物利用的基础，不对文物进行保护，又何谈长久地利用文物？智慧博物馆的建设要以文物为基础，因此，对智慧博物馆来说，应当和传统博物馆一样重视文物保护。导致文物产生损坏和病变的原因包括两部分：一部分是文物自身的情况，即内部原因；一部分是由文物的保存环境和人形成的外部原因。智慧博物馆的智慧化保护首先也应从这两方面入手。

对文化遗产的智慧保护除了保护文物本体及其相关环境外，还应对文化遗产数字图像的知识产权进行保护。博物馆文化遗产数字图像是指博物馆通过拍摄、扫描、测绘等数字技术取得的馆藏文物数字图像，并将展示部分的图像拼接成展示全部文物藏品的数字图像，最终达到色彩均匀、亮度一致、无拼接痕迹的效果[1]。诚然，大数据时代，以图文扫描、数字摄影、三维成像等技术手段实现对文化遗产的全面记录、永久保存、远程传播，为文化遗产的保护和发展提供了更多可能，但 2007 年公布的《博物馆知识产权管理指南》强调，在保护、收藏、管理博物馆文物数字资料方面，知识产权起到重要的作用，特别是博物馆文物数字版权的管理既有利于博物馆实现教育大众和传播文化的积极作用，又有利于实现学术的创造性回报[2]。因此智慧博物馆的建设不应忽视对

---

[1] 刘捷：《博物馆文物藏品数字图像的版权保护——以数字敦煌为例》，兰州理工大学硕士学位论文，2019 年。
[2] Rina Elster Pantalony, *WIPO Guide on Managing Intellectual Property for Museums*, Geneva: WIPO Publication, 2007.

于文化遗产数字图像版权的保护。敦煌研究院作为国内文化遗产智慧保护的先行者很早便已考虑到这个问题。为了长久有效地保护敦煌石窟，敦煌研究院与美国梅隆基金会、美国西北大学等联合开展了"数字化敦煌壁画合作研究"项目。为了保护数字敦煌项目作品的知识产权，经国家文物局授权，敦煌研究院与美国梅隆基金会签署了四份权责明晰的合作协议，对数字敦煌版权进行了详细规定，明确"敦煌图像"版权永属中国，美方只有全球非独家的、免版权费的权利[1]。

（三）体验为主

智慧博物馆是通过动态多元关系建立的、将信息智能整合形成的博物馆运用系统。这个系统将物、人、数据动态多元信息传递作为它的核心模式，它的最终目的还是以人为本，回归观众。博物馆与旅游的结合最重要的一点是完成"游客—观众"的身份转变，在这一过程中，贴心的服务能够让游客更加自然地转变角色，甚至成为长期、固定的博物馆观众。智慧博物馆中的智慧服务能够通过掌握游客数据，提供更加贴心、个性化的服务，提升观众的参与感和体验度，淡化博物馆边界，让博物馆与文化旅游融合得更加和谐。以下对漳州市博物馆的文旅融合作简要分析。

漳州市博物馆位于福建省漳州市，1988年开馆，是一座综合类二级博物馆，以展示漳州市海上丝绸之路发展历程作为基本陈列展览，还有相当数量的书画类藏品。2004年筹建新馆，2018年投入使用，设备和场馆的更新使得漳州市博物馆在智慧博物馆规划建设上拥有了极大的优势，将藏品、展馆、技术三者有机融于一体，全面优化提升博物馆的服务水平。

---

[1] 韩春平：《敦煌学数字化问题研究》，民族出版社2012年，第313—334页。

漳州市博物馆在参观之前能够为观众提供准确、便利的咨询服务，到目前为止，漳州市博物馆已经完成了门户网站与微信公众服务号的建设，面向观众提供优质的咨询服务。门户网站——漳州市博物馆（fjzzmusuem.com）一共有八个模块，分别是"场馆概况""场馆资讯""参观服务""展览展示""场馆活动""馆藏精粹""文创展示"和"联系我们"，内容包括展讯、馆内新闻、博物馆界新闻、预约参观等服务。

在微信公众号中也可以享受到参观预约、展览介绍等便利，"微漳博"微信官方小程序有两个场景，"馆内"场景中有"导览"与"展览"两个栏目，"馆外"场景有"首页"和"预约"两个栏目，"预约"栏目中根据观众的安排在线选择日期自由参观，预约成功之后就会生成专属二维码，在入馆时刷身份证、扫码进馆，减少观众排队取票、检票的时间，创造更好的参观体验。

在观众扫码进入博物馆之后，博物馆也就了解了观众的年龄、来源地等信息，同时，智慧博物馆中的客流量管理系统可以科学分析指定每天每小时的流量，通过出入口闸机与人脸识别技术调节人流量承载量，构建健康、舒适的参观环境。

在参观过程中，观众可以使用"微漳州"小程序进行导览，在展览界面会推送"常设展览"和"临时展览"信息。到目前为止，漳州市博物馆中的六个常设展览和部分临展都已上线，点击进入某一展览，就会显示出该展的前言、部分照片及语音讲解，语音讲解还可以根据观众的习惯调节速度。

了解了展览的基本信息后，观众在移动客户端上可以根据自己的兴趣爱好规划参观路线，系统一般会给观众两种选择："推荐路线"和"精选路线"。推荐路线是对展厅的全面介绍，精选路线则选择了展览中的精品，更加节省时间，方便外地游客迅速了解本地历史，也不易疲劳。在导览方面，系统中会有馆内楼层的整体微缩画面，在选择了某一楼层之后，系统会提示："漳州市博物馆小程序提供路线索引功能，您可以点击地图上各楼层展览气泡，系统会为您生成推荐路线进行引导。"除展厅外，还提供通向导视屏、厕所、安检通道、报告厅出口、服务台、轮椅租赁、文创商店等基础服务设施，考虑周到，贴心便利。

另外，漳州市博物馆还在馆内设置了导览服务驿站和机器人设备。服务驿站可以自助提取租赁设备，将使用先进的 SOA 技术、声音发射与接收机技术、声场控制技术，为团队提供高质量的讲解服务。机器人可以解答观众的基本问题，提升了博物馆形象，吸引观众眼球，缓解观众参观疲劳，同时也节省了大量的人力成本，形成观众与"博物馆"代言人的活化互动，是智慧博物馆建设中的重要组成部分。

作为地方性博物馆，漳州市博物馆在展示体验方面形式还比较单一，大多数时间都停留在传统的展柜展示上，并没有过多的新型展示方式，如虚拟现实、增强现实等。但是馆内设置了多媒体互动系统，如触控墙，用于展示漳州市博物馆藏品的图像与文字信息，支持多人协同点击互动。

参观结束后，观众可以通过"微漳州"小程序中"我的"一栏参与"问卷调查"和"在线留言"，与博物馆面对面交流。"问卷调查"能够让博物馆更好地了解观众构成，帮助博物馆策划更符合观众需求的业务活动。"在线留言"一栏，观众可以任意表达自己的参观感受，或者提出意见建议。在收集整理之后，博物馆作出相应调整，让观众有参与到博物馆建设中的体验。如果想进一步了解博物馆知识，观众还可以参与学习活动，检验参观成果，深入了解博物馆，同博物馆进行更多层次的链接。

纵观漳州市博物馆，智慧服务的落脚点在于参观的前期和中期，且在中期缺乏对陈列展览的智慧服务升级，仅仅围绕预约和导览是不够的，因为参观中期不仅需要好的导览，而且需要有一些新型展示技术运用到展览当中以激发观众的参观热情,如虚拟现实、增强现实等。也应当加强参观后的服务建设,"问卷调查""在线留言"栏目都是很传统的方式,仅仅将其转化为移动客户端的模式并不能体现出智慧博物馆的交互性与开放性。同时博物馆也应当聚焦于服务特殊人群,除对于特殊人群的基本关照之外,还应当让他们体验到智慧服务。

体验,意为亲身经历,观众进入博物馆是一种文化体验,是一次服务体验,是一场新技术体验,它存在于博物馆的每一个环节当中。智慧博物馆的建设不是简单地让观众体验到新技术带来的便捷性,更是让他们将自己纳入整个博物馆建设体系当中,完成从"游客"到"观众"的身份转变。体验不是简单的尝试一次就够,而是在体验之后完成自我体验意识的创建。

在文旅融合的背景下,博物馆作为热门旅游目的地,为观众提供方便、快捷的体验感受,符合当前智慧博物馆的发展路径。物联网、大数据背景下,智慧博物馆建设如火如荼,首先就在于改善了与观众息息相关的各个体验环节,因此,两者相辅相成,方能有效提升博物馆的公共文化服务质量。

智慧博物馆凭借智慧服务、智慧管理、智慧保护等方面的超强业务能力,为文旅融合提供了旅游资源整合、文化内容支撑、旅客体验改善、文化消费开放等整体性的帮助。在国家大力促进文旅融合、推动文化旅游产业发展的时代大风口下,新时代的博物馆要有新变化,更要有新作为。现如今文化元素已成为吸引旅游者的核心要素,国民的精神文化需求日益凸显,文化消费水平也不断升级,对于文旅产品的要求也随之提高。在这样的时代背景下,博物馆和其馆藏文物本身以及这些背后所蕴含的文化故事、文化基因、文化精神,使得博物馆在推动文旅融合、发展自身方面拥有无限的潜力。

未来受益于人工智能、大数据分析等科学信息技术的不断突破,智慧博物馆将持续发展,更加智慧化、人性化的智慧博物馆建设,能够使博物馆在服务、管理、保护、研究等方面的业务能力和决策把握能力得到质的飞跃。要更好地完善博物馆内外部体制机制建设，提高博物馆全领域资源利用，不断开发文化旅游新资源，推出文化消费新产品，提升文化旅游新体验，探索文旅融合新模式，回应新时代国民精神文化的新需求；促进博物馆与旅游产业深度融合，相互促进双向赋能，从而真正实现"宜融则融、能融尽融、以文促旅、以旅彰文"。

第二节 智慧博物馆与文创产业发展

一、博物馆智慧文创概念

（一）文化创意产业

"文化创意产业"概念最早出现于英国，以 1998 年发布《英国创意产业路径文件》为重要标志。但全球博物馆很早就从事文物艺术品的衍生品开发和经营。进入 21 世纪，文化创意产业相继成为英、美、法和日、韩、中等国大力推动的经济增长点，并由演艺、游戏、动漫等领域扩展到博物馆衍生品领域。随着文化产业与经济的逐渐融合发展，文化创意产业被预测为继第三次工业革命，即信息革命之后的第四波经济动力。

目前，国内外尚未对"文化创意产业"的范围与概念做出明确界定，《北京市文化创意产业分类标准》将其定义为以创作、创造、创新为根本手段，以文化内容和创意成果为核心价值，以知识产权实现或消费为交易特征，为社会公众提供文化体验的具有内在联系的产业集群[1]。文化创意产业是将创意、创

---

[1] 丁俊杰：《对文化创意产业发展的观察与思考（一）》，《大市场（广告导报）》2006 年第 9 期。

新与经济或其他产业相结合的新型产业发展道路，是从传统产业形式发展而来的，在传统的发展模式基础上再诠释，结合新理念与新发展，寻找产业新的发展形式。文化创意产业的概念与创新的发展形式，以其自身的独特性引导了诸多行业新的经济发展路径，博物馆便是其中之一。

（二）博物馆文创产业

随着博物馆公众化程度的日益加深，观众的需求日益丰富、博物馆经济发展的需求更加突出，引入"文化创意产业"成为博物馆发展的必然趋势。通过博物馆打造文化创意产品，可帮助观众了解藏品的精神内涵，传播博物馆的宗旨与使命，同时为博物馆创造一定的经济、文化及社会价值，以支持博物馆永续发展。

1. 博物馆文创产业概念

2015年3月，国家文物局在《博物馆条例》实施首日公布了《关于贯彻执行〈博物馆条例〉的实施意见》，文件指出："博物馆文化产品开发应立足藏品的生动元素开发博物馆文化产品，更加注重实用性，更多体现生活气息。各级文物主管部门要大力支持博物馆文化产品的创意开发，推动博物馆联合社会资源，培育创造博物馆文化产品特色品牌，增强博物馆文化产品在文化产业和消费体系中的竞争力"，明确了博物馆文化产业在博物馆发展中的重要作用以及积极推动博物馆文创产业发展的政策支撑。

博物馆文创产业由"文化创意产业"引申而来，学界对其概念也没有明确的界定。根据"文化创意产业"的概念，可以将"博物馆文创产业"总结为：以博物馆的文化内容与创意成果为核心，以知识产权运用为实现基础，通过知识产权的开发与转移流通，为博物馆公众提供相应的文化创意产品。一方面，博物馆文创产业的发展有利于帮助博物馆实现藏品的再诠释，帮助剖析藏品内在价值，多维度理解藏品内涵；另一方面，博物馆文创产业帮助博物馆进一步实现教育、传播的目的与使命，树立博物馆外部形象，增强博物馆的影响力与认同感。

博物馆文创产业的发展是博物馆建设的必然趋势。在博物馆教育功能方面，开发博物馆文创产品，能够帮助博物馆实现公共教育的目的，如推出书籍类、科普类相关文创产品，不仅为文物研究人员提供严谨的学术资料，而且还可以为观众提供文物、考古、博物馆等相关领域的普及性书籍，实现博物馆教育功能的延展和补充；在博物馆传播功能方面，文创产业弥补了以实物展览为主的传播方式的不足。由于博物馆文创产品大多来源于代表性藏品的文化符号，一定程度上能够起到传播馆藏文物内涵的作用。另外，配合相应的展览主题开发、销售相关的文创产品，能够实现"将博物馆带回家"，搭建公众与博物馆情感沟通的桥梁，让离开博物馆或无法亲临博物馆体验的观众，也能够获得博物馆的文化传播内容；在博物馆永续发展方面，文创产业能够帮助博物馆拥有足够的资金来保障博物馆的运营，国际国内皆如此。目前，博物馆的收入来源主要有依靠国家财政支持与自筹资金两个途径，其中博物馆文创产品为博物馆带来了直接的、巨大的经济效益，成为目前大多数博物馆的重要经济来源；在博物馆形象方面，文创产品在一定程度上代表了博物馆的特点与形象。随着人们文化需求的日益增加，来博物馆参观的观众已经不仅仅是为了观看博物馆展览，也希望能得到与博物馆藏品或文化相关的文创纪念品，由此博物馆的形象通过文化创意产品的创意设计及质量得到了体现，成为博物馆文化的载体，博物馆的理念与形象也得以被传播与延续下去。

近年来，我国越来越多的博物馆开始针对博物馆藏品开发各类文化创意产品，也逐渐受到大众的关注和喜爱。故宫博物院于1984年便成立了故宫服务公司（现已更名为故宫文化服务中心），经营文创售卖等相关活动。2008年在淘宝上注册官方旗舰店后,其文创影响力进一步扩大。目前故宫主要通过挖掘藏品内涵进行自主研发或采取社会合作的方式扩展故宫文创体系。截至2020年底,故宫已累计研发28大文创系列,包括美妆、服饰、饰品等系列,共14 328件(套)文创产品,目前在售商品超过5 000余种。故宫博物院文创坚持将故宫元素与社会流行风格、文化有机结合,创新生产符合现代生活理念和具有独特魅力的文创产品,受到公众的广泛欢迎与喜爱。故宫博物院在满足公众文化需求的同时,力图实现文创产品文化内涵、品牌价值与影响力的不断提升。上海博物馆于1995年成立上海博物馆艺术品公司,重点经营博物馆文创产业。公司采取"前店后厂"的模式,前方博物馆文创商店负责文创销售,后方由支撑团队承担设计、生产、制作等一系列任务,发展至今已形成一套成熟的业务运营体系,博物馆文创实体商店扩展至商场、机场航站楼内。上海博物馆从2007、2008年开始建立商场网络销售体系,运用大数据了解自身优势产品,精准定位公众需求。河南博物院文创经过最近几年的发展已经处于比较成熟的阶段,建立起具有一定专业化水平的文创产业工作领导小组,累计设计推出500余款文创产品,主要分为五大板块。2020年河南博物院推出"考古盲盒"文创产品,因自媒体平台的导流与宣传效果,引起社会公众的广泛关注与购买,日均销售额一度达到10万元。"考古盲盒"得到洛阳铲、邙山土等考古符号的支持,凭借着政策支持和网络营销,顺势成为其头号IP,让公众对历史文化和文物有了更深刻的印象,也提高了文创产品的销量和博物馆的影响力。苏州博物馆作为市级博物馆,精心选取博物馆内藏品蕴含的文化元素,打造了一系列"网红"文创产品,2020年全年文创产品销售额达到2 600余万元,其中《贝聿铭的建筑密码》立体书全渠道销量超过2万册。苏州博物馆文创从文物、建筑、展览到苏州非遗、苏工等广泛选取元素,采取全程自己生产加工的"单品牌"与合作生产的"双品牌"两种方式,进一步扩大博物馆文创与博物馆品牌的影响力。

虽然上述博物馆的文创产业取得了一定的成果，但目前国内博物馆大多数文创仍以传统形式的产品为主，呈现同质化特点。许多博物馆文创缺乏创意类产品，无法凸显博物馆的特色。有些产品只是对文物实体按照比例进行缩小复制，或是将文物的平面图案或者书画作品上的图案直接印制在丝巾、抱枕、手机壳上，文创产品品种趋于一致，集中于手机链、书签、扇面、雨伞、水杯等，缺乏吸引力，这些基本上属于"旅游纪念品"，并不能真正体现博物馆特色。随着线上店铺的兴起，许多博物馆也开设网络旗舰店销售文创产品，但往往缺少线上线下商店的联动，也会引发线上旗舰店的版权问题，使公众在购买博物馆文创产品时产生困扰。同时，许多博物馆文创产业缺乏与自媒体、微博等大众传媒的有机结合，使得一些优秀的文创产品难以"出圈"，公众缺少了解博物馆文创产品的渠道，博物馆文创产品也难以吸引更广范围的购买。因此，博物馆文创产业需要转变其发展策略，顺应时代发展潮流，开发具有"智慧思维"的创意产品。

2. 博物馆智慧文创

在当今以信息技术为代表的新兴科技突飞猛进的大背景下，科技不仅为传统产业注入了新的生机与活力，还为博物馆的发展带来了新机遇。20世纪90年代，欧美地区发达国家首先进行博物馆数字化建设，以藏品数字化为基础，实现馆际之间藏品的信息化共享，从而衍生出新的博物馆形式：数字博物馆、虚拟博物馆等，多媒体与计算机技术为博物馆的发展增添了动力。随着互联网技术的发展，社交媒体、移动互联、大数据、物联网等新媒体、新信息技术涌现，促使博物馆转变姿态，利用各种新兴媒体技术，鼓励博物馆与观众互动，观众成为博物馆知识的主动传播者与创造者，而博物馆也更加关注观众的需求，将"以人为中心"的理念贯穿到博物馆建设中。

智慧博物馆充分利用物联网、大数据、移动互联等技术，对博物馆所产生的海量、多源、变化的数据作深入挖掘分析，为观众提供更好的个性化服务。移动互联技术的应用，使博物馆各项业务的开展变得更加便捷、高效，让更多的观众随时随地享受博物馆的服务。智慧博物馆在智慧文创方面，运用新技术手段，从文创产品的设计、制作到最后的销售、反馈环节都采取智能化、个性化模式，以新技术、新创意满足博物馆观众需求。

随着互联网技术的普及、大众文化需求的增长、国家政策的引导和博物馆自身的转型升级，"泛娱乐化"时代博物馆文创单方面偏重经济或文化的趋向逐渐转向智慧文创时代"文化+科技"共同发展的二元价值取向。智慧文创是顺应博物馆发展趋势提出的博物馆文创产业新形式，是扩展文创内涵、丰富文创实现手段、扩大博物馆影响力、适应智慧博物馆业务需求的新发展方向。智慧文创在以新手段、新思维挖掘藏品内涵的基础上，也要以线下内容再创造模式产生新的吸引力，结合新的展览形式创造"大文创"生命力。

二、智慧博物馆与文创产业发展的核心

智慧博物馆模式下的文创产业发展展现了文博机构的角色转换和未来文创产业的发展方向，帮助传统文创行业从过去的单一化、娱乐化为导向的产品，转向更为深层次、具有文化内涵、充满科技感并受消费者欢迎的文创产品。"文化+科技"是智慧博物馆文创产业的本质，也是未来博物馆文创产业发展的核心。和传统博物馆相比，智慧博物馆更加关注文化创意产业的社会效益和经济效益，两者相互关联，不可或缺[1]。

---

[1] 徐婉珍、张红：《新文创时代文创市场的发展策略探究》，《文化创新比较研究》2020年第36期。

以中国文物保护基金会与中国敦煌石窟保护研究基金会联合腾讯公益平台发起的"敦煌数字供养人"公募项目为例,该项目号召公众,特别是青少年人群参与到敦煌壁画的数字化保护中来,鼓励公众积极投身于敦煌文化的保护和传承,成为"数字时代"下的"敦煌数字供养人"。通过手机 H5 互动页面的创意小视频,向大家介绍在一千多年里,越来越多的人为了寻找指引和庇佑来到敦煌,供养诸佛,共同成就了敦煌璀璨的文化。在 H5 中互动页面,利用"吹气"的互动玩法,模拟壁画的风化过程,让用户感受敦煌壁画在风化作用不断侵蚀下逐渐剥落的过程;用户通过 H5 互动页面,可以随机获得"智慧锦囊"。"智慧锦囊"内精选了 30 余幅壁画局部,并标注原解,再结合现代人熟悉的生活场景和语言形式,形成一系列智慧妙语;同时用户可以捐赠 0.9 元(也可以增加捐赠额度),用于敦煌莫高窟的数字化保护,成为"敦煌数字供养人"。敦煌研究院采用科技手段向公众普及风化作用对壁画产生的持续不断的伤害,并且筹集更多资金保护敦煌壁画这一数字文创项目,上线仅 2 个小时就有一百多万用户的关注,截至 2020 年 2 月 24 日,项目已顺利筹款 1 902 067 元,完成筹款目标,共有 239 041 位中国传统文化的"数字供养人"为其捐款[1]。敦煌研究院通过与现代技术的结合,从敦煌供养人的历史渊源出发,将传统文化借助现代技术手段重新为大众所认知,不仅发挥了博物馆的教育功能,实现了知识科普,而且还为文物保护募集资金,解决了资金难题,实现了文化和科技的相互融合。

智慧博物馆模式下,文创产品通过简单、易操作的方式,走进当代人的视野,将传统文化用创意的数字手段呈现出来,产生独特的艺术韵味,让用户更贴近传统文化,进一步理解传统文化内涵,增进对传统文化的了解与兴趣。

---

[1]《爱的供养 | 敦煌数字供养人》,搜狐网,2020 年 2 月 26 日。

三、智慧文创的特点

智慧文创产业较传统文创产业相比，有着更加便捷化、个性化的特点，拓展了博物馆文创的发展形式，打破了实体文创产品的局限，凭借新兴技术将博物馆文创产业扩展到线上空间，使得观众能够随时随地享受博物馆文创服务。博物馆智慧文创产业主要具有以下几个特点：

（一）手段"智慧"

在智慧博物馆的背景下，社交媒体和新媒体的引入增加了文创产业获取公众信息的渠道，通过媒体与公众进行交流互动，了解公众需求，反馈公众意见，将获得的公众数据应用到文创产业发展的全过程中，让文创产业更加"善解人意"。

在文创产品研发阶段，智慧博物馆根据博物馆参观观众、教育参与者、网络新媒体发布与讨论人群的数据集合，分析博物馆公众的需求趋向及兴趣爱好，调研博物馆文创主要目标群，形成文创主要消费者的用户画像。在文创产品制造阶段，智慧博物馆通过社交媒体平台与大数据技术了解相似产品的销售和反馈，收集博物馆其他文创产品的售卖情况与评价，对反馈结果进行评估，从而随时调整文创产品投入市场的规模与质量。在文创产品流通阶段，通过社交媒体进行多平台传播，以媒体平台用户数据为基础，深入分析用户的喜好与产品取向，从而实现多平台的精准传播。在整个过程中，及时收集公众反馈信息，根据市场变化为不同的营销渠道调配产品，促使线上线下多渠道紧密配合，并将互动数据应用到文创产业的全部环节，实现公众价值与产品价值的最大化，增加博物馆文创的社会化程度，降低文创产业投资风险。

同时，智慧博物馆通过社交媒体平台的大数据信息能够对个人行为数据进行深入挖掘，对用户行为进行分析，将消费者细分，针对用户的基本信息、社会属性、消费特征、喜好偏向等分析不同消费群体的兴趣、偏好，提升文创产品投放的精准度与效率，使得消费者获得文创背后更加深入、更具有针对性的文化内涵。

（二）需求"智慧"

与传统文创产业以挖掘藏品内涵与价值为唯一创意来源不同，智慧博物馆文创产业逆流而上，根据公众需求与市场消费，将智慧文创建立于场景之上。智慧博物馆文创产业在深入挖掘与创新藏品特征内涵的基础上，关注现时的网络流行语境，结合社会热点话题与相关重要纪念等，围绕内容主题进行产品开发、品牌合作和市场推广，综合考虑文创产品的设计性、功能性、传播性，并根据当下的市场热点与流行趋势，打造融合文化材料与故事的博物馆文创产品。把用户需求摆在文创产品创造的首位，并积极将用户转化为粉丝群体，实现高效用户转化。

传统文创产业开发自营文创，主要凭借商业产品需求，经济赋能文化的形式已经无法满足当下博物馆与用户的需求。智慧博物馆凭借其大数据收集整理功能，在了解公众与品牌需求的基础上，创造更加贴近消费者期望的文创产品。智慧文创利用博物馆品牌知名度与目标受众需求，激发文创产业的创造创意，并通过与其他产业品牌跨界合作，实现共创共赢，有效提升博物馆文创产品附加价值，传播博物馆品牌，树立博物馆新形象。

（三）形式"智慧"

在科技快速发展的时代，博物馆中的技术驱动力逐渐占据重要地位，人工智能、云计算、5G 等新兴技术在博物馆普及与推广，文创产业也融入了 AR、VR、MR 等新形式体验，从而打破实物文创的限制，将数字技术与移动互联和文创产品融合，创造虚拟空间场景深度结合现实生活场景的新文创。

基于智慧博物馆优势，藏品的数字化数据成为文创产业的新来源。博物馆对藏品进行深入分析与解码，形成兼具科学性与艺术性的文物数据。一方面，公众能够不受时空的限制欣赏藏品、观看展览，享受博物馆的"大文创"服务；另一方面，智慧化的文创产业能够根据藏品数据创造虚拟空间的文创产品，如故宫博物院和腾讯联合举办的"传统文化 × 未来想象"数字艺术展，运用全息投影技术，将线上 App 与现实空间融合，展现人物定制场景。

智慧博物馆文创产业是打破传统文创产业同质化的新尝试，在关注公众需求与技术热度的基础上，打造让消费者眼前一亮的新产品，激发公众对文创产品的热情与好奇，同时注重文创产品的易操作性，避免技术成为阻碍。基于技术而打造的博物馆文创，其沉浸感与体验感的大幅度提升必然为文化产业的多元创新带来新的生机和动力。

（四）体验"智慧"

文创产业的市场需要新趋势与新消费热点的推动，当代社会公众追求个性化消费，使得消费市场不断细分，消费者所具有的社群属性与特征在这个过程中逐渐凸显出来。与传统博物馆文创产业盲目集成投放不同，智慧博物馆文创产业将小众消费群体的需要和垂直领域用户需求考虑在内，为其量身定制专属文创产品体验式消费。

智慧博物馆能够成为连接线上情感认知与线下体验的平台。通过 IP 融合、场景集成、兴趣社区等文创形式，将兴趣趋同的群体在情感上连接到一起，智慧博物馆提供了讨论与交流的平台，并通过举办线上或线下活动，实现社交功能意义，为目标消费者提供一种全新的、线上线下融会贯通的文化体验。智慧博物馆文创产业能够对标消费者"认可"和"趋同"的消费心理，打造具有社交意义的文创形式，也使得文创产品消费者获得一种身份认同和群体认同。围绕 IP 与科技所开发的智慧文创能够更好把握社会最新消费群体的脉搏，带给博物馆文创产品消费者全新的体验。

四、智慧博物馆与文创产业的融合路径探析

探索智慧博物馆与文化产业有效融合的路径，需要文博机构进行角色转变，对博物馆的传统与未来作深入思考，并结合博物馆具体的案例，开展智慧博物馆与文化产业融合路径研究。我国的智慧博物馆模式下的文化创意产品开发要以弘扬中华优秀传统文化为主，通过大数据、云计算、虚拟现实、增强现实、混合现实等技术手段，构建出以"文化＋科技"为核心的全新的文化创意方式，将博物馆特色及博物馆藏品背后的优秀历史文化进行创造性转化和创新性发展，打破藏品和文化之间的壁垒。这一方面需要挖掘藏品中的优秀历史文化内涵，另一方面还需要通过技术手段实现与当代消费者的碰撞与交流，为文创产业赋能，实现文化价值和产业价值的良性循环，为智慧博物馆和文创产业的建设提供新的思路和方法。

（一）科技赋能智慧文创产业

智慧博物馆模式下，科技的运用是博物馆文创产业发展的重要基石。智慧博物馆以多模态感知数据的方式，通过用户和博物馆的互动，随时随地感知用户的需求与兴趣所在。智慧博物馆通过科技连接文创产品的开发、生产、

传播、体验等一系列环节，架起了博物馆文创产品和消费者之间"交流"的桥梁。

首先，在文创开发阶段，人工智能可以通过事先调研用户来源，进行自动化分析。人工智能在智慧博物馆文创产业中具有普遍的应用，能够通过馆内、馆外、线上、线下的大数据动态，分析博物馆公众关注的热点内容、信息偏好，从而确定文创面向的重点人群，由此制定或调整文化内容开发策略，改善文化产品和文化服务的研究内容，形成商业思维和文化消费者的有机互动，实现价值增值的目标[1]。

其次，在文创产品生产阶段，智慧博物馆可随时根据大数据反馈的情况调节文创产品的生产规模，避免资源浪费。当文创产品受欢迎程度比较高时，可以增加市场投入量，满足市场需求；同时，智慧博物馆可以通过云计算、移动互联，快速感知产品的销售状况及被关注程度。当观众对博物馆的某一文创产品类型感兴趣时，博物馆文创产业部门可以增加资金投入。以河南博物院的"考古盲盒"为例，由于公众的喜爱，使得"考古盲盒"一度脱销。博物馆通过实时的数据反馈，快速联系厂家，短时间内扩大生产规模，并向用户承诺"每晚八点，准时补货"。

再次，在文创产品传播阶段，智慧博物馆凭借信息感知，利用新媒体多平台快速、精准传播，结合主题进行文创产品推广，在最短的时间内寻找到目标用户，综合考量产品的文化内涵、社会价值。近年来，新型传播平台层出不穷，打破了时间、空间、场域的限制，并且取得了良好的发展效果。通过微信、微博及线下平台等，开辟"线上 + 线下"多种传播路径，提高了智慧博物馆信息传播效率，扩大了受众面，并根据当下市场喜好及

---

[1] 解学芳:《人工智能时代的文化创意产业智能化创新：范式与边界》，《同济大学学报（社会科学版）》2019年第1期。

流行趋势进行文化材料及故事引擎的配置,通过粉丝和用户共享实现高效用户转化。

　　智慧化传播对线下活动能够起到积极的促进作用,通过上面的案例可以看出,传统的信息传播方式已经无法满足当下用户的需求,智慧化传播利用品牌影响力,与目标用户进行数据互动,利用高效、多元的传播平台,搭建起数据、信息、知识相互融合的媒介,促进博物馆内外物与人之间的有效传播。同时采取实时信息反馈机制,能够更有效提升产品的附加值,传播品牌效应,让智慧文创走得更远。但是,我们也应该看到,当前博物馆在利用自媒体或新媒体平台进行"宣传"和"营销"时,需要明确一个关系:自媒体或新媒体的"刷屏"和"流量"并不能和博物馆文创的质量或者成功与否画等号。

　　最后,在文创产品体验阶段,智慧博物馆借由 VR、MR、AR 与互联网等技术打造智慧文创,将虚拟场景与现实生活场景融合,大幅提升受众沉浸感与体验感,为文创开发带来惊喜,利用科技重新诠释博物馆文创概念。浙江自然博物院运用互联网技术、实时在线交互技术和 AR 技术,依据馆藏资源,以积木、卡片、胶带、纸膜、小夜灯等实物为载体,形成基于增强现实的兼具艺术性、趣味性、实用性和科普教育意义的 AR 科普文创系列产品。通过增强现实技术,体验者可以在现实生活的基础上,通过创建的虚拟景物来构建新的知识,让参与者在操作中潜移默化地接收相关知识。2021 年 1 月,在美国拉斯维加斯的 CES 展上,XIMMERSE 发布了最新打造的 MR 全息博物馆,结合全息空间成像、虚拟人物制作、MR 混合现实、声光影特效、空间定位、动作捕捉等先进技术,通过营造逼真的数字化场景,模拟现实,创造出全新的智慧博物馆文化展现形式。利用 MR 全息技术,头像显示体验者借由一个小小的头显就能够全方位、多角度地感受到立体、逼真的场景,充分还原和呈现藏品所属的时空，增强藏品本身的表现力和感染力，激发体验者接受知识的积极性。

因此，智慧博物馆利用科技赋能，能够建立起全面、深入和泛在的互联互通，打破数据之间的鸿沟，使藏品、文创产品和用户之间形成系统化的协同交互方式。将互动数据融入文创产品开发制造的各个阶段，从而降低智慧博物馆在文创方面投资的风险，为形成更为深入的智能化博物馆文创产品体系提供技术保障。

（二）智慧化研究馆藏资源

维亚康姆公司的萨默·雷石东认为传媒企业的基石必须而且绝对必须是内容，内容就是一切。博物馆也不例外，藏品资源的研究是智慧博物馆文创产业发展的前提，没有对馆藏资源的充分研究，就不会有高品质博物馆文创产品呈现给用户。智慧博物馆在文创产业方面不能刻意追求一时"网红"而丢失自身文化内涵，博物馆工作者需要着眼于挖掘自身历史信息、研究自身文化元素。无论是传统博物馆，还是智慧博物馆，研究馆藏资源都是博物馆的重要任务，只有深度挖掘好博物馆资源，才能更好履行博物馆职责，为博物馆用户研发更多有价值的博物馆文创产品。

智慧博物馆通过一次采集、多元化反复利用的方式，对藏品资源进行深入透彻的分析与智能融合的开发。以中国（海南）南海博物馆为例，其在研究藏品资源开发领域，已经形成了特征素材分类、素材本体知识提取、素材基础库管理、设计素材库管理、授权利用、版权保护、素材智能检索等内容[1]。首先，智慧博物馆在平台搭建方面，采取"外包"的形式，让科

---

[1] 朱磊：《一体化智慧文创平台研发及中国（海南）南海博物馆示范应用》，《科技传播》2020年第24期。

技公司进行网络系统开发,根据博物馆自身需求搭建馆藏信息存储平台。其次,通过将馆藏文物进行分类,设立不同的分类存储单元。最后,在馆藏文物元素提取阶段,智慧博物馆以更加准确、快捷的方式提取目标元素,结合元素的风格、内涵等不同内容,将元素进行分类,设计出一条流畅的、完整的素材分类录入体系。中国(海南)南海博物馆利用一体化智慧文创平台在文创产品研发上进行了新的尝试,在"南海人文历史陈列"中,通过提取渔民的日常生活与捕捞作业的相关元素,文创设计人员设计出了渔家娃娃形象,通过俏皮可爱但又不失文化内涵的南海渔民形象,带领人们走近南海,走进渔民生活,促进文化元素的转化利用,在注重文化内涵传播的同时与消费者深度互动。

湖南省博物馆藏有大量的"君幸食"盘,在馆藏资源研究方面通过准确的信息提取,最大化利用馆藏资源,提取出了包括狸猫在内的多种动物元素,深受年轻消费者喜爱,促进消费者进一步了解博物馆文化特色。

(三)用户群体细分,文创开发、营销多元化

文创产品定位是一项全局性工作,是整个品牌运作的中心环节和重要步骤。在传统博物馆中,馆藏文物仿制商品在文创产品中占很大比重,一般而言,这类文创产品不仅种类单一,而且面向群体单一。在智慧博物馆模式下,博物馆可以根据馆内观众以及线上用户的特征和属性,多元化开发观众感兴趣的文创产品。

1. 多元化开发文创产品

由于博物馆面向用户群体的复杂性和观众喜好的多样性,要求智慧博物馆对馆藏文物的开发应重点集中于挖掘元素新的运用情景,并发挥各类市场主体的作用,以创新创意为动力,以文化创意设计产业为主体,多元开发文创产

品[1]，并以此挖掘博物馆背后的文化内涵、价值观和世界观。智慧博物馆通过大数据对用户进行行为分析和群体细分，针对用户来源、社会身份、消费行为、价值属性等分析不同消费者的倾向、爱好，开发不同的产品。以陕西历史博物馆文创开发为例，已经研发了13个系列186款文创产品[2]，其中围绕"虎符系列"已开发出了27款文创产品，涵盖食品、装饰品、纪念品等种类，包括虎符饼干、虎符镇纸、虎符橡皮、虎符钥匙扣、虎符冰箱贴等，把不同年龄段和不同爱好的群体皆纳入其用户范围内。

总体来看，智慧博物馆把文化元素运用到不同场景中，生产出功能、造型、外观、价格等都具有差异性的文创产品。这些产品价格从一二十元的创意贺卡、桌面摆件到几百元的具有实用功能的陶瓷器、玉石器，再到上万元的馆藏仿制商品，以价格和用途的差异化满足不同消费群体的需求，扩大博物馆文创产品的消费群体。

2.发展主流市场，兼顾小众群体

智慧博物馆模式下，文创产业在重视主流市场的同时，也需要关注小众群体。因此智慧博物馆必须改变以往过度迎合主流市场及消费者审美风格的创意理念，避免制造同质化的文创产品。智慧博物馆时代，文创产品开发者需要重新审视消费者群体，在制造话题引发主流消费者讨论的同时，也要重视当下多样化的小众消费群体[3]。

博物馆文创产业的发展离不开市场导向，智慧博物馆需要根据观众定位开发符合来馆观众和线上观众所要求的文创产品。在尊重主流文化的同时，智慧博物馆文创产业也认同小众消费群体。小众群体通常具有鲜明的社群属性，并

---

[1] 常夷：《版权视角下的文化创意产业发展路径——以博物馆文创产业为例》，《经济论坛》2018年第8期。
[2] 姚媛、崔林、杨启栋、常永兴：《基于"智慧"理念下的陕西历史博物馆文创产品IP活化研究》，《西部学刊》2020年第20期。
[3] 徐婉珍、张红：《新文创时代文创市场的发展策略探究》，《文化创新比较研究》2020年第36期。

且追求个性化，智慧博物馆文创可以通过分析小众群体的特点与需求，为其"量身定制"文创产品，结合社群所带有的集体性与共享性，与小众群体建立稳定持久的联系。TGC腾讯数字文创节就将IP线上凝聚的情感、认知牵引到线下，为目标消费者提供了一种全新的、线上线下融会贯通的文化体验，从中不难看出消费者渴望被认可的消费心理。通过这种方式，让小众消费群体在文创方面的消费具有社交功能的意义。人们希望通过消费获得符号认同或群体认同，而围绕博物馆资源与科技进行开发的智慧文创产品，则能较好地把握当下社会最新消费群体的脉搏[1]。

3.营销渠道多样化

智慧博物馆需要根据不同社交平台上核心用户的阅读、浏览特点，有的放矢地制定针对不同平台的营销策略。如在社交平台发布产品试用报告，强调文创的使用功能、颜值、文化内涵等引发"粉丝"的购买欲望。微信营销除使用博物馆的公众号外还可以选用文博类、文化类公众号进行传播，采用"重文化内涵＋轻产品"的介绍方式进行文创的推广。此外，还可以通过明星直播和网红带货等互联网热门形式吸引更大量级的粉丝驻足，保证文创产品的曝光度。

五、智慧文创产业存在的问题与未来展望

当前博物馆文创产业顺应科技与社会发展需求，已研发出诸多兼具科技性与文化性的新型博物馆文创产品，并将"智慧化"的思维融入文创产品研发的各个阶段，打造"善解人意"并"独具品牌"的文创产品。但由于

---

[1]《腾讯数字文创月启动，看新文创如何激起"文化千层浪"——案例精选》，搜狐网，2020年11月27日。

目前智慧博物馆的理念仍处于初级发展阶段，对"智慧化"的应用探索也处于尝试阶段，智慧博物馆文创产业方面仍存在诸多问题，因此需要在分析总结当前智慧文创产业问题的基础上，对智慧文创产业的发展提出建议与展望。

（一）塑造专属品牌形象，避免同质化

无论是在政策、策划还是在开发、营销等层面，智慧文创产业都尚处于起步阶段，国内各馆目前推出的带有"智慧"特色的文创难免与传统的文创一样，存在创意同质化的问题。

产品同质化现象非常普遍，几乎成了每一品类的消费品都需要面对的难题。在我国博物馆文创产业高速发展的背后，产品创意同质化、跟风模仿的问题一直被指出却鲜少得到改善。在 2013 年，台北故宫博物院推出的两款"朕知道了"纸胶带获得超高网络关注度并成为爆款后，截至 2018 年，各博物馆、景区已开发出至少 340 种不同纹样的纸胶带，仅国家博物馆淘宝店铺就上架有不同系列的纸胶带 12 组。同样，2005 年起在台北故宫博物院与意大利知名设计师合作打造"清宫家族"卡通形象系列产品后，北京故宫博物院也开启了文创产品的"萌系"风格，自此以后我国很多博物馆都推出了以卡通形象为主要元素的文创产品[1]。

事实上，创意同质化只是现象，而其背后的本质是博物馆文创产业创意的匮乏。文化创意产业的核心本质即在于富有独特创意的创造性、生产象征价值和形成授权经营模式，而这三点恰恰是我国博物馆文创产业的软肋，亟待弥补。因此，当我国博物馆文创仅在表面上大跨步进入智慧文创阶段时，在前一

---

[1] 程辉：《博物馆文创产业研究的现状、问题与方向》，《包装工程》2019 年第 24 期。

阶段未被改善的问题不可避免地被继承了下来。上海博物馆与中信出版社联合出版的《乐游陶瓷国》绘本，除了涂色、粘贴、描红等传统体验方式外，还使用了 AR 技术。先为花瓶涂色，再使用专用 App 的 AR 功能，便能将所涂色的花瓶变为立体，既能 360 度旋转，还能放大缩小，并且具有讲解功能。中国国家图书馆根据《永乐大典》所收录纹饰而开发的"永乐大典纹样丝巾"，在使用天猫精灵 App 扫描产品后，消费者便可获得关于丝巾纹饰原图及其寓意的语音讲解。从以上两个案例中可以看出，目前各馆对智慧文创的理解还不够深入，大多数的智慧文创徒有"智慧"的空壳，形式噱头十足，但内容研究和技术运用都不够扎实。创意匮乏的现状之下，一些智慧文创乍看科技含量高，但真正区别于传统文创产品的也只有使用了 App 以后才能体验的讲解和放大缩小等功能。大多数智慧文创的开发与设计选择从技术手段入手，往往用实体场景配套 VR、AR 等新兴技术形成线上虚拟的文化空间，来对实体空间中的文创产品和博物馆藏品作补充说明，实现文创产品的智慧化。但是，各个博物馆官网的数据库拥有更海量的数字资源，浏览藏品数据库时甚至不会产生费用。近年部分博物馆推出的 App 上也有旋转放大、查看藏品三维立体图和观看讲解视频等功能，并且此类 App 的各项服务皆为免费提供。所以目前常见的智慧文创所具备的功能和技术上的噱头实际上对消费者来说并不具备吸引力，消费者很容易就能找到较这些智慧文创来说更物美价廉的替代品。

当无法在新兴技术和创意上形成足够的竞争力时，不妨先打造智慧博物馆专属品牌，找准品牌定位，继而以 IP 授权或联名的方式打造智慧文创。敦煌博物院已在运用 IP 授权、联名的方式打造智慧文创上有了诸多尝试。以敦煌飞天壁画为例，通过打造飞天 IP，敦煌飞天以其自身强大的社交属性，让敦煌飞天不局限于自身的话题度，还有频频的跨界合作。通过 TGC 腾讯数字文化官网可以看到，敦煌飞天和 QQ 音乐推出敦煌飞天主打歌，和天天 P 图联合推出最美飞天妆，甚至腾讯还推出了"王者荣耀 × 敦煌文化"主题设计比赛。通过游戏、音乐等接近年轻人的数字文化形式，表达和传承敦煌文化，触动和激发当代年轻人，让更多的潜在用户感知敦煌、了解敦煌并亲身参与保护敦煌。另外，除了和腾讯合作以外，敦煌飞天元素还渗透到不同生活场景中，比如沸点飞天红滑板、李宁飞天印花 T 恤、晶硕美瞳联名推出飞天橙棕以及和茶百道联名推出"飞天觅茶"系列奶茶等。在"小红书"上搜索敦煌飞天有 7 400 多篇笔记，这其中包括敦煌飞天拍照、敦煌飞天妆容、敦煌飞天发型等相关内容。联名次数与触及的领域虽多，但敦煌博物院在其敦煌飞天品牌象征价值的提炼上还有向前一步的空间，众多联名侧重于体现和烘托飞天外在的"美"和"仙"，虽然"美"也可作为品牌的象征价值，但高度凝练的文化内涵才是智慧博物馆在打造品牌时的首要目标。

2019 年智能眼镜行业继谷歌眼镜后再一次收获大量关注，华为与韩国品牌 GENTLE MONSTER 合作打造的 Eyewear 系列主打无线视听体验与时刻通话自由，同时延续 GENTLE MONSTER 惯有的前卫、个性鲜明的设计。2020 年发布的 Eyewear II 对一代进行了改进，眼镜腿中内含大量精密元器件（电池、传感器、扬声器等），搭载了全新的逆声场声学系统，在两个镜腿上加入了泄音孔，但全系产品都做到了 50 克以内的重量，体现其人性化、智慧化的一面。HUAWEI × GENTLE MONSTER Eyewear 系列智能眼镜即是两个成熟的品牌在明确各自定位及自身优势后的双赢合作，意味着时尚的 GENTLE MONSTER 为该系列智能眼镜带来了个性潮流的外观，而代表了智能的华为则是赋予了它领先的科技之能。高度凝练的品牌象征价值利于品牌在各平台进行"病毒式"的传播，令消费者过目不忘，而联名使原本不存在交集的两个甚至多个品牌产生象征价值的叠加效应，双方相互借势，触及更多的消费群体，实现双赢。

社会学家让·鲍德里亚提出"符号消费"的概念，他认为当代消费文化的发展将消费过程全部变成可控的符号系统[1]。商品的使用价值不再是消费的唯一目的，消费者追求的更多是符号后的象征性与差异性。符号性和象征性正是文化消费的鲜明特征，塑造 IP 的过程就是强化文化符号、构建品牌形象，进行受众链接和粉丝扩容的过程[2]。上文提到的案例中，两个品牌的强强联手以及因成功的品牌定位而产生的品牌象征价值在市场中发挥的作用，值得智慧博物馆在打造智慧文创时作为借鉴。定位是一项全局性操作，是整个品牌运作过程中的中心环节和重要步骤。在塑造智慧博物馆文创 IP 的过程中，应当挖掘新的市场诉求，匹配到适合自己品牌的领域，丰富品牌内涵，推动品牌升值并最终形成品牌的象征价值，从而实现在激烈的市场竞争中寻得新的利益增长点和品牌辨识度。同时，智慧博物馆文创 IP 需要从丰富的中华传统文化资源和当代文化品牌资源中寻求 IP 内涵的不断优化。当智慧博物馆完成品牌定位、树立品牌形象后，开放 IP 授权，与其他专业的高科技品牌联名打造智慧文创，实现 IP 转化和 IP 赋能，在 IP 的表现形式上更能体现文化和科技的深度融合。如此合作不仅迎合了消费者多元化的消费需求，强化双方品牌个性，赋予了更多品牌衍生效应，完成 IP 重塑，而且还规避了博物馆方主导设计的智慧文创千篇一律、内容输出和技术运用都欠扎实的短板。

（二）转变 IP 塑造思路，故事为王

上文提到智慧博物馆若要打造以高科技为"智慧性"体现的智慧文创必须塑造品牌形象，通过 IP 授权的形式提供品牌的象征价值，并以高科技品牌的新兴技术为支撑，使得由此诞生的智慧文创产品兼具科技与文化内涵。实现如

---

[1] 唐义、李俐婷：《新媒体视野下的博物馆文创营销策略研究》，《东南文化》2019 年第 5 期。
[2] 申冰：《"互联网+"背景下博物馆新文创建设路径研究》，《包装工程》，2020 年 11 月 25 日。

此目标还需转变目前文创 IP 塑造的思路，在 IP 开发过程中进一步统一其文化和商业的二元价值[1]。

智慧文创 IP 的塑造若要区别于传统，就要改变将着力点更多基于藏品的形式和表现元素进行设计开发的单一模式，这种由外而内的设计观念制约了 IP 的深入创作和文化内涵塑造。围绕故事和价值观核心，由内而外的开发模式才能延续 IP 生命力，更加系统地塑造长线 IP[2]。这也与互联网时代文化消费的新特点——大众需求从基本的物质层面逐渐升级到情感和精神层面有关，消费者不再坚持唯产品质量和美观论，越来越愿意为有趣的故事和彰显个性的概念买单，这也就要求商品有足够吸引人的故事，并且故事的内涵可以随着当下热点的变化不断延伸。此外，IP 的塑造要激起消费者内心深处的某种意念或者某种情绪，通过人生观、价值观和世界观的投射，与消费者形成情感上的共鸣，实现价值上的深度认同，从而激发消费者的购买动机，引发其购买行为。在故事、形象塑造和情感联结上下足功夫的 IP 才会受到消费者的青睐，迪士尼、哈利·波特等超级 IP 就是借由引人入胜的故事、与观众建立情感上个人化的联系和不断拓展的故事版图将周边产品开发得淋漓尽致。

因此，智慧文创的设计与开发重点除了沉浸式的互动体验，还应该放在以故事讲述为重的 IP 上。让受众能够感受到特定历史时期人们生活的情景并融入其中，认识并感受到在人与物的互动中对自我发展的促进，这也是提升智慧文创核心竞争力及文化传承的重要途径。基于故事及内容的 IP 开发，博物馆具有先天优势，博物馆中的藏品数目巨大，并且许多藏品背后都有独一无二的故事，观众平日参观时所能接触到的信息大多为科普性的说明牌和展板上的说

---

[1] 范周：《从"泛娱乐"到"新文创""新文创"到底新在哪里——文创产业路在何方？》，《人民论坛》2018 年第 22 期。

[2] 唐义、李俐婷：《新媒体视野下的博物馆文创营销策略研究》，《东南文化》2019 年第 5 期。

明文字，缺少趣味性，如果妥善利用藏品背后的故事将其塑造成打动人心的IP，就能通过设计将故事中的思想与情感传递给大众。除此以外，各智慧博物馆可以尝试推动馆际间的IP联动，利用各自的王牌IP碰撞出不一样的火花。同时，各馆还要警惕在没有授权的情况下IP被盗用并用于营利的侵权行为。

故宫出版社在2018年底推出了《谜宫·如意琳琅图籍》，这款创意互动解谜书籍可以说是智慧文创中的佼佼者，结合书籍、图纸的实体出版物与线上App游戏解密，创造了实体书加线上平台多元互动的崭新范式，打破现实和虚拟的界限。该书以乾隆年间故宫画师遗作解密的故事背景给读者带来了一次故宫之旅，通过对真实宫廷内容的铺垫渲染以及随书的18件精美道具引导读者解密闯关，故事涉及的历史核心知识点都经过考证，地名、器物名都由史料馆标注解释，将冰冷的史料记录和火热的游戏体验深度融合，通过多层次的交互操作带来沉浸式的阅读体验，见证旧元素与新时代的碰撞[1]。图籍对历史和故事的转化让IP有了温度，通过角色的代入引导并帮助读者与IP产生个人化联系，使读者知识的拓展与积累有了切实的物质基础。文物、建筑、史实不再"高高在上"，而是纳入了读者的记忆结构。

（三）充分利用大数据优势，准确把握受众需求

现阶段的智慧文创多表现为在使用时较传统文创更具智慧性功能的硬技术型智慧文创，在策划、开发、制作等阶段引入智慧的数据处理方式等智慧手段，但最终产品并无高新技术展现的文创产品也同样属于泛智慧文创的范畴。文创的开发要以市场调研得到的消费者的偏好、诉求等为基础。传统的市场调研主要包括发放纸质问卷调研、电话调研、实地调研等方式，通过这些方式可

---

[1] 徐婉珍、张红：《新文创时代文创市场的发展策略探究》，《文化创新比较研究》2020年第36期。

以协助品牌方获取第一手资料，但同时也耗时耗力，样本量有限。随着互联网技术的发展和普及，市场调研的方式也有所革新并逐步扩大样本量，克服了传统调研方法存在的不足[1]。将大数据与传统的市场调研结合，不仅能够扩大样本容量，还会在定性分析和定量分析上发挥出巨大优势。

数据挖掘技术日渐成熟，智慧博物馆对其文创的多终端个性化推送已不存在技术难题，在文创开发阶段的市场调研环节中，智慧博物馆也意识到大数据在精准把握受众需求上能发挥巨大潜力。若能在开发阶段进一步放大大数据等智慧手段的功效，对社交平台、网商平台上受众在文创种类、功能、外形、定价等方面的偏好数据进行定量与定性的分析（目前这些数据被淘宝、京东等网商平台用来进行精准推荐），取得数据交集，快速捕捉市场趋势，从而倒推前一环节文创的生产。同样，借助大数据的用户偏好分析还能更便捷地获得不同年龄、性别、职业、审美的消费者对文创产品的购买偏好，从而"对症下药"，针对不同人群开发个性化的文创产品。一方面，大数据覆盖面广、处理迅速、使用便捷和时空压缩的优势对增加博物馆文创智慧性起到了积极作用；另一方面，大数据又将社会公众带入了一个全新的互联网环境中，使人们面临技术上的"可能"与伦理上的"应该"之间所形成的分歧矛盾，带来了许多政治、法律、伦理道德问题。其中最为突出的问题就是越来越为大众所普遍关注的个人隐私权问题。只有在有效保护用户隐私的前提下进行数据的开放、共享与分析，才能使大数据在市场调研中发挥出正确的效能。

（四）开拓虚拟空间，开发非接触式文创

除了通过在实物上额外加载新技术来提升产品体验性的案例外，有越来

---

[1] 王爽：《互联网与文化生产、推广和消费研究》，山东大学博士学位论文，2016年。

多不依靠实体的虚拟文创出现，它们以数字化的形式存在，给博物馆观众与消费者带来了沉浸式的文化体验和新奇的文化感受。这类文创的体量有大有小，有的需要在博物馆展厅这样的特定场所中才能获得最佳的体验效果，如"万物有灵——清华大学文化遗产保护与创新研究成果展"上出现的《韩熙载夜宴图》互动演绎、"端门数字馆"、"敦煌虚拟现实博物馆"等。"端门数字馆"是世界范围内首次将一座整体的古典建筑完全用作数字化展示的尝试。数字互动技术与古典建筑家具巧妙融合，每一扇门都对应着真实的故宫宫廷，漫步其中，体验者可以触摸到真实的宫廷生活，织绣、服饰、家具、书画、器物一一展现。体量小的非接触式文创用智能手机即可把玩，比如北京故宫博物院与中央美术学院合作推出的三希堂 VR 眼镜。因为三希堂的空间狭小，无法使用常规方法对外开放，在客流量大的情况下，观众的参观也常常不尽兴，但是观众只要佩戴上这款简易的 VR 眼镜就能欣赏到三希堂内部的各个细节。该产品操作简单、价格适中，眼镜实体由卡纸制成，数字部分则通过手机 App 实现，只需将手机放入卡纸盒并戴上，就能充当 VR 眼镜使用[1]。

以上列举的非接触式文创更像是对藏品、遗址的补充性展示。三希堂 VR 眼镜虽然能够脱离博物馆这一场所而随时随地把玩，但其提供的功能仅限于教育、欣赏等，且不具备实用性和娱乐性，虽能重复使用但对消费者来说缺乏重复使用的吸引力，这意味着这一款文创产品在市场上很难激起消费者的购买欲。

在虚拟商品的开发与生产上，时装行业的表现相当亮眼。从 Balenciaga 和 Christian Louboutin 的电子游戏式时装秀，到 Mugler 和 Burberry 的 3D 模特，各大时尚品牌在网络空间的投入越来越大。与此同时，只以数字形式存

---

[1] 程辉：《博物馆文创产业研究的现状、问题与方向》，《包装工程》2019 年第 24 期。

在的虚拟时尚品牌也在不断涌现。走年轻化路线的虚拟时尚品牌 Tribute Brand 于 2020 年推出，经过一年，其卓越的科技时尚设计已经赢得了大量 Instagram 用户的青睐。Tribute Brand 将自己打造成为世界上第一个 100% 虚拟时装品牌。这个概念很简单：在品牌的电子商城里，用户可以购买其中一件在售的作品——它们有各种样式和颜色，但数量有限。随后，这件虚拟服装将以数字化的形式添加到购买者的照片上，在社交网络上发布。消费者花费与实体服装价值相当的钱，便可以在不拥有真实服装的情况下，展示出具有高点赞潜力的科技时尚作品。

如今，各博物馆纷纷进驻电商平台，文创产品的销售已经突破时间与空间的限制，非接触式文创也已在博物馆行业萌芽，想必将会在不久的将来迎来蓬勃的发展。就像非接触式服装一样，在非接触式文创推出的开始，可能会有声音质疑消费者为何要为在实体空间中不存在的商品付钱，但是随着时代的发展和科技的进步，这样的质疑会越来越无足轻重。

各款游戏阶段性推出的角色新皮肤、各个摄影 App 发布的原创滤镜等，都属于非接触式商品的范畴。2018 年"王者荣耀"上线的与敦煌文化的合作内容中就有游戏内的敦煌定制皮肤——飞天，随后还上线了皮肤纪录片，通过跨界合作项目，为游戏用户还原隋唐壁画中的飞天形象，扩大敦煌文化的影响力。游戏行业的发展前景向好，潜力无限，是博物馆文创产业业务范围拓展的必争之地。在未来，也许我们可以让各自的虚拟形象代替我们进行日常的社交活动，为了装扮我们的虚拟形象，非接触式商品的需求也会随之增加，这就给了博物馆智慧文创新的开发思路和机遇。

智慧博物馆模式下的文创产业代表了一个新的价值体系，它承接历史、立足当下、面向未来。在技术变革的趋势下，面对新时代的需求，智慧博物馆和文创产业以"文化＋科技"为发展核心，具有传统博物馆难以超越的优势，让科技和文化的进步为更多的人群所共享，也能够让技术承载体现新时代价值观的内容，提升下一代的文化审美，同时改变着这个时代中国故事的讲述方法。

博物馆优秀传统文化是智慧文创发展最根本的创意来源，没有优秀传统文化的滋养，智慧博物馆文创就丧失了最基本的文化内涵的土壤。优秀传统文化的积累和传承，需要拓展发展空间，激活文化活力。倘若传统文化不与现代化的科技手段相结合，便会大大降低传播效应。目前，智慧博物馆与中国优秀传统文化的融合，使得文创产业更加具有内涵，形式更加灵活，受众更加广泛，文化的体验形式更加多样。未来，发展智慧文创和弘扬传统文化之间的内在需求仍旧会存在，这种内在的联系不仅不会减小，反而会更加紧密和多样，使当代博物馆与文创产业一直在追求跨界融通，不断探索新的发展路径。

后　记

　　2018年，上海大学成立"智慧博物馆研究中心"。2019年，上海大学开始招收文物与博物馆学专业硕士，同年在全国率先开设"智慧博物馆"研究生课程。开课伊始，便受到各界领导、专家、学者的支持与帮助。在此衷心感谢甘肃省博物馆馆长俄军、中国科学院上海高等研究院主任杨晓飞、南京博物院信息部主任张小朋、复旦大学文物与博物馆学系教授魏峻、上海大学信息化办公室主任许华虎、敦煌研究院石窟监测中心主任王小伟、苏州博物馆副馆长茅艳、北京国际文化贸易服务中心执行理事长陈刚、中电科重庆声光电智联电子有限公司总经理李军、万达信息股份有限公司技术总监李晓丹、上海宽创国际文化科技股份有限公司董事长张东、佰路得信息技术（上海）有限公司CEO Back István、虚幻引擎大中华区教育经理褚达、虚幻引擎资深技术支持柴云天等众多在智慧博物馆领域颇有建树的专家拨冗授课，丰富了教学内容，并为后续教材的编写提供了大量宝贵的经验。

　　在编制课程教学大纲及安排教学内容时，上海大学深感智慧博物馆事业方兴未艾的同时，相关教材及系统梳理却为数寥寥。鉴于此，便于教学之余开展了本书的编著工作。在书稿编著过程中，《中国智慧博物馆蓝皮书2016》《中国智慧博物馆蓝皮书2018》《智慧博物馆案例辑》等珠玉在前，给予本书启发良多。

　　感谢上海大学出版社戴骏豪社长对本书的关心和支持。感谢编辑的斧正，让本书更加完善。

本书由段勇策划、统筹、审稿并执笔引言，具体参与本书各章写作的人员有黄洋（导论、第七章、第八章），李晨（第一章、第二章），王思怡（第三章、第四章、第五章），赵卓（第六章），曹辰星、梅海涛（第九章、第十章、第十一章）。

本书编写组

2021 年 10 月